W0196210

Griffin *Die Tugenden der Kurtisanen*

*Dem Andenken an Odette Meyers
und der Freundschaft unter Frauen gewidmet*

Susan Griffin

Die Tugenden der Kurtisanen

Mächtige Frauen
mit eigener Moral

Von Madame de Pompadour
bis Lola Montez

Aus dem Amerikanischen
von Elisabeth Liebl

Diederichs

Die Originalausgabe erschien unter dem Titel
The Book of the Courtesans
bei Broadway Books, New York,
einer Tochter von Random House, Inc.
© Susan Griffin 2001

Die Deutsche Bibliothek – CIP-Einheitsaufnahme
Griffin, Susan:
Die Tugenden der Kurtisanen : mächtige Frauen mit eigener Moral ;
von Madame de Pompadour bis Lola Montez / Susan Griffin. Aus
dem Amerikan. von Elisabeth Liebl. - Kreuzlingen ; München :
Hugendubel, 2002
(Diederichs)
Einheitssacht.: The book of the courtesans <dt.>
ISBN 3-7205-2332-2

© der deutschen Ausgabe Heinrich Hugendubel Verlag,
Kreuzlingen/München 2002
Alle Rechte vorbehalten

Umschlaggestaltung: Eisele Grafik-Design, München,
unter Verwendung einer Fotografie von Sarah Bernhardt,
©Photo RMN/Gaspard Felix Tournachon (Felix Nadar)
Produktion: Maximiliane Seidl
Satz: EDV-Fotosatz Huber / Verlagsservice G. Pfeifer, Germering
Druck und Bindung: GGP Media, Pößneck
Printed in Germany

ISBN 3-7205-2332-2

Inhalt

Ein Tugendkanon als Vermächtnis

Einleitung

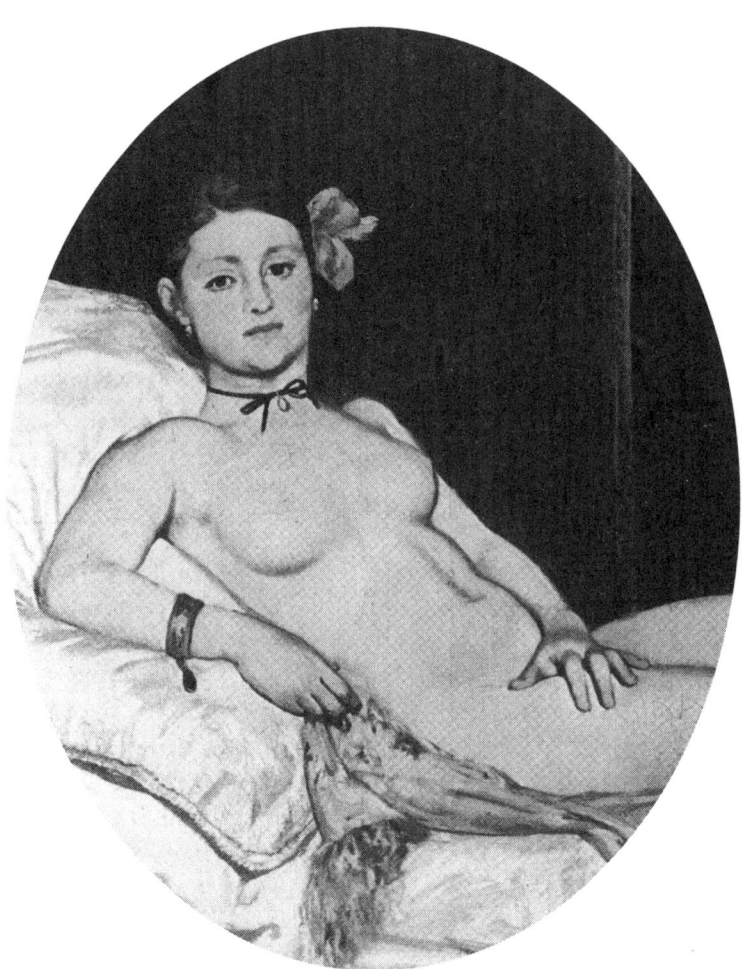

Ausschnitt aus Manets *Olympia*

Kurtisane. Auf den ersten Blick hat dieses Wort etwas Anrüchiges an sich. Doch der erste Eindruck kann täuschen. Der Hauch des Frivolen, der uns dabei streift, verschleiert die Wahrheit mehr, als er sie enthüllt. Aber was genau ist eigentlich eine Kurtisane? Wie bei allen kulturellen oder sozialen Phänomenen, die mittlerweile der Vergangenheit angehören, lässt sich auf diese Frage keine einfache Antwort geben. Definitionen, wie sie das Wörterbuch bereithält, greifen mit Sicherheit zu kurz. Dort werden Kurtisanen als Prostituierte beschrieben, deren Klientel einem blaublütigen bzw. höchst betuchten Milieu entstammt. Oder einfach als »ausgehaltene« Frauen, deren Lebensunterhalt von einem Mann bestritten wird. Sicher traf beides zu. Und doch trifft nichts davon den Kern.

Kurtisanen einfach als Prostituierte zu bezeichnen wäre nahezu enttäuschend simpel. Dabei ist es durchaus richtig, dass Madame Du Barry, die Favoritin von Ludwig XV., zuvor von Herren aus der Oberschicht ausgehalten wurde, die sie für eine Liebesnacht bezahlten. Und Céleste Mogador, die schließlich zur Gräfin aufstieg, arbeitete in jungen Jahren gar in einem Bordell. Doch gerade die Geschichten dieser beiden Frauen machten klar, wo der eigentliche Unterschied liegt. Kurtisane zu werden war für eine Prostituierte ein gewaltiger Aufstieg, ein Sprung in ein Leben, das in unvorstellbarem Maß besser war als das vorherige. Denn anders als Prostituierte lebten Kurtisanen nie im Bordell oder gingen auf die Straße. Und auf gar keinen Fall hatten sie Zuhälter, die sie schikanierten und ausnahmen.

Einige Frauen hatten zwar Kupplerinnen, die ihnen die Verehrer zuführten, vor allem zu Anfang ihrer Karriere, doch meist war es die eigene Mutter, die diese Rolle einnahm. Sarah Bernhardt zum Beispiel ging ihre ersten amourösen Verbindungen ein, weil ihre Mutter, die einst selbst Kurtisane gewesen war, die Tochter mit interessierten Herren zusammenbrachte, um die eigene Altersversorgung sicherzustellen. Im Venedig und Rom des 16. Jahrhunderts war es eine durchaus normale Angelegenheit, dass Mütter, die einst selbst Kurtisanen gewesen waren, auf diese Weise ihren Töchtern ein Auskommen schufen. Und die Beziehung zwischen Mutter und Tochter unterschied sich in vielerlei Hinsicht von der zwischen Zuhälter und Prostituierter, denn anders als die Prostituierte, die in erster Linie den Zuhälter reich macht, konnte die Kurtisane ihr Geld für sich behalten, auch wenn sie ihre Mutter unterstützte.

Doch dies ist nicht der einzige Unterschied. Von einigen legendären Ausnahmen abgesehen, wurden Kurtisanen selten für einzelne Dienstleistungen bezahlt. Dabei mag es durchaus stimmen, dass die Comtesse de Castiglione eine Million Franc für eine zwölfstündige Orgie mit Richard Wallace erhielt, einem leiblichen Sohn des vierten Marquis von Hertford. Und auch an dem Gerücht, dass Heinrich Meilhac, der die Libretti zu Offenbachs populären Operetten schrieb, der Lebedame Liane de Pougy 80 000 Franc bezahlt haben soll, nur um sie einmal nackt zu sehen, ist vielleicht etwas Wahres dran. (Zumindest schreibt Edmond Goncourt dies in seinen Tagebüchern.) Doch üblich war eher ein Arrangement, das sich mit den Verhältnissen einer klassischen Mätresse bzw. einer Ehefrau vergleichen lässt, ein Arrangement, das auf Dauer angelegt war und eine subtile Bindung begründete. Anders als die klassische Mätresse aber, die häufig recht knapp gehalten wurde, verdienten die Kurtisanen meist sehr viel Geld. So schenkte beispielsweise Ludwig XV. seiner Geliebten Madame de Pom-

padour bereits kurz nach Beginn ihrer Liaison ein standes-
gemäßes Haus, eines der vielen, die sie im Verlauf ihrer
langjährigen Beziehung von ihm erhalten sollte. Eines davon
war der Elysée-Palast, in dem heute der französische Staats-
präsident residiert. Und etwa einhundert Jahre später setzte
der Graf von Stakelberg diese Tradition fort, indem er Marie
Duplessis nicht nur einen gewissen monatlichen Betrag für
den Koch und das Dienstmädchen anwies, sondern ihr auch eine Kutsche mit exzellenten Pferden zur Verfügung stellte und
eine vornehme Wohnung am Boulevard Madeleine einrichtete.

Der Glanz, in dem die großen Kurtisanen lebten, ist legendär. Manchmal wurden sie sogar reicher als ihre Gönner. Sie erhielten Stadthäuser, Landschlösser und Villen zum Geschenk,
die von den berühmtesten Künstlern der Zeit mit Fresken und
Skulpturen ausgestattet und von Goldschmieden und Bildhau-
ern reich geschmückt wurden. Gold, Silber, Kristall, Marmor,
Onyx, feinste Antiquitäten, Tafelsilber, Vasen aus kostbarem
Porzellan und Wandteppiche von unschätzbarem Wert sam-
melten sich in ihren Domizilen an. Ihre Garderobe aus den
wertvollsten Stoffen der Zeit wurde von den berühmtesten
Modeschöpfern gestaltet, von Charles Worth zum Beispiel
oder Paul Poiret, sodass sie von den ehrbaren Damen häufig
kopiert wurde. Und natürlich hatte jede Kurtisane ihre eigene
Schmuckkollektion: Brillantbroschen, Perlenschnüre, Dia-
mantdiademe, Saphir- und Rubinringe, Smaragdohrringe, alles Preziosen, die sie voller Stolz zeigten, aber auch fachkundig
zu beurteilen wussten. In einer bemerkenswerten Szene aus
Colettes Roman *Gigi* lernt die Tochter einer Kurtisane, einen
Diamanten von einem Topas zu unterscheiden. Schließlich war
der Schmuck einer berühmten Kokotte zugleich sichtbarer
Ausweis ihres Erfolgs und Rücklage fürs Alter.

Gelegentlich nahm das Bemühen der einzelnen Lebedamen,
sich gegenseitig auszustechen, regelrecht dramatische Züge
an. So erzählt man zum Beispiel, dass Liane de Pougy und die
Schöne Otero sich in puncto Schmuck ein regelrechtes Duell
lieferten. Die folgende Geschichte soll wahr sein, auch wenn

die Quellen sich nicht auf den Ort der Handlung einigen können. Einige verlegen sie ins legendäre Maxim's, andere – wie Janet Flanner, die Anfang des 20. Jahrhunderts als Gesellschaftsreporterin für den *New Yorker* in Europa lebte – in die Pariser Oper. Pougys Biograf lässt die Szene kurzerhand in Monte Carlo spielen. Zuerst, so heißt es, erfolgt der Auftritt der Schönen Otero, die ihre zahllosen Diamanten hemmungslos zur Schau stellt: Halsketten, Armbänder, Ohrringe, Fußkettchen funkeln an ihr wie Milliarden Sterne. Dann betritt Liane Pougy den Plan. Sie trägt nur ein einziges, sehr elegantes Diamanthalsband, doch folgt ihr ihre Zofe, die auf einem Samtkissen Pougys gesamten Schmuck trägt – eine kleine Pyramide kostbarster Juwelen.

Der Reichtum der Kurtisanen entstammte meist nicht nur einer Quelle. Wie die Mätresse so ging auch die Kurtisane nur länger andauernde Beziehungen ein. Doch damit enden die Gemeinsamkeiten auch schon. Kurtisanen konnten mehr sein als Mätressen, aber auch weniger. Weniger, weil sie keineswegs treu waren. Gewöhnlich hatten sie mehrere Liebhaber, darunter einige, die sich an den Kosten des Haushalts beteiligten, aber auch solche, die dies nicht taten. Veronica Franco zum Beispiel, eine venezianische Kurtisane des 16. Jahrhunderts, hatte mehrere Beschützer. Da diese gemeinsam die Kosten für ihren Lebensunterhalt trugen, reservierte sie jedem einen bestimmten Tag in der Woche.

Anders als die Geliebte eines verheirateten Mannes aber, die häufig im Verborgenen bleiben musste, war die Kurtisane ein Statussymbol, das man mit dem gleichen Stolz vorführte wie die Dame selbst ihren Schmuck. Man erwartete von ihr, dass sie ihre Liebhaber in die Oper begleitete, auf Festlichkeiten, in Cafés, Restaurants und ins Theater. Häufig bewirtete sie sogar die Gäste ihres Geliebten im eigenen Haus. Der reiche römische Bankier Chigi beispielsweise hielt im 16. Jahrhundert in seiner Villa nahe dem Vatikan die Kurtisane Imperia aus, die dort gewöhnlich als Gastgeberin auftrat. Sie soll Raffael zu seinem berühmten Fresko der Galatea inspiriert haben, das in der

Villa Farnesina heute noch zu sehen ist. Und während der Belle Époque galt es unter den Playboys, Aristokraten und Geschäftsmännern, die dem exklusiven Jockey Club angehörten, als ehrenrührig, keine Kurtisane zu unterhalten. Dies ging so weit, dass sogar Homosexuelle sich diesem Diktat beugten, um den Schein zu wahren.

Was die Kurtisane jedoch in erster Linie von der Mätresse oder Geliebten unterscheidet, ist, dass Kurtisanen das waren, was man heute als VIPs, als Persönlichkeiten des öffentlichen Lebens, bezeichnet. Sie waren mit Königen, Kaisern, Staatsmännern, Bankiers, Schriftstellern und Malern befreundet und füllten die Klatschspalten der Boulevardpresse. Was sie trugen, am Abend zuvor getan hatten und wo bzw. mit wem sie verkehrten, war Stadtgespräch. Flaubert, Zola, Balzac, Colette und die Brüder Goncourt machten Kurtisanen zu Hauptfiguren ihrer Romane. Und natürlich inspirierten sie Maler und Bildhauer von Praxiteles über Tizian bis hin zu Manet zu großen Werken.

Kurtisanen mussten daher ein hohes Maß an Bildung besitzen. Da sie häufig aus armen Verhältnissen stammten und keinerlei Erziehung genossen hatten, mussten sich junge Frauen, wollten sie diese Rolle mit Bravour ausfüllen, mit Fleiß Bildung und Kultur aneignen. Wie in George Bernard Shaws *Pygmalion* (und dem darauf beruhenden Musical *My Fair Lady*) lernten sie, mit dem Akzent der Oberschicht zu sprechen, sich gut, wenn nicht gar herrschaftlich zu kleiden, graziös zu gehen, zu tanzen und Klavier zu spielen. Eine Kurtisane besaß vollendete Tischmanieren und wusste sich entsprechend der Etikette der Kreise, in denen sie verkehrte, zu benehmen, sogar am königlichen Hof. Frauen, die häufig nicht einmal richtig lesen gelernt hatten, mussten sich nun über Opern unterhalten können, literarische Anspielungen erkennen und über historische Ereignisse Bescheid wissen. Nur mutige und hochintelligente Frauen waren in der Lage, solche Hürden zu meistern.

Viele Kurtisanen übertrafen sogar noch die hinsichtlich ihrer Bildung gestellten Erwartungen. Céleste Mogador zum Beispiel schrieb Romane. Tullia D'Aragona machte sich einen Namen als Philosophin, da sie eine komplexe Abhandlung über den Liebesgott Eros verfasste. Und Veronica Franco war eine anerkannte Dichterin. Viele Kurtisanen schrieben ihre Autobiografie nieder. Unzählige erlangten Ruhm als Schauspielerinnen, Tänzerinnen oder Sängerinnen, als Stars von Music Hall und Zirkus. Einige wenige wie Sarah Bernhardt und Coco Chanel wurden nicht als Lebedamen berühmt, sondern machten in einem Beruf Karriere. Und eine noch kleinere Gruppe, darunter zum Beispiel die Comtesse de Loynes, schaffte sogar den Eintritt in die High Society, indem sie am Ende ihre aristokratischen Liebhaber ehelichten.

So herausragend die Leistungen der eben genannten Frauen auch sind, darf man jedoch eines nicht übersehen: Es handelt sich bei ihnen lediglich um die prominentesten Vertreterinnen einer Schicht von Frauen, die als solche schon bemerkenswert ist. Denn Frauen, die sich als Kurtisanen behaupteten, waren außergewöhnlich. Nicht nur, weil sie Geist und Bildung besaßen, sondern auch, weil sie, wie Simone de Beauvoir schreibt, für sich »eine Situation schufen, die jener der Männer glich ... sie waren frei im Sprechen und im Tun« und verfügten über »eine seltene intellektuelle Eigenständigkeit«. Jahrhundertelang besaßen Kurtisanen mehr Macht und Unabhängigkeit als jede andere Gruppe von Frauen in Europa. Warum dies so war, lässt sich nur mit einem Blick auf die historische Situation der Frauen in Europa erklären, die sich von jener der Männer manchmal beträchtlich unterscheidet. Diese Betrachtung ist deshalb so entscheidend, weil die Figur der »Kurtisane« erst vor dem Hintergrund eines normalen Frauenlebens ihre wahre Dimension offenbart.

In den Jahrhunderten, in denen Kurtisanen ihre Kunst pflegten, war das Leben von Frauen wesentlich stärkeren Einschränkungen unterworfen, als dies heute der Fall ist. Außerhalb der Sphäre der Kurtisanen besaßen Frauen gewöhnlich keinerlei eigenes Vermögen, und wenn doch, durften sie darüber nur mit der gnädigen Erlaubnis ihres Vaters, Bruders oder Ehemannes verfügen. Daher waren sogar Frauen aus wohlhabenden Familien nur selten finanziell unabhängig. Obwohl solch eine finanziell gut ausgepolsterte Abhängigkeit als erträgliches Übel erscheinen mag, so ist die wirtschaftliche Bevormundung doch in jedem Fall mit einer beträchtlichen Einbuße an Freiheit verbunden. Eine Frau der gehobenen Gesellschaft war nicht die Besitzerin des Hauses, in dem sie wohnte. Sie konnte auch kein Haus erwerben, und ohne Einwilligung ihres männlichen Vormunds durfte sie weder Möbel noch Teppiche, Kleidung oder Juwelen, ja nicht einmal Nahrungsmittel kaufen. Sie konnte ihren Aufenthaltsort nicht allein bestimmen, durfte nicht reisen oder gehen, wohin sie wollte. Diejenigen, die den Geldfluss kontrollierten, kontrollierten auch sie.

Zur wirtschaftlichen Unselbstständigkeit gesellte sich ein weiteres Problem, das Frauen der Oberschicht gewöhnlich zu einem Leben in Abhängigkeit verdammte. Sie erhielten keinerlei brauchbare Erziehung oder Ausbildung. Je nach Jahrhundert lernte eine Dame zwar sticken oder singen, Klavier spielen oder tanzen, wurde in den Grundlagen der Religion sowie des Schreibens und Lesens unterrichtet, doch alles, was sie über Geschichte, Literatur, Philosophie oder Politik wusste, konnte sie nur den Gesprächen der Männer ihrer Familie abgelauscht haben. Bis in die zweite Hälfte des 19. Jahrhunderts, als Frauenrechtsbewegungen begannen, das Recht auf Bildung einzufordern, sodass Frauen an Universitäten und Kunstakademien zugelassen wurden, hatten Frauen keine Möglichkeit, einen Beruf zu erlernen und ausüben zu können. Folglich gab es für achtbare Frauen der Oberschicht so gut wie keine Möglichkeiten, sich unabhängig ein Einkommen zu schaffen. Ohne Erbe, Ehemann oder eine reiche Familie im Hintergrund konnte eine Dame aus dem Adel oder Bürgertum höchstens Gouvernante werden. Doch in den meisten Fällen blieb nur der Gang ins Kloster.

Für ein junges Mädchen war es also lebenswichtig, sich einen Ehemann zu angeln. Also lernte die junge Dame neben der

Kunst, artig zu knicksen und sich adrett zu kleiden, diverse Gesellschaftstänze, um auf dem nächsten Ball als attraktiver Köder für einen potenziellen Ehemann ausgelegt zu werden. Doch auch wenn sie mit den Ritualen des Werbens vertraut war, ihre eigenen Gefühle oder Vorstellungen fanden bei der Wahl des Gatten keine Berücksichtigung. Die wenigsten Ehen wurden aus Liebe geschlossen. Es handelte sich dabei vielmehr um kaum verhüllte Formen eines finanziellen Arrangements, von dem entweder die Familie der Braut oder die des Bräutigams oder auch beide profitierten.

Doch selbst die Instruktionen, die sie erhielt, um das Gefallen der Männer zu erregen, verschwiegen mehr, als sie offenbarten. Sexuelle Aufklärung beschränkte sich auf den Rat, Männern mit dezenter Koketterie und Respekt zu begegnen, sollte doch ihr Werben um einen Ehemann so unschuldig und unverdorben wie möglich wirken. Ähnlich wie ein begrenztes Wissen auf dem Gebiet der Finanzen und der Politik sollte ihr diese mangelnde Aufgeklärtheit den Charme der Naivität verleihen. Paradoxerweise war in dieser Welt die Abhängigkeit einer Frau ihr größtes Kapital.

Doch eine Situation wie diese birgt natürlich auch die Gefahr der Katastrophe in sich. Der gesellschaftliche Abstieg einer derartig abhängigen Frau wird von der New Yorker Schriftstellerin Edith Wharton eindrucksvoll beschrieben. In *The House of Mirth* zeichnet Wharton das Bild der sexuell und finanziell unbedarften Lily Bart, die zwar aus guter Familie stammt, aber nur mit wenig Vermögen gesegnet ist. Ihre Unwissenheit lässt sie verschiedene schwer wiegende Fehltritte im Gesellschaftsleben begehen, wodurch sie sich nicht nur finanziell ruiniert, sondern auch noch jede Aussicht auf eine vorteilhafte Ehe verspielt. Der qualvoll langsame Abstieg konfrontiert sie schließlich mit einem Schicksal, das jeder jungen Frau aus gutem Hause damals undenkbar vorkommen musste – sie ist gezwungen, für ihren Lebensunterhalt zu arbeiten.

Der Tatsache, dass Frauenarbeit in Europa jahrhundertelang eine Selbstverständlichkeit war, wird selbst in Geschichtsbüchern, die sich angeblich mit der Lage der Frau befassen, meist außer Acht gelassen. Familien auf dem Land waren von der Arbeit der Frauen und Kinder abhängig, um sich ihren Lebensunterhalt sichern zu können. Und auch in der Stadt verdienten die Frauen ihr eigenes Geld als Wäscherinnen, Zimmermädchen, Putzfrauen, Näherinnen und so weiter – wenn man von den adligen Damen, den Gattinnen der Angehörigen freier Berufe und den Bürgerfrauen (die als Klasse erst im 18. Jahrhundert zu einiger Bedeutung gelangten) einmal absieht. Verheiratet oder nicht, was sie verdienten, war zum eigenen Überleben und dem der Familie nötig. Trotzdem erhielten sie für ihre Arbeit natürlich nur einen Bruchteil dessen, was Männer bekamen. Das Paris des beginnenden 19. Jahrhunderts war voll von Menschen, die vor den Auswirkungen der zusammenbrechenden Agrargesellschaft in die Städte flüchteten und dort eine Anstellung suchten. Doch von dem, was ein Arbeiter verdiente, konnte er kaum leben. Obwohl die frühen Industriearbeiterinnen teils mehr als 16 Stunden arbeiteten, reichte der Lohn nicht für den Lebensunterhalt.

So nahm das Wort *grisettes*, das die Näherinnen in der Bekleidungsindustrie bezeichnete, die einfachen, grauen [franz. *gris*] Musselin trugen, allmählich eine zweite Bedeutung an.[1] Denn bis weit ins 20. Jahrhundert hinein gab das Konversationslexikon für Grisette als Bedeutung an: »Frau von lockerer Moral«. Da sie nicht mehr als einen, bestenfalls eineinhalb Franc pro Tag verdienten und dies in einem Industriezweig, der saisonabhängig war, musste die Bekleidungsnäherin sich anderweitig nach Einkommensquellen umsehen. Einige gingen auf die Straße, andere lebten mit Gelegenheits-»Freunden«, häufig Studenten, die ihren Teil zum Haushalt beitrugen. Viele aber besuchten die Bälle im vor Leben überschäumenden Paris, um reichere Männer zu finden, die für ihre Gunst bezahlten.

---

[1] Fremdsprachige Begriffe werden weitestgehend im Text erläutert. Sie sind jedoch auch gezielt über das Glossar auf Seite 300 nachzuschlagen. (A.d.Verl.)

Aus diesem Grund begannen so viele Kurtisanen ihre Laufbahn als *grisette*. Wenn sie Glück hatten oder über außergewöhnliche Begabungen verfügten, konnten sie so eine Leiter erklimmen, die sie sehr schnell von der Mühsal der endlos langen Arbeitsstunden in der Fabrik befreite. In einem der öffentlichen Tanzsäle konnte eine junge Frau durchaus einen Gönner finden, der ihr ein Appartement einrichtete. Eine Frau, die dieses Glück hatte, nannte man *lorette*, eine Kurtisane in spe vielleicht, die jedoch noch in vergleichsweise bescheidenen Verhältnissen lebte. Eine *lorette* verkehrte nicht in den exklusiven Zirkeln, die den Kurtisanen vorbehalten waren, auch wenn sie bereits zum festen Inventar der Welt der Boheme gehörte. So könnte man die Mimi in Henri Murgers *Scènes de la Vie de Bohème* als *lorette* bezeichnen. Aber die bekannteste *lorette* findet sich vermutlich in Puccinis Oper *La Bohème*.

Nur die Talentiertesten unter den *lorettes* wurden schließlich Kurtisanen. So wurde Violetta Valéry, die Heldin von Verdis *La Traviata*, nach der sehr realen Lebedame Marie Duplessis geschaffen, die ihre Laufbahn als *grisette* begann, dann zur *lorette* wurde und schließlich mit bemerkenswerter Geschwindigkeit in den Rang einer Kurtisane aufstieg. Ihre Geschichte ist typisch für das Aschenputtel-Märchen, das trotz seines Glanzes ebenso selten war wie heute. Marie kam in sehr ärmlichen Verhältnissen in der Normandie zur Welt. Kurz darauf starb ihre Mutter. Danach schleppte ihr Vater, ein fahrender Händler, sie mit sich durch Frankreich, wobei er seine Tochter – wie wir aus gesicherter Quelle wissen – mindestens einmal als Ware anbot. Nachdem er sie bei ungeliebten Verwandten in Paris gelassen hatte, fing sie an, als *grisette* zu arbeiten. Dass sie zu dieser Zeit unter extremer Armut litt, ist durch Nestor Roqueplan bekannt, den Direktor der Pariser Oper, der sie etwa ein Jahr, bevor sie bekannt wurde, auf dem Pont Neuf sah, in schmutzigen, zerlumpten Kleidern, wo sie um ein paar gebackene Kartoffeln bettelte, die dort verkauft wurden. Doch es dauerte nicht lange, da machte sie die Bekanntschaft eines Restaurantbesitzers, der sie als *lorette* in einem Appartement unterbrachte. Aber auch diese Spanne ihres Lebens währte nur kurz. Sehr schnell stieg sie zu einer der bekanntesten Kurtisanen ihrer Zeit auf. Wohlgenährt und -gekleidet, ja von den besten Pariser Schneidern angezogen, stieg die »Göttliche Marie« zur Berühmtheit auf, die sogar noch einen Titel erlangte, bevor sie im Alter von nur 23 Jahren an Lungentuberkulose starb.

Die Klassenzugehörigkeit ist das treibende Moment in der Geschichte der Kurtisanen. Weshalb ihr solche Bedeutung zukommt, erkennt man am besten an der Geschichte zweier Frauen, die beide einen unglaublichen Aufstieg hinter sich brachten. Chroniken aus dem 18. Jahrhundert berichten, dass Madame Du Barry, die von der Prostituierten zur Favoritin des Königs aufstieg, ein weit gepflegteres Französisch sprach als Madame de Pompadour, ihre Vorgängerin. Da die gefeierte Pompadour zwar bürgerlich war, aber doch eine höhere Erziehung genossen hatte, sprach sie ein Französisch, das bei Hofe zumindest als passabel gelten konnte. Die Du Barry aber war eine Frau, die sich ihr eigenes Geld verdient hatte. Ihre Ausdrucksweise war daher in diesen Kreisen völlig inakzeptabel. So war sie von Anfang an gezwungen, sich die Sprache der Aristokratie wie eine Fremdsprache anzueignen.

Doch nicht nur in die sprachliche Kompetenz, auch in die Frage der Moral spielt die Klassenzugehörigkeit hinein. Jahrhundertelang galt in der europäischen Kultur, dass Frauen bis zur Verehelichung Jungfrau zu bleiben hatten. Nahmen sie sich danach Freiheiten heraus, sollten sie dabei zumindest auf ihre Reputation achten. Doch dieses Gebot galt nicht uneingeschränkt. Zu bestimmten Zeiten und in bestimmten Milieus war die Keuschheit einer Frau wesentlich weniger wichtig, vor allem dort, wo die Armut ihre verzweifelten und hässlichen Blüten trieb. Daher hatte Keuschheit für die Unterschicht keineswegs dieselbe Bedeutung wie für den Adel, der sein Erbe zu hüten gedachte. Doch diese vereinfachte Polarisierung wird den Verhältnissen nicht ganz gerecht. Denn diesbezügliche Verfehlungen von Kaisern, Königen und anderen Herrschern riefen unweigerlich den Zorn der Untertanen hervor.

Für Kurtisanen stellt dieser Zusammenhang zwischen Klasse und Moral sozusagen eine der Grundbedingungen ihrer »Zunft« dar. Die schlichte Tatsache, dass – wie in Edith Whartons Roman – eine Frau aus gutem Hause die soziale Stufenleiter auch nach unten wandern konnte und damit nicht nur ihre Ehrbarkeit und ihre Heiratschancen verspielte, sondern auch noch von der Gesellschaft ausgeschlossen wurde, ließ ihr am Ende doch nur eine Wahl – nämlich die, Kurtisane zu werden, weil dies mit Sicherheit noch eine ihrer besten Optionen war. Im Paris der Jahrhundertwende gab es so viele dieser Frauen, dass dafür sogar ein neuer Begriff geprägt wurde: Sie galten als *demi-castor*. Laure Hayman beispielsweise wurde auf Grund eines Skandals, der ihre Reputation zerstörte, von der Gesellschaft geächtet, bis sie in einer anderen Rolle zurückkehrte: als Kurtisane. Zu ihren Liebhabern zählten viele mächtige Männer, darunter Ludwig Weil, der Onkel von Marcel Proust. Der Schriftsteller lernte sie im Knabenalter kennen und schuf später nach ihrem Modell die unvergessliche Odette, die den Leser heute durch die *Suche nach der verlorenen Zeit* begleitet.

Die Irrungen und Wirrungen doppelter Moral in Verbindung mit Sex, Geld, Geschlecht und Klassenzugehörigkeit führten bislang zu mehr als einer interessanten Kontroverse darüber, welche historischen Gestalten nun als Kurtisanen einzustufen sind und welche nicht. Agnès Sorel, die Geliebte Karls VII. von Frankreich, gilt gewöhnlich nicht als Kurtisane, ebenso wenig wie Alice Keppel, die lange Zeit die intime Freundin des Prince of Wales war, obwohl beide von den gekrönten Häuptern, die ihnen ergeben waren, beträchtliche finanzielle Unterstützung erhielten. Hier mag man als Grund gelten lassen, dass sie ja schließlich keine anderen Liebhaber hatten. Doch dasselbe träfe auch für Madame de Pompadour zu, die zwar allgemein als Kurtisane bezeichnet wird, doch vielleicht nur deshalb, weil sie bürgerlicher Herkunft war. Doch wollen wir hier Sinn und Unsinn solcher Klassifizierungen gar nicht erst näher diskutieren, denn ich hege die Hoffnung, dass die folgenden Kapitel den Begriff »Kurtisane« ein für alle Mal in das positive Licht rücken, das ihm zusteht.

Das soll nicht bedeuten, dass sich dieses Buch zum Ziel gesetzt hat, den vorgestellten Frauen ein moralisches Mäntelchen umzuhängen und sie als tugendhaft im üblichen Sinn hinzustellen, was sie nicht waren. Hier wird ihr Verhalten weder verteidigt noch verurteilt. Dass im Titel von Tugenden gesprochen wird, hängt mit der geschichtlichen Herkunft der Institution der »Kurtisane« zusammen, die ihre Wurzeln in der Renaissance hat. Damals wurde ein Tugendkatalog für den (natürlich männlichen) Höfling entwickelt, der im Italienischen als *cortegiano* bezeichnet wird. Doch diese Tugenden haben nichts mit dem zu tun, was man gemeinhin als »tugendhaft« bezeichnet. Vielmehr sind damit charakterliche Stärken gemeint, die eine Person auszeichnen.

Natürlich soll hier auch den geschichtlichen Bedingungen Rechnung getragen werden, die zur Ausbildung der Institution »Kurtisane« führten. Doch der Hauptakzent liegt auf der schöpferischen Antwort, die jede Frau auf diese Situation fand. Was bedeutet, dass wir uns mit dem Wunder der menschlichen Natur auseinander setzen werden. In den hier vorgestellten Geschichten werden Sie so viel Genie, so viel genuines Schöpfertum finden, dass Sie – wie ich – begreifen werden, welcher Schatz uns verloren ginge, wollten wir uns nicht mit den historischen Tugenden der Kurtisanen befassen.

Wir sind die Erben dieses Schatzes, der heute der Geschichte angehört. Denn die Bedingungen, die zur Herausbildung dieser Tugenden führten – Bedingungen, über die die Kurtisanen triumphierten, auch wenn sie eigentlich deren Kinder waren –, existieren im modernen Europa glücklicherweise nicht mehr. In der modernen westlichen Gesellschaft erwartet niemand mehr von Frauen, dass sie als Jungfrau in die Ehe gehen. Und ihr wirtschaftliches Überleben hängt nicht mehr von Ehemännern, Brüdern oder Vätern ab.

Doch es gibt noch einen anderen Grund für das abrupte Abbrechen dieser Tradition im 20. Jahrhundert. Der Zeitgeist hat

sich einfach verändert. Vereinfacht ausgedrückt: Viele »normale« Frauen tun heute, was früher Kurtisanen taten. Es gibt immer noch eine beträchtliche Menge verheirateter Männer, die
sich eine Geliebte halten, und ein Heer von klugen, kultivierten, eleganten Frauen, die als Callgirls und Begleiterinnen die
Tradition der griechischen Hetären fortführen. Das Kurtisanentum entstand aus einem Bündel historischer Bedingungen,
doch ebenso aus einer bestimmten Stimmung heraus, die in
der Mitte des 20. Jahrhunderts ihr Ende fand. 1948 besuchte
Anne Manson die Schöne Otero und schrieb: »Wenn Otero
stirbt, geht mit ihr das letzte Symbol einer Epoche dahin, die
gleichzeitig oberflächlich und leicht, zynisch und tugendhaft,
gierig und extravagant in ihren Vergnügungen war, voller Fehler vielleicht, aber nicht ohne Glanz.«

Denn eine Kurtisane braucht ihre Bühne. Natürlich stand sie
im Mittelpunkt, doch war ihr Publikum ihr Mitspieler. Es
gehörte unverzichtbar zu ihrem Wesen, dass ihr Glanz bewundert wurde. Untrennbar war sie Teil der »Halbwelt«, in der sie
lebte – umhüllt von einem Hauch von Rebellion, von Abenteuer und Gefahr, in einer Subkultur, zu der Lebensart ebenso
gehörte wie das Wissen um die körperliche Lust. Die Belle
Époque, die La Belle Otero so vollendet verkörperte, war nicht
nur für ihre Schriftsteller, Künstler, Dramatiker und Schauspieler berühmt, sondern auch für die schillernde Gesellschaft, die
sich ständig über die Grands Boulevards von Paris ergoss, das
wahre Zentrum dieser Welt, die Bühne, auf der die Kurtisane
ihre Rolle charismatisch in Szene setzen konnte.

So betrachtet war die Schöne Otero Teil einer Tradition, die
Jahrhunderte zurückreicht. Die Belle Époque mochte vielleicht die Bühne für den Abgesang auf die Kurtisanen bereitet
haben, doch sie war keineswegs die Geburtsstunde derselben. Etwa einhundert Jahre vorher war Paris schon einmal
Magnet für Kurtisanen und Halbweltdamen gewesen sowie
für die Männer, die um deren Gunst buhlten. Das Second Empire, das Zweite Kaiserreich, das von 1852 bis 1870 dauerte,
war so geprägt von deren Präsenz, dass Balzac eine schlichte

Wahrheit gelassen aussprach, als er schrieb: »Paris ist eine Kurtisane.«

Aber auch die Kurtisanen des Second Empire hatten bereits Vorläuferinnen. Im 17. und 18. Jahrhundert entwickelte sich in Frankreich eine Salonkultur, die von den Aristokraten, Prinzen und Königen an Höfe und in Schlösser getragen wurde. Man sprach von nichts anderem als von *galanterie,* und die Kultur der *galantes* brachte ihrerseits einige berühmte Vertreterinnen hervor, zu denen beispielsweise Ninon de Lenclos und Madame de Pompadour gehörten. Ihre kulturellen Wurzeln aber hatte diese Entwicklung im 16. und 17. Jahrhundert in den Palästen Roms und Venedigs. Tatsächlich sagt man, dass das Venedig jener Zeit die einzige Stadt gewesen sei, die in puncto Kurtisanen mit dem Paris der Jahrhundertwende hätte konkurrieren können. Wie Balzac, der Paris mit einer Kurtisane vergleicht, so schrieb im 17. Jahrhundert der englische Schriftsteller James Howell über Venedig: »Sirenengleich aus Stein und Wasser die Gestalt, bezaubert sie all jene, deren Liebe ihr je galt.«

Der Ruhm von Venedigs Kurtisanen breitete sich weit über die Grenzen der Stadt aus und gehörte mit zu ihren größten Attraktionen. So schreibt Thomas Coryat, ein anderer Engländer, der die Stadt besuchte, über Venedigs Kurtisanen: »So stark sind die Verlockungen, welche diese Töchter der Calypso ausstrahlen, dass so mancher Besucher nur ihretwegen den weiten Weg aus den entlegensten Winkeln der Christenheit wagt.« Venedig, das damals etwa 100 000 Einwohner hatte, zählte an einem bestimmten Punkt seiner Geschichte fast 10000 Kurtisanen, also gut zehn Prozent. Und von diesen war sicher nur ein geringer Prozentsatz das, was man *cortigiana onesta,* also »eine ehrbare Kurtisane«, nannte. Die Damen, die mit diesem Titel geehrt wurden, waren nicht gerade zahlreich. Ein Verzeichnis für den vermögenden Besucher führt 210 von ihnen auf: *Catalogo di Tutte le Principali Più Honorate Cortigiane di Venezia* (Verzeichnis aller wichtigen, sehr ehrbaren Kurtisanen von Venedig).

Der Begriff der *cortigiana* taucht zum ersten Mal im Rom des 14. Jahrhunderts auf, wo sich zum Begriff des Höflings, des *cortegiano* eben, ein weibliches Gegenstück entwickelte, das jedoch von Anfang an eine andere Bedeutung hatte. Aus *cortigiana* entwickelte sich das französische *courtisane*, das in dieser Form Eingang ins Englische bzw. Deutsche fand. Doch natürlich gab es das, was dieser Begriff bezeichnet, auch schon vor dem 14. Jahrhundert. Im alten Griechenland und in der römischen Antike hießen diese Frauen *hetaerae*.

Dass dieses Modell weiblicher Lebensform im 14. Jahrhundert wieder auf der Bildfläche erschien, liegt sicher auch an der Wiederbelebung antiker Traditionen, die für die Renaissance kennzeichnend ist. Tatsächlich lässt sich nachweisen, dass die Tradition der Kurtisanen sich seit der Antike ungebrochen bis in die Moderne fortsetzt. So hat Praxiteles seine berühmte *Aphrodite von Cnidus* nach seiner Geliebten, der Kurtisane Phryne, geformt und damit die Tradition des weiblichen Aktes in der Skulptur begründet. In der italienischen Renaissance wurden Kurtisanen häufig als Venus dargestellt, und zwar von so bedeutenden Künstlern wie Veronese, Tizian, Raffael und Tintoretto. Im Paris des 18. Jahrhunderts wiederum inspirierten Kurtisanen wie Madame de Pompadour Maler wie Boucher, der die Dame porträtierte. Vieles von dem Geist dieser Zeit findet sich auch in seinen überschäumenden Darstellungen ausgelassener, »rosenwangiger« Göttinnen. Einen großartigen Gipfelpunkt fand die Darstellung von Kurtisanen in Manets Bildnis der *Olympia*, die Tizians *Venus von Urbino* gleichzeitig kopiert und parodiert.

Die Künstler der Renaissance waren bei den Kurtisanen gern gesehene Gäste. Cellini, Raffael und Tizian verkehrten regelmäßig in entsprechenden Häusern, zwischen einigen Vertretern dieser beiden »Zünfte« entwickelten sich sogar enge Freundschaften. So war Raffael mit der Kurtisane Imperia befreundet, während Veronica Franco Tintoretto besonders schätzte. Diese engen Beziehungen sind aus verschiedenen Gründen nur zu verständlich, denn die Wiederentdeckung der

Antike führte für Künstler und Kurtisanen zu erheblichen Verbesserungen ihrer Lebensumstände. Die Kurtisanen kehrten an ihren angestammten Platz an der Tafel von Königen und Wirtschaftsmagnaten zurück, während der Künstler über den Rang des bloßen Handwerkers hinaus erhoben wurde, den er bis dahin einzunehmen hatte. Außerdem umgab die griechischen und römischen Götter der Antike ein erotisches Flair, das nun, da es zum Paradigma der Kunst aufgestiegen war, in seinem Ausdruck genauer erforscht werden konnte.

Der wirtschaftliche Reichtum dieser Zeit vergrößerte den Markt für die von den Künstlern geschaffenen Werke. Frauen profitierten allerdings kaum von diesem neuen Wohlstand, denn gleichzeitig stieg auch das Heiratsgeld, das ein Vater seiner Tochter mitgeben musste, um ein Vielfaches, sodass allein schon deshalb viele Frauen unverheiratet blieben. Diese Frauen schlugen häufig die Laufbahn der Kurtisane ein. Und mit einem Mal bekamen auch sie ihren Anteil am allgemeinen Wohlstand, der zuvor ihre Heirat verhindert hatte.

Ein weiteres gemeinsames Band zwischen Künstlern und Kurtisanen besteht darin, dass beide nur vorübergehend in die Reihen der guten Gesellschaft aufgenommen wurden, sich dasselbe unsichere Terrain teilten: die Welt der witzigen Unterhaltung, der Feste und Salons, eine Welt, die sich um die Reichen und Mächtigen drehte, unmittelbar vor den Pforten der Respektabilität, die den Damen gleichwohl verschlossen blieben. Indem sie Kunst und sexuelle Freiheit unwiderruflich miteinander verbanden, schufen sie gemeinsam eine Tradition, die eines Tages die *demi-monde* (Halbwelt) in Paris hervorbringen würde, die *Gay Nineties* des 19. Jahrhunderts, deren Widerhall bis ins 20. und 21. Jahrhundert hinein erklingt. Diese Tradition hat, auf offene ebenso wie auf höchst subtile Weise, das Leben vieler Menschen tief beeinflusst.

Zwischen dem Geist einer Epoche und den Menschen dieser Zeit gibt es eine Art Wechselwirkung, die für beide Seiten befruchtend wirkt. Der herrschende Zeitgeist beeinflusst persönliche Entscheidungen ganz enorm. Gleichzeitig aber machen diese Entscheidungen den »Zeitgeist« erst aus. So bleibt keine Tradition über längere Zeit völlig unverändert. Solange sie lebendig ist, ist sie wandelbar, dynamisch. Wie ein großes Epos, das über Generationen hinweg mündlich überliefert wird. Manchmal wird eine Zeile weggelassen, eine andere hinzugefügt, eine dritte wiederholt. Und diese winzigen Veränderungen lassen letztlich das ganze Werk in einer anderen Gestalt erscheinen.

Obwohl Kurtisanen letztlich das Produkt einer Doppelmoral sind, führten die Grenzüberschreitungen, die sie für sich vornahmen, schließlich mit zur Befreiung aller Frauen von jenen Regeln, die ihre Sexualität so lange unterdrückt hatten. Die wirtschaftliche Unabhängigkeit der Kurtisanen schuf ein Modell, das die wirtschaftliche Gleichberechtigung von Mann und Frau nicht länger Fiktion sein ließ. So brach das System, das die Kurtisanen hervorgebracht hatte, allmählich in sich zusammen, zuerst ganz langsam, am Ende aber mit der Geschwindigkeit eines einstürzenden Kartenhauses. Männer aus der Oberschicht begannen, die Frauen zu heiraten, die sie liebten. Und schon bald reklamierten auch höher gestellte Frauen das Recht auf eine Liebesheirat für sich. Damit wurde die Vorstellung von der Braut, die noch Jungfrau sein musste, bald überflüssig. Als diese Rollenmodelle sich definitiv überlebt hatten, war auch die Zeit der Kurtisanen vorbei.

Doch wenn es heute auch keine großen Kurtisanen mehr gibt, so ist uns doch ihr Tugendkanon geblieben. Natürlich gab es diese Tugenden immer schon. Schönheit, Grazie und Charme galten seit jeher als Domäne der Frau. Doch die Kurtisanen verstanden es, diesen klassischen Werten mit schöpferischem Witz neue Qualitäten abzuringen, sodass manche dieser »Tugenden« am Ende gar eine völlige Neuinterpretation erfuhr. Da jedes Überschreiten des konventionellen Rollenverhaltens eine beträchtliche erotische Energie freisetzen kann, ist diese Umbesetzung weiblicher Tugenden wohl auch für einen großen Teil der Anziehungskraft dieser Frauen verantwortlich. Daher lohnt es sich auch heute noch, sich damit auseinander zu setzen, wie die Kurtisanen diesen Kanon lebten. Waren ihre Lebensumstände auch völlig unterschiedlich, so eint sie doch eine Aura von Witz, Mut und Schärfe, die ihr Erbe umgibt – jene Geschichten, Zitate, Lieder und Tänze, die sie uns hinterlassen haben.

Zwar lebt dieses Erbe weiter, dass seine Urheberinnen aber Kurtisanen sind, wird gern verdrängt. Die moralische Verurteilung überlebte die Tradition selbst immerhin so lange, dass sie die Rolle, die diese Frauen in Kunst und Geschichte gespielt haben, vollkommen aus unserem Bewusstsein tilgen konnte. Dieser partielle Gedächtnisverlust ist besonders ausgeprägt in Amerika, wo bei der Uraufführung des Dumas-Stückes die Heldin, eine Kurtisane, in eine keusche junge Frau verwandelt wurde, die grausam betrogen und verlassen worden war. In Frankreich hingegen wurde zwar Mitte des 19. Jahrhunderts der Druck von Dumas' *Kameliendame* kurzzeitig von der staatlichen Zensur verboten, doch schon fünfzig Jahre später wurde Liane de Pougy liebevoll *notre courtisane nationale* genannt, »unsere nationale Kurtisane«.

Sich dieses Teils der Geschichte zu erinnern ist wichtig. Denn ohne ihn wäre jede Einschätzung unseres historischen Hintergrundes unvollständig und wohl auch naiv. So stammt das Wort *gay*, das heute im Englischen und Französischen Homosexuelle beiderlei Geschlechts bezeichnet, ursprünglich aus dem Umfeld der Kurtisanen. Ende des 19. Jahrhunderts wurde das Leben der illustren Halbwelt nämlich als Hort der *gaieté* (Fröhlichkeit) bezeichnet. Dies verrät uns viel über die Lebensauffassung im Paris der Belle Époque, eine Zeit, die man auch als die *Gay Nineties* des 19. Jahrhunderts bezeichnete. Gleichzeitig aber kann die Freiheit, die diesem Begriff heute noch innewohnt, einen wichtigen Beitrag zur homosexuellen Identität leisten.

Darüber hinaus waren die *demi-mondaines*, wie man die Kurtisanen auch nannte, immer dann zur Stelle, wenn in der Kunst um neue Formen gerungen wurde, sei es in der Renaissance oder im 19. Jahrhundert: Sie wurden von Courbet, Manet, Degas, Béraud, Renoir und Toulouse-Lautrec gemalt, erscheinen auf den Plakaten von Mucha und in den Karikaturen von Daumier und Sem. Als Skulptur schmücken sie mehr als ein Palais der großen Boulevards von Paris, zum Beispiel das Palais Garnier, die alte Pariser Oper.

Weder die Literatur der Moderne noch deren Weltsicht würden in der uns bekannten Form existieren, wenn es die Kurtisanen nicht gegeben hätte. Sie inspirierten Baudelaire zu Gedichten, und sie tauchen in Romanen von Balzac, Dumas (Vater und Sohn), Zola, Flaubert und Colette auf. Prousts epochales Werk *Auf der Suche nach der verlorenen Zeit*, das die Ästhetik seiner und vielleicht auch unserer Zeit geprägt hat wie kein anderes, macht sogar eine Kurtisane zur tragenden Figur. Die Opern, Operetten und Filme, die zur Hauptfigur eine Kokotte haben, sind Legion: Franz Lehárs *Lustige Witwe*, viele Werke von Jacques Offenbach und natürlich Verdis *La Traviata*. Filmisch treten die Kurtisanen hervor in Max Ophüls' *Lola Montez*, Howard Hawks' *Blondinen bevorzugt* und im großartigen Werk von George Cukor, der sich des Verdi-Themas annimmt: in *Die Kameliendame*.

Der außergewöhnliche Ruf des Maxim's, in dem der zweite Akt von Lehárs Operette angesiedelt ist, beruht schlicht darauf, dass dieses Restaurant bevorzugt von den *grandes horizontales* und ihren Verehrern besucht wurde. Auch auf die großen Boulevards von Paris fiel ein Hauch ihres Glanzes. Sie erfanden den Cancan im Moulin Rouge und waren für die gewagtesten Vorstellungen in den Folies-Bergère verantwortlich. Ihre Genossinnen sangen in den *cafés chantants*, auf den *bals musettes* und in den großen Music Halls und wurden so zu »Großmüttern« der französischen Chansons von Edith Piaf, Yves Montand und Maurice Chevalier. Tatsächlich wurde die berühmte Mistinguett, später Partnerin von Maurice Chevalier, zuerst von der Kurtisane Alice Ozy zum Singen ermutigt. Fréhel, die große Sängerin der Arbeiterklasse und Vorgängerin von Edith Piaf, trug bei ihrem ersten Auftritt einen Rock, den ihr die Schöne Otero geschenkt hatte. Laure Hayman stellte

Marcel Proust in ihrem Salon in Paris den Künstlern seiner Zeit vor und gab ihm so einen gewissen mondänen Rahmen.

Und die Tradition lässt sich noch weiterverfolgen. Die Kunst der Wahl des richtigen Zeitpunkts, die Schlagfertigkeit der Kurtisanen, die Grazie, mit der sie ihren Weg jenseits der Grenzen gingen, ihre verborgene und offenkundige Androgynie, ihr Witz, ihre Brillanz, ihre ästhetische Sensibilität, ihre Fähigkeit zu bezaubern, all dies fand seinen Widerhall auch bei den Schauspielerinnen, Filmstars, Sängerinnen und Tänzerinnen der Moderne, die aus dem klassischen Tugendkanon der Kurtisanen schöpften: Josephine Baker, Greta Garbo, Marlene Dietrich, Mae West, Gracie Allen, Elizabeth Taylor, Susan Sarandon, Madonna und Chloë Sevigny haben die Tradition umgewandelt und ihr damit neue Lebendigkeit verliehen. Sie haben ein Erbe bewahrt, das uns allen offen steht.

War es auch die Rolle der Kurtisanen, jenen zu gefallen, die für ihren Lebensunterhalt aufkamen, so schufen sie doch in diesem vermeintlich engen Rahmen eine weite Welt. Denn im von Widersprüchen geprägten Reich des Eros ist es nicht die simple Unterwerfung, die am meisten Gefallen erregt. Das Geheimnis der Kurtisanen ist letztlich ein Paradox: Wer herrscht, liebt nicht unbedingt die Macht. Daher erregt ein ebenbürtiger Geist, ein unabhängiger, widersprüchlicher Mensch in seiner ungeschminkten Individualität das Begehren weit stärker. Hier spiegelt die Leidenschaft den Fluss des Lebens, der sich einzig seiner eigenen Ordnung unterwirft, seinem Rhythmus, der von Veränderung getragen ist, dem der Wandel Gesetz ist und der sich deshalb allem Verstehen, allem Lenken entzieht.

Und dies sind die Tugenden, die solchen Frauen eigen sind.

Timing

Das gute Timing der Kurtisane

Cora Pearl

E s ist immer klug, Geschichten mit einem Geheimnis zu beginnen. Die Kunst des Timings schafft eine elektrisierende, dem Auge verborgene Aura, die immerzu in Bewegung zu sein scheint. Timing, die Kunst, im richtigen Moment das Richtige zu tun, ist eine schwer zu fassende Tugend. Und doch ist sie bei den Menschen, denen sie gegeben ist, deutlich spürbar. Stellen Sie sich vor, wir schreiben jetzt das Jahr 1906 und Sie sind einer der wenigen Glückspilze, die zu einer dieser exklusiven Partys auf dem Landsitz Etienne Balsans eingeladen wurden. Vielleicht lächeln Sie gerade einer Frau zu, die Ihnen auf der Treppe entgegenkommt. Und obwohl Sie sie nicht kennen, spüren Sie, dass Sie sich genau das wünschen. Im Laufe des Abends stellen Sie ein wenig irritiert fest, dass Ihr Blick immer wieder durch den Raum zu ihr hinüberwandert. Was ist es nur, was Sie so anzieht? Sie sieht nicht schlecht aus, ist aber auch keine dieser Bilderbuchschönheiten. Das ist es jedenfalls nicht, was Sie so attraktiv finden. Vielmehr umgibt sie ein unbeschreibliches Prickeln, das auf alle Menschen in ihrer Umgebung überspringt.

Sie sehen, wie ihre Anwesenheit die Umstehenden verzaubert. Die Atmosphäre um sie herum scheint wie elektrisch aufgeladen. Ihre Kleidung ist schon recht ungewöhnlich, finden Sie. Dieser Reitdress für Männer, der ihr wie auf den Leib geschnitten wirkt. Sie wirkt darin schon recht exzentrisch, doch es ist eben jener Stil, der sie aus der Masse hervorhebt. Und der leicht spöttische Blick ihrer Augen, der zu sagen scheint, sie wüsste, was im nächsten Moment geschehen wird, und wäre dafür bereit. Doch ihre Gedanken schweifen nicht ab. Nein, sie ist ganz da. Ihre Bewegungen, ihre Gesten fließen exakt mit dem lautlosen Rhythmus, der – wie Sie erst jetzt bemerken – den ganzen Raum durchpulst. Die Luft um sie herum knistert, und langsam begreifen Sie, woran dies liegt. Sie hält ständig die Tür ins Reich der Möglichkeiten offen, wozu auch jene neuen Welten gehören, die sich in Ihrer Fantasie aufgetan haben, seit Ihr Blick zum ersten Mal auf diese Frau gefallen ist. Als die Party schon fast vorüber ist, erfahren Sie, dass diese junge Frau – Gabrielle – die Geliebte Ihres Gastgebers ist. Nachdem Sie sie selbst kennen gelernt haben, sind Sie nicht erstaunt, dass später ganz Paris von ihr spricht. Aber was war es denn nun, was sie so außergewöhnlich machte? Nun, ihr Timing war einfach brillant.

Doch so reizvoll ein perfektes Timing bei einer Frau auch sein mag, so stellt sich doch die Frage: Weshalb sollte gerade diese Kurtisanentugend hier an erster Stelle stehen? Sucht man nach Gründen, weshalb eine Frau so anziehend wirkt, dass ein Mann ein kleines Vermögen ausgibt, um sie zu halten, dann denkt man doch zuerst wohl an Schönheit, vielleicht noch an Witz oder eine Gabe, die für die gelungene Verführung ohnehin unverzichtbar ist, nämlich den Charme. So wichtig die Kunst des richtigen Timings auch sein mag, wir würden sie wohl kaum auf die Liste der Eigenschaften setzen, die einer Kurtisane nützlich sind.

Doch von allen Tugenden, die eine gute Kurtisane besitzen musste, ist die Fähigkeit des Timings wohl die entscheidendste, weil davon schlicht und simpel ihre ganze Existenz abhing. Hätte sie nicht genau im richtigen Augenblick die Bühne der Geschichte betreten, so wäre wohl keine Frau je Kurtisane geworden. Ganz egal, was sie letztlich zur Wahl dieser Profession zwang, ob es nun schiere Armut war oder ein Skandal, der über ihrem Haupt schwebte, ihr Genie zeigte sich darin, dass sie diese ungünstigen Umstände in immensen Reichtum und viel Spaß umzuwandeln verstand. Mit einem Wort: Sie tat das Richtige zur richtigen Zeit.

Wenn es ums Überleben geht, ist das, was am Montag richtig ist, am Dienstag vielleicht schon falsch. Alles in allem gesehen, wäre es für eine Frau von heute wohl kaum angeraten,

33

Kurtisane zu werden. Schon deshalb, weil heute die entsprechenden Rahmenbedingungen gar nicht mehr existieren. Eine Kurtisane nahm in der Gesellschaft einen ganz bestimmten Platz ein. So unabhängig sie einerseits war, so war sie doch das Produkt gesellschaftlicher Verhältnisse. Wenn Helen Gurley Brown, die spätere Chefredakteurin des *Cosmopolitan*, Mitte des 20. Jahrhunderts von einem Filmproduzenten ausgehalten wurde, dann würde man sie wohl kaum als Kurtisane bezeichnen. Wie der Zeitgeist, der die Kurtisanen hervorgebracht hatte, so war auch die Bezeichnung selbst bereits ein Anachronismus geworden.

Wie die Göttin Venus dem Meer entstieg und nicht etwa einem Badeteich oder einem Fluss, so entstand auch das Kurtisanentum aus einem bestimmten sozialen Klima heraus. Die Wasser der Geburt der Kurtisanen sind angefüllt vom Salz weiblicher Tränen, vergossen von Frauen, die zu bitterer Armut verdammt oder ins Korsett einer nicht existierenden erotischen Kultur gezwängt wurden, das ihnen ihre Zeitgenossen in einer perfiden Mischung aus Ungerechtigkeit und Prüderie aufzwangen. Das Genie der Kurtisanen lag darin, eben jene Verhältnisse zu ihrem Vorteil auszunutzen. Wenn man die Machtverteilung zwischen Männern und Frauen betrachtet, dann wäre es eine glatte Untertreibung, wollte man behaupten, die Kurtisanen hätten den Spieß einfach umgedreht. Führen wir uns die Tatsache vor Augen, dass die Schöne Otero, eine große Kurtisane der Belle Époque, von ihren Liebhabern mit Erfolg eben jenes Diamantcollier verlangte, das einst den Hals der früheren Königin Marie Antoinette geziert hatte, so bekommen wir vielleicht eine ungefähre Ahnung von den Ausmaßen dieser Machtumkehr. Und doch wissen wir nicht, wie es dazu kommen konnte.

Einen ersten Hinweis finden wir möglicherweise in der Geschichte, die Colette uns von der Schönen Otero erzählt, mit der die angehende Schriftstellerin anfangs noch in Music Halls getanzt hatte. Otero, der die junge Colette wohl noch ein wenig grün hinter den Ohren vorkam, gab dieser einen klugen Rat. »Die Zeit wird kommen«, so meinte sie, »wo ein Mann seine Hand für dich öffnet.«

»Ja, nur wann?«, fragte Colette.

»Wenn du ihm das Handgelenk umdrehst«, antwortete Otero.

Otero war wie so viele Kurtisanen für ihren Witz berühmt. Ohne Zweifel prägte sich dieses Gespräch der jungen Colette deshalb so tief ein. Die Antwort, die wir auf unsere Fragen suchen, liegt nämlich weniger in dem, was Otero sagte, sondern darin, wie sie das tat. Auch hier setzte sie die Pointe kunstgerecht an den Schluss. Und wenn wir uns genau ansehen, was sie ihrem jungen Schützling riet, dann stellen wir sofort fest, dass der wichtige Teil der Antwort nicht die Pointe ist, sondern das, was sie zu Anfang sagte: »Die Zeit wird kommen.« Das Geheimnis von Oteros Erfolg lag eben darin, dass sie genau den richtigen Augenblick wählte, um ihrem Liebhaber das Handgelenk umzudrehen.

Wir können nur vermuten, ob Otero Colette das Geheimnis des richtigen Augenblicks enthüllt hätte. Denn meist vermögen diejenigen, die dieses Gespür besitzen, selbst nicht zu sagen, woher ihnen diese Gabe erwächst. Denn die Kunst des richtigen Timings ist keine Technik, die sich analysieren ließe. Vielmehr ist sie das Produkt einer Geistesgegenwart, die ganz im Augenblick lebt. Dieser Verweis auf das »Hier und Jetzt« mag abgedroschen klingen. Schließlich sind wir uns alle mehr oder weniger des Augenblicks bewusst. Doch da wir meistens mit unseren Gedanken entweder in die Vergangenheit oder in die Zukunft abschweifen, ist diese Gabe weniger verbreitet, als man annehmen möchte.

Dass diese Tugenden zum Kanon der Kurtisanenfähigkeiten gehörten, erklärt, weshalb diese Damen so häufig zur Avantgarde eines neuen Zeitgeistes wurden. Während sie die Umstände zu ihren Gunsten nutzten, definierten sie die Grenzen des Möglichen und Vorstellbaren neu. Immer wenn die kulturelle Entwicklung einer Gesellschaft an einem Wendepunkt angelangt war, wenn es darum ging, Grenzen zu überschreiten und der Konvention ins Gesicht zu lachen, waren Kurtisanen zur Stelle. So funktioniert Geschichte. Tatsächlich beeinflussen wir den Lauf der Zeit nicht, indem wir uns auf die Zukunft konzentrieren, sondern nur, indem wir ganz in die Gegenwart eintauchen.

Aber wie gelang es der Kurtisane, diese einzigartige geistige Präsenz zu entwickeln? An diesem Punkt müssen wir uns aufs Raten verlegen, auch wenn unsere Vermutungen begründet sind. In dem Drama, dessen Vorhang sich vor unseren Augen hebt, spielen frühe Entbehrungen und Angst um das eigene Überleben eine entscheidende Rolle. Traumatische Erlebnisse, Verluste und Armut können jeden Augenblick des Lebens zu einem kostbaren Geschenk machen, von dem man auch nicht ein Gran missen möchte. Und diese enge Abfolge von »Gerade-noch-einmal-Davonkommen« und »Unwahrscheinliches-Glück-Haben« brachte vielleicht zuwege, dass sich der Griff des planenden Geistes lockerte und der Weg in die Gegenwart frei wurde.

Vor diesem Hintergrund wird nun wohl auch klar, was ein vollkommenes Timing so attraktiv macht. Denn obwohl wir uns ihres subtilen, bewusstseinserweiternden Einflusses nicht bewusst werden, rief die Gegenwartsbetontheit der Kurtisanen in ihren Anbetern dieselbe Sehnsucht hervor, die ein Mystiker seinem Gott entgegenbrachte: die Sehnsucht nach etwas, das tief in uns selbst liegt.

Doch natürlich besitzt die Tugend des Timings auch weniger abstrakte Vorzüge. Lassen Sie uns daher einmal konkret untersuchen, welche Bedeutung die Gabe des Timings im Leben einer Kurtisane hatte. Für die nötige Kurzweil auf unserem Ausflug in die Geschichte sorgen die Damen selbst. So gehörte es beispielsweise zu ihren Aufgaben, ihren Besuchern eine »schöne Zeit« zu bereiten, was bedeutete, dass sie die Kunst des Witzes beherrschen mussten – die in nicht unerheblichem Maße vom Timing abhängt. Eine Kurtisane musste sich entsprechend kleiden, also brauchte sie die Fähigkeit, das Richtige zur richtigen Zeit zu tragen. Und auch für den Flirt, ihre wichtigste Tugend, spielt die Wahl des richtigen Zeitpunktes eine entscheidende Rolle. Im Leben einer Kurtisane ging also nichts ohne gutes Timing. Zunächst aber gilt unser Blick noch einem anderen Aspekt ihres Tuns, einem Punkt, der Kurtisanen häufig erst richtig berühmt machte: dem Tanz.

Wie sie tanzt

> Dann begann ich zu tanzen,
> wie ich immer schon getanzt hatte.
>
> *Josephine Baker*
> über ihr Debüt am Johann-Strauss-Theater

Der Augenblick war pure Magie. Bevor die Musik einsetzte, kannte niemand ihren Namen. Doch als sie so über das Parkett glitt, als sich ihr Körper mit unglaublicher Vitalität auf und ab bewegte, folgten alle Augen nur ihr. Der unerbittliche Rhythmus der Polka heizte die allgemeine Gespanntheit nur noch an. Als sie und ihr Partner aufhörten zu tanzen, sammelte sich die unvermeidliche Gruppe von Bewunderern um sie. Die Art, wie sie in dieser Nacht getanzt hatte, würde das Leben von Céleste Venard für immer verändern.

Warum hatte ihr Tanz eine solche Macht? Hier ist selbst die Königin der Wissenschaften, die Philosophie, um eine Antwort verlegen. Obwohl Zeit eine faszinierende Angelegenheit ist, scheint sie auf den ersten Blick mit diesem Geschehen doch nicht das Geringste zu tun zu haben. Wenn wir also diese Frage beantworten wollen, müssen wir unseren Wortschatz ein wenig erweitern. Denn bloßes Timing macht es vielleicht möglich, zur richtigen Zeit am richtigen Ort zu sein, doch es lässt sich damit nicht erklären, welche magischen Kräfte den Körper in solch einem Augenblick bewegen. Hier müssen wir Zuflucht beim Begriff des Rhythmus suchen.

Aber auch dieser bedarf einiger Modifikationen. Seit es Metronome und Uhren gibt, halten wir den Rhythmus für eine mechanisch messbare Angelegenheit. Auch das Konversationslexikon erliegt diesem Irrtum und bezeichnet den Rhythmus als »Prozess mit sich wiederholendem Taktmuster«. Doch mitten in den verschiedenen Erklärungsansätzen findet sich plötzlich das Wort »Kadenz«, ein altmodischer Begriff mit einer sympathischen sinnlichen Patina. Und wenn wir uns ansehen, was das Konversationslexikon zum Thema »Kadenz« zu sagen weiß, finden wir als dritten oder vierten Eintrag eine Definition, die uns möglicherweise auch mit dem »Rhythmus« weiterhelfen kann: »Muster, in dem etwas erfahren wird«.

Denken Sie nur an den Rhythmus, der in allem mitschwingt, was wir tun. Beim Atmen ist das noch ziemlich offensichtlich. Auch in der Sexualität ist das recht klar. Doch wir essen, gehen, ja sehen sogar mit einem gewissen Rhythmus, in der Art zum Beispiel, wie unsere Augen durch einen Raum gleiten. Im Sprechen schießen uns plötzlich Impulse und Wünsche durch das Bewusstsein, tauchen auf, gleiten dahin und verschwinden wieder. Ob es nun um die subtilen Pausen und Taktfolgen eines Gesprächs geht oder um den rhythmischen Beat eines Schlagzeuges, der Rhythmus prägt und formt jeden Augenblick unseres Lebens.

Und der Rhythmus, der im Tanz liegt, ist natürlich der gleiche, der unsere Erfahrung färbt. Wenn Sie sich zu einem Musikstück bewegen wollen, müssen Sie den Rhythmus »einlassen« in Ihre Hüften, Beine, Arme, Füße. Denken Sie doch nur einmal an eine Reihe Cancan-Tänzerinnen oder – noch besser, weil viele von ihnen ja ohnehin Kurtisanen waren – an eine Reihe von Tänzerinnen in den Folies-Bergère. Wenn eine von ihnen aus dem Takt gerät, würden wir schnell bemerken, dass sie die Musik falsch empfindet. Ihrer Leistung würde es an mehr fehlen als nur am richtigen Taktgefühl. Sie ließe das Gefühl für die Musik vermissen, was ihren Tanz zu einer glanzlosen Vorstellung machte.

Die große französische Schauspielerin Rosay, die als Mädchen Musikunterricht erhalten hatte, definierte Rhythmus als Form von Energie. Und sie benutzte dieses Wort, um zu erklären, was ein Schauspieler in sich tragen müsse, wenn er mehr wolle, als nur den Anschein dessen zu bieten, was seine Figur in einem bestimmten Moment empfindet. Rosay meinte, ein Schauspieler müsse das Empfinden dieser Figur am eigenen Leib erfahren. Da eine Kurtisane, wenn man so will, immer eine Vorstellung gab, hing ihr Erfolg entscheidend davon ab, wie gut diese Vorstellung war, das heißt, ob die Kurtisane in der Lage war, die Gefühle, die sie ausstrahlte, auch zu empfinden. Und genau das ist es, was Rosay sagen wollte. Wenn Sie den richtigen Takt für Ihr Tun gefunden haben, sei es nun Essen, Gehen, Sprechen oder Sex, dann haben Sie damit auch die Fähigkeit zum Fühlen für sich entdeckt.

In ihren Memoiren erzählt Céleste Venard, die Tänzerin, die später als Mogador berühmt werden sollte, dass sie niemals Kurtisane hatte werden wollen. Und trotzdem spielte sie ihre Rolle mit dem nötigen Gefühl. Die Art, wie sie tanzte, war so inspirierend, dass eine Nacht genügte, in der sie in der überfüllten Tanzhalle des Bal Mabille Polka tanzte, um ihren Ruhm zu begründen. Heute kommen wir dieser Art zu tanzen nur noch mit Hilfe unserer Fantasie auf die Spur. Dabei helfen uns beispielsweise die Skizzen und Gemälde, die Toulouse-Lautrec in den Music Halls anfertigte. Er zeichnete häufig eine als *La Goulue* bekannte Tänzerin und Kurtisane, die für ihren Cancan berühmt war. In den Tanzhallen wetteiferten die Tänzerinnen miteinander darum, welche beim Cancan die Beine höher in die Luft werfen und mehr von dem enthüllen konnte, was sie unter den Röcken trug. *La Goulue* war dabei die unumstrittene Königin. Und das Publikum war wild darauf, einen Blick zu erhaschen, einige der Mädchen trugen nämlich keine Höschen. Die Hitze der Darbietung wurde von der immer schnelleren, immer intensiveren Musik noch verstärkt, die dem Beinschwingen den Rhythmus vorgab.

Doch auf einem der Plakate, die Toulouse-Lautrec für das Moulin Rouge entwarf, porträtierte er *La Goulue* mit einem Ausdruck, der weder vulgär noch frivol ist. Sie steht auf einem Bein und wirft das andere hoch in die Luft. Dabei ist ihr Blick in den freien Raum gerichtet, als müsse sie sich ganz auf ihre Kunst konzentrieren. Offenkundig nimmt sie ihren Beruf sehr ernst. Und natürlich musste sie sich in so einem Moment konzentrieren, auch wenn sie sonst gern lachte. Schließlich verdiente sie ihren Lebensunterhalt damit. Aber Toulouse-Lautrec hat noch eine andere Seite ihres Wesens eingefangen. Denn *La Goulue* bedeutet »Vielfraß«. Sie war bekannt für ihren unglaublichen Appetit. Daher entspringt unterhalb ihrer Taille ein Wust von weißen Spitzen und Wäsche, als käme er aus einer Quelle tief in ihr selbst und drohe den Betrachter zu überfluten.

Wären wir im Bal Mabille dabei gewesen, hätten wir vielleicht die Energiewellen wahrgenommen, die Céleste bei ihrem unglaublichen ersten Tanz ausstrahlte und die sich langsam über die dicht gedrängte Menge ausbreiteten. Diese Kraft entsprang den Frauen der Arbeiterklasse und nicht den gebildeten, reichen Herren, die sie in den Music Halls aufsuchten. Sogar die Tänze, die man dort tanzte, der Cancan und die Polka, schienen wilder und erdhafter als jede Vergangenheit, die einer dieser Pariser Männer hinter sich hätte lassen können. Die Polka kam aus Polen und beschwor Bilder von Bierfässern, Landleben und Heuernten herauf. Eine Polka zu tanzen verlangte eine Menge Körperkraft. Hier kommt uns unweigerlich das Wort »derb« in den Sinn.

Bevor Céleste sich im Bal Mabille einen Namen machte, war die beliebteste Tänzerin eine Frau namens *La Reine Pomaré*. Man hatte sie nach der Königin von Tahiti benannt, der sie angeblich ähnlich sah. Da sie für ihren kraftvollen Tanz bekannt war, überrascht es uns, zu erfahren, dass sie Tuberkulose hatte. Tatsächlich hielt die Tuberkulose ihre Opfer nicht vom Tanzen ab, sieht man von den letzten Stadien der Krankheit einmal ab. Marie Duplessis, die ebenfalls an Schwindsucht erkrankt war, sagte einmal: »Nicht ich bin es, die zu schnell tanzt. Die Geigen spielen einfach zu langsam.«

Bei einer Kranken ist diese Auffassung nicht so verwunderlich, wie sie auf den ersten Blick scheinen mag. Ihre Energie nimmt zu und ab wie das Leben selbst, das sie einmal zu umfangen, dann wieder zu verlassen scheint. Einmal mehr den Mauern des Krankenzimmers entronnen, entsteht – zusammen mit Dankbarkeit – ein wütender Hunger nach Leben, der Drang, jedes bisschen Erfahrung in sich hineinzustopfen, bevor das Unvermeidliche wiederkehrt. Ganz sicher hat diese Haltung dem Tanz der *Reine Pomaré* eine außergewöhnliche Qualität verliehen, sodass sie mit jedem wilden, weiten Schritt gegen den Tod antanzte und in die Arme des Lebens lief.

So wird ihr Tanz für uns lebendiger, nachvollziehbarer. Da es die untere Hälfte ihres Körpers war, die mit der Musik Schritt halten musste, waren ihre Bewegungen unzweifelhaft erotisch. Dazu kam noch dieser schrankenlose Überlebenswille, der ebenfalls erotischer Natur ist. Der Wunsch, alle Not, die sie jemals erlitten hatte, zu vergessen, verlieh ihrem Tanz einen besonderen Schwung. Und all diese starken Gefühle wurden vom Rhythmus der Polka an die Kandare genommen wie ein geflügeltes Pferd, das sich auf seinen Schwingen hinwegzuheben drohte.

Am Ende aber holte ihre Krankheit die *La Reine Pomaré* ein. Als die Anzeichen sichtbar wurden, begann ihr Partner Brididi, der Mann, der ihre Karriere sowohl geplant als auch von ihr profitiert hatte, sich nach einem Ersatz umzusehen – nach einer anderen hungrigen jungen Frau, die die Halle des Bal Mabille mit reichen Männern füllen würde, die ihr beim Polkatanzen zusehen wollten. Und so bekam Céleste ihre Chance.

In der Nacht, als Brididi Céleste bat, mit ihm eine Quadrille zu tanzen, müssen viele junge Frauen in der Music Hall an der Allée des Veuves auf ihre Chance gewartet haben, in der Hoffnung, dass seine Wahl auf sie fallen würde. Im 19. Jahrhundert fielen ganze Schwärme junger, unverheirateter Frauen in die Tanzhallen von Paris ein, um ihren Gönner, ihren Liebsten zu finden. Männer mit Titel oder Vermögen, junge und alte Männer kamen dorthin, um sich eine Partnerin für diesen Abend, vielleicht auch für die Nacht zu suchen. Wenn ihr Verlangen nach dieser Frau groß genug war, richteten sie ihr bisweilen sogar ein Appartement ein. Um die Aufmerksamkeit der Herren auf sich zu ziehen, musste eine Frau auffallend gut tanzen können. Wenn Glück und Talent sie in die Reihen der Auserwählten brachten, die man(n) zur Geliebten erhob, dann hatte sie auf allen Festen und Bällen, zu denen ihr Gönner sie mitnahm, ihr Können zu zeigen.

Als Brididi sie also aufforderte, mit ihm zu tanzen, war Céleste klar, dass dies ein Test war. Vielleicht sank ihr für einen Moment das Herz, vielleicht befiel sie ein Anflug von Schüchternheit, wie sie so an seinem Arm zur Tanzfläche schritt. So viel hing von diesem Tanz ab. Doch auch hier rettete sie ihr Gespür für den Rhythmus des Augenblicks. Vielleicht sagte sie sich »Denk nur an die Musik« und ließ sich von ihr dort abholen, wo sie gerade stand. So verwandelten sich in Céleste Furcht, Lebenswille und Lebenslust in die geheimnisvolle Alchemie des Rhythmus, die Brididi völlig von ihr überzeugte. Am nächsten Tag brachte er fünf Stunden damit zu, ihr beizubringen, wie man Polka tanzt. Das Glück kommt nicht nur im Märchen über Nacht und ohne Vorwarnung. An diesem Abend sollte Céleste ein rauschendes Debüt feiern.

Was mag in *La Reine Pomaré* vorgegangen sein, als sie die Neue die Aufmerksamkeit des ganzen Saales auf sich ziehen sah? An diesem Abend nämlich sollte Céleste einen neuen Namen erhalten. Diese »Taufe« war ein wichtiges Ereignis im Leben einer Kurtisane, bedeutete es doch, dass sie in die schicke Halbwelt von Paris aufgenommen war. Als die Männer sich nach dem Tanz um sie scharten, rief Brididi: »Da ist es ja leichter, Mogador zu verteidigen als meine neue Partnerin.« Von diesem Augenblick an hieß Céleste Vénard nach der marokkanischen Festung, die kurz vorher von den französischen Truppen erstürmt worden war.

Für eine kurze Zeit waren Pomaré und Mogador zusammen die Sterne des Bal Mabille. Ist es also erstaunlich, dass sie gute Freundinnen wurden? Wer sonst hätte so vieles gemeinsam gehabt? Als Pomaré 1845 im Alter von nur 21 Jahren starb, war Mogador eine der wenigen, die sich auf dem Friedhof von Montmartre einfanden, um ihr die letzte Ehre zu erweisen. Sie war es, die den Grabstein bezahlte, der ihrer Freundin ein letztes Lebewohl sagte. Allein diese Geste sagt uns, wie wichtig die Erinnerung für sie gewesen sein muss. Vielleicht könnte man sogar sagen, dass sie die Geschichte selbst (die nichts anderes ist als eine weitere Facette der Zeit) zu schätzen wusste. Für diese Vermutung scheint auch eine Anekdote zu sprechen, die uns von ihr überliefert ist. Jahre nach dem Begräbnis der Freundin wurde Mogador schrecklich wütend, weil Zola diese als alte, elende Vettel dargestellt hatte, die Secondhandroben verkaufte. »Das soll Naturalismus sein?«, fragte sie ihren Freund Georges Montorgueil ärgerlich. »Ist das die Vorstellung der Naturalisten von Detailtreue?«

Dieses leidenschaftliche Eintreten für eine objektive Darstellung muss Mogador später beim Abfassen ihrer Autobiografie sehr zugute gekommen sein, auch wenn ihre Memoiren eindeutig unter dem Zeichen der Reue stehen. »Ich habe mich verteidigt«, erklärte sie später. »Ich wollte nicht, dass irgendwelche armen Mädchen mich kopierten und in meine Fußstapfen traten. Ich wollte ihnen die Gefahren dieses Lebens aufzeigen ...« Diese Gedanken kamen ihr vermutlich gar nicht erst, als sie sich unermüdlich ihren Aufstieg in die Halbwelt der Pariser Salons erkämpfte. Doch wie die Wahrheit selbst ist auch die Autobiografie ein Gewebe, das ständig in Veränderung begriffen ist. Auch sie hängt von einem Empfinden für die Zeit ab, wie der Tanz. Was man von sich und seinem Leben denkt, verändert sich notwendigerweise ständig. Das hat nichts mit mangelnder Aufrichtigkeit zu tun, es geht vielmehr zurück auf die angeborene Kreativität dessen, was wir »Selbst« nennen. Die Geschichten, die wir über unser Leben erzählen, verändern sich mit der Zeit. In sie fließt ein, was in uns gerade heranreift. Als Mogador ihre Memoiren schrieb, war sie gerade in einen jungen Mann verliebt, den Comte de Chabrillan. Je wahrscheinlicher es wurde, dass sie ihn heiraten würde, desto beklagenswerter erschien ihr ihre eigene Vergangenheit.

Doch am Ende bedauerte sie nicht nur ihre Vergangenheit, sondern auch die Tatsache, dass sie sie überhaupt schriftlich festgehalten hatte. Unmittelbar vor ihrer Heirat versuchte sie noch, die Veröffentlichung aufzuhalten. Doch ihr Herausgeber, der wusste, dass er hier einen wahren Bestseller in Händen hielt, wollte nicht auf seine Rechte verzichten. Dabei waren Mogadors Ängste nicht unbegründet. Das Buch hätte fast die Eheschließung vereitelt. Man könnte also sagen, dass das Timing hier nicht optimal war. Von einem anderen Standpunkt aus gesehen, war es allerdings wieder perfekt. Die Memoiren wurden eine Sensation. Schon bald galten sie als ernsthafte Literatur, lesenswert nicht nur als Kunstwerk, sondern auch als Dokument des Zeitgeistes.

Kinder, die von ihren Eltern weggegeben wurden oder eine andere Form der Existenzbedrohung erfahren mussten, erobern sich im Alter mitunter ihren Platz in der Geschichte. Schließlich war es gerade Mogadors Prominenz gewesen, die ihr erlaubt hatte zu überleben, zu Wohlstand zu kommen und den Mann zu treffen, der ihre große Liebe wurde. Céleste hätte natürlich auch schweigen können. Hätte sie keine Memoiren geschrieben, so hätte sie vielleicht keinen Schlussstrich unter ihre Vergangenheit gezogen, sie hätte sie aber auch nicht dem prüfenden Blick der Öffentlichkeit preisgegeben. Oder sie hätte, wenn sie dem Drang zu schreiben nicht hätte widerstehen können, das Manuskript nicht zur Veröffentlichung freigeben können, jedenfalls als sich die Möglichkeit einer Ehe deutlicher abzuzeichnen begann. Doch obwohl sie verliebt war und sich nach einem respektablen Leben sehnte, war es für sie schwierig, dem Ruhm, der ihr das Leben gerettet hatte, völlig zu entsagen. Denn sogar unter dem Einfluss einer starken und zärtlichen Leidenschaft ist es schwierig, wenn nicht gar unklug, alles aufzugeben, was uns in der Vergangenheit Halt gab. Vor allem, wenn es sich dabei um das rare und kostbare Geschenk der Popularität handelt, ein Geschenk, das auf Céleste genauso unerwartet zukam wie der Ritter auf dem weißen Pferd, der die Märchenprinzessin aus schrecklicher Bedrängnis erlöst. War es möglich, dass Mogador tief in ihrem Innern ahnte, dass ihre Geschichte das Erbe einer Epoche werden würde, auch wenn ihr dies selbst nicht bewusst war?

Sollte dem so sein, können wir nur dankbar sein, dass die Zeit uns ihre Geschichte überliefert hat, eine mitreißende Geschichte, die ihren Aufstieg zu Ruhm und Reichtum nachzeichnet und dabei die schweren Zeiten ebenso wenig ausspart wie sie auf Glamour und Romantik verzichtet. Da sie als uneheliches Kind einer Arbeiterin aufwuchs, das zunächst Tänzerin und später Gräfin wurde, könnten die Pole ihres Lebens, Glanz und Elend, wohl kaum weiter auseinander liegen, auch wenn dieser Lebensweg gar nicht so widersprüchlich ist, wie es scheint. Das Elend trug sie noch frisch im Gedächtnis, als der glanzvolle Stern ihrer Karriere aufging und sie in den Augen der Männer, die sie unter dem flackernden Gaslicht des Bal Mabille tanzen sahen, ein Leuchten entzündete. Auch in unserem Geist sind ständig beide Pole vorhanden, und sei es im Gewand von Furcht und Verlangen.

Céleste lernte ihren Vater nie kennen. Er verließ ihre Mutter Anne, noch bevor Céleste zur Welt kam. Kurz danach verstießen Annes Eltern das schwangere Mädchen, weil sie Schande über die Familie gebracht hatte. Nach diesem schicksalhaften Ereignis mag Célestes Lebensweg für uns, die wir aus der Perspektive der Nachwelt auf sie blicken und sagen können: »Ja, so war das damals eben«, klar vorgezeichnet sein. Für Céleste und ihre Mutter aber war dies eine regelrechte Katastrophe. Zu einer Zeit, als es noch keine Sozialhilfe gab, die Löhne für arbeitende Frauen aber so gering waren, dass sie davon nicht leben konnten, ist es nicht weiter verwunderlich, dass Anne bei dem erstbesten Mann blieb, den sie fand, obwohl dieser sich oft bis zur Besinnungslosigkeit betrank und dann nach Hause wankte, um sie zu verprügeln. Erst als er sie so geschlagen hatte, dass man sie auf einer Bahre zur Polizei bringen musste, und er drohte, sie und ihre Tochter zu töten, entschloss Anne sich, ihn zu verlassen.

Sie ging mit Céleste nach Lyon, wo sie eine Stellung bei einer Putzmacherin annahm, doch der Mann folgte ihr, und als er eines Tages auf der Suche nach ihr Lyon durchstreifte, fand er Céleste auf der Straße spielend vor. Er entführte sie und brachte sie in ein Bordell, wo er sie als Geisel hielt. Céleste wurde gerettet, weil eine gewitzte Prostituierte sie in ihr Zimmer einschloss und ihrer Mutter heimlich eine Botschaft zukommen ließ. Alle Frauen des Bordells hielten den Mann gemeinsam fest, damit Anne mit Céleste fliehen konnte.

Für Céleste muss dies eine schreckliche Zeit gewesen sein. Doch wenn wir diese Geschichte lesen, sollten wir die Energie, die sie umgibt, nicht übersehen. In Célestes Leben gibt es so viele Ereignisse, bei denen sie gerade noch einmal davonkommt. Man sieht sie vor sich, wie sie an der Hand ihrer Mutter durch die Straßen von Paris oder Lyon eilt, schnell um die Ecke zur nächsten Bahnstation, atemlos auf das Geräusch schlagender Türen und das Gebrüll roher Gewalt horchend, das hinter ihr her klingt und ihr die Schrecken des Wieder-Eingefangen-Werdens vor Augen führt. Jahre später, als sie zum jubilierenden Klang der kleinen Kapelle, die die Polka spielt, über das Parkett der Tanzsäle rauscht, mag der Rhythmus der Flucht sich in ihren Takt geschlichen haben.

Der Überschwang in diesem noch jungen Leben mag gedämpft (nicht ausgelöscht) worden sein, als Annes Liebhaber die beiden wieder fand. Er versprach, sich besser zu benehmen, und Anne nahm ihn, vielleicht mehr aus Erschöpfung denn aus Liebe, wieder bei sich auf. Bald fand sie heraus, dass er sich einer Diebesbande angeschlossen hatte, doch bevor sie noch einmal fliehen konnte, griff das Schicksal ein und setzte dieser Verbindung unwiderruflich ein Ende. Der Mann wurde bei einer Schlägerei in Lyon getötet. Mit ein wenig Geld, das ihr Vater ihr geschickt hatte, kehrte Anne mit ihrer Tochter nach Paris zurück und nahm eine Wohnung am Boulevard du Temple.

Hier, wo das Schicksal Céleste zunächst einmal jede Sicherheit nahm, breitete es gleichzeitig das Panorama eines anderen Lebens vor dem Mädchen aus, das bald auf mehr abzielen sollte als Geborgenheit. Denn am Boulevard du Temple herrschte ein schillerndes Treiben, in Gang gehalten von eben jener Prominenz, zu der Céleste selbst bald aufsteigen sollte. Alle großen Boulevardtheater jener Zeit hatten dort ihren Sitz: La Gaîté, L'Ambigu, das Café-Theater Bosquet und eine Menge Varietés. Fliegende Händler und Schausteller schlugen dort ihre Buden auf, hin und wieder gaben Schauspieler auf der Straße eine Kostprobe der bevorstehenden Vorstellung. Im Théâtre des Funambules trat der große Mime Dubaru, der den traurigen Clown Pierrot spielte, zusammen mit Akrobaten und Dompteuren auf. Im Varieté folgten Schauspieler, Tänzer, Musiker einander, unterbrochen von Vaudeville-Einlagen.

Melodramen im Ambigu oder im Théâtre de la Porte Saint-Martin waren vielleicht die beliebteste Form der Unterhaltung und kamen bei Kritikern und Publikum gleichermaßen gut an. Da es auf dem Boulevard du Temple häufig zu Mord und Totschlag kam, nannte man ihn auch den »Boulevard des Verbrechens«. Der junge Dumas berichtet, dass Frédéric Lemaître seinem Publikum regelrechte Entsetzensschreie zu entlocken vermochte. Für ein paar Münzen konnte man es sich auf dem ersten Rang im Theater bequem machen, seinen Blick über das ärmere Publikum wandern lassen, das sich im Parkett drängte, das man ironischerweise »das Paradies« nannte, und George Sands Lieblingsschauspielerin Marie Dorval zusehen, die einen Selbstmord so exakt in Szene setzte, dass das Publikum, während sie in der Nacht des Todes versank, kaum zu atmen wagte. Auch Marie Dorval atmete kaum. Damit das Stück auch wirklich glaubhaft wirkte, erstickte sie fast bei jeder Vorstellung.

Ist es also verwunderlich, dass Céleste schon bald davon zu träumen begann, selbst auf der Bühne zu stehen? Dabei war es nicht nur die schlichte Präsenz der Theater, die sie dazu anregte. Vielmehr fand sie es – wie so viele andere Arme in Paris – einfach faszinierend, dass dort auf der Bühne die melodramatische Seite ihres Lebens dargestellt schien. Auch heute noch können wir diese Spannung zwischen Schauspielern und Publikum spüren, wenn auf der Bühne eine Saite angeschlagen wird, die die Zuschauer kennen und auf die sie ansprechen. Ihre Gefühle teilen sich den Schauspielern mit und inspirieren sie zu noch mehr Hingabe.

In Célestes Leben erfuhr dieser Wunsch vermutlich noch eine Steigerung, wenn sie das Theater verließ und feststellte, dass sich im Heldenmut der Schauspieler der ihre und der ihrer Mutter spiegelte. Schließlich hatten sie beide bereits Gewalt und Tod ins Auge geblickt. Das Theater verlieh diesem Sieg in ihren Augen wohl noch mehr Würde und schenkte ihr auf diese Weise neue Kraft. Daher spielte die Fantasie in ihrem Leben schon früh eine wichtige Rolle.

Vielleicht war es diese Fähigkeit, sich selbst als Heldin zu sehen, die ihr half, das nächste bedrückende Kapitel ihres Lebens zu überstehen. Denn ihre Mutter nahm sich schon bald einen neuen Liebhaber, einen blonden, blauäugigen jungen Mann, der für Céleste aus anderen Gründen zur Gefahr werden sollte. Céleste konnte Victor von Anfang an nicht ausstehen. Launisch und primitiv wie er war, nahm er ihr vieles übel, und sie spürte – wie Kinder dies häufig können – von Anfang an einen Zug an ihm, der erst später zum Vorschein kommen sollte. Als ihr Körper langsam weibliche Formen anzunehmen begann, versuchte Victor nämlich, sie zu vergewaltigen, als ihre Mutter den Großvater in Fontainebleau besuchte. Céleste setzte ihm erbitterten Widerstand entgegen, und so gelang es ihr, zum dritten Mal in ihrem Leben, zu fliehen. Doch nun war sie in den Straßen von Paris ganz auf sich allein gestellt und wusste nicht, wohin sie gehen sollte.

Und hier nimmt das Schicksal Célestes eine Wendung, die auf den ersten Blick ebenfalls vorhersehbar scheint. Denn auch jetzt ist es wieder eine Prostituierte, die sie aufnimmt. Vier Nächte lang hatte Céleste in einem Heuschober geschlafen. Tagsüber wanderte sie durch Paris, um sich Lebensmittel zu verschaffen. Doch am Ende dieser vier Tage brach sie vor der Kirche Saint-Paul weinend zusammen. Ein Straßenmädchen namens Thérèse fand sie und nahm sie mit nach Hause, womit Thérèse einen Akt außerordentlicher Nächstenliebe beging, denn Prostituierte, die ein Kind in ihren Räumen beherbergten, konnten sich bis zu sechs Monate Gefängnis einhandeln. Als die beiden ein paar Tage später zusammen auf die Straße gingen, kam ein Polizeibeamter, trennte Céleste von Thérèse und steckte sie, wie es damals zum Schutz heimatloser Mädchen üblich war, ins Frauengefängnis von St. Lazare.

Bald darauf fand Thérèse Célestes Mutter und teilte ihr mit, wo ihre Tochter sich aufhielt, doch Anne kam erst einen Monat später, um ihre Tochter nach Hause zu holen. In diesen wenigen Wochen begann Célestes eigentliche Erziehung, die Bekanntschaft mit einer anderen Welt, die für arbeitende Frauen erschreckend nah an ihrer eigentlichen lag. Eine Welt der letzten Zuflucht, aber auch eine Welt hochfliegender Träume. In dieser Zeit im Gefängnis schloss sie Freundschaft mit einem Mädchen namens Denise, das ihr erzählte, welch schöne Kleider sie in einem Bordell bekommen würde und wie viel gutes Geld sich dort verdienen ließ. Später sollte Céleste in ihren Memoiren schreiben: »In diesem Moment sah ich mich selbst in Spitzen und Juwelen umhergehen, reich.«

Als sie nach Hause zurückkehrte, hatte sich dort nichts verändert. Ihre Mutter glaubte ihr nicht, als sie ihr erzählte, weshalb sie weggelaufen war. Und Victor belästigte sie in einem fort. Ihr Leben schien so ausweglos, wie dies nur bei jungen Menschen der Fall sein kann. Ein anderes Mädchen hätte vielleicht einfach abgewartet und sich mit der Atmosphäre abgefunden, die sie zu vergiften drohte. Doch die zwei Fluchterlebnisse – das mit ihrer Mutter und jenes, das sie selbst in Szene gesetzt hatte – hatten sie gelehrt, Notsituationen als solche zu erkennen. Und obwohl sie diese Entscheidung später bitter bereute, lag der Ausweg, den sie wählen würde, klar auf der Hand. Da sie schon zweimal von netten Straßenmädchen gerettet worden war, war es nur logisch, dass sie mit 16 Jahren selbst Prostituierte werden wollte.

Im Gefängnis hatte Denise ihr die Adresse eines Bordells aufgeschrieben, das ein wenig schicker war und wohlhabende Kundschaft bediente. Madame hieß sie dort willkommen und stattete sie mit allem aus, was sie in ihrem neuen Beruf brauchen würde: Kleider, Parfüm und Schmuck. Erst später verstand Céleste, worauf sie sich da eingelassen hatte. Alles, was man ihr gab, auch Kost und Logis, hatte sie selbst zu verdienen. Und sie würde das Bordell nicht verlassen dürfen, bevor sie alles abbezahlt hatte, was sie der Bordellbesitzerin schuldete. Als sie immer tiefer und tiefer in Schulden versank, erkannte sie, dass sie so niemals ihre Freiheit erlangen würde. Sie war einfach nur in eine andere Falle getappt.

»Lachen zu müssen, wenn man weinen möchte. Abhängig zu sein und ständig gedemütigt zu werden.« So beschrieb sie diese Situation in ihren Erinnerungen. Im Bordell gehörte nichts ihr selbst, nicht einmal ihr Körper. Wenn sogar der eigene Herzschlag, der eigene Atem nicht nur kontrolliert, sondern benutzt und ausgebeutet werden, sodass sie einem anderen als dem eigenen Rhythmus gehorchen müssen, verliert man schnell den Kontakt zur eigenen Seele. Der Geist, der uns am Leben erhält, stirbt langsam, aber sicher ab.

Vielleicht war es die Verzweiflung, die Céleste für die Krankheit anfällig machte, vielleicht steckte sie sich auch nur im Bordell an. Jedenfalls wurde sie sehr krank. Doch auch hier sollte sie wieder gerettet werden. Ein Kunde, der sich ihrer erbarmte, als er sie so krank sah, bezahlte ihre Schulden und nahm sie mit zu sich nach Hause. Aber damit ist die Geschichte ihrer Krankheit noch nicht zu Ende, denn der Arzt, der gerufen wurde, diagnostizierte Pocken. Obwohl er sagte, sie dürfe sich keinesfalls bewegen, zog sie sich, sobald sie allein war, an und ging auf die Straße hinunter, um sich mit einer Droschke ins Hospital Saint-Ludwig zu begeben.

Es muss sie eine unglaubliche Willenskraft gekostet haben, ihren geschwächten, fiebergeschüttelten Körper ins Hospital zu schleppen. Auch hier klingt wieder die gleiche Energie an, die schon bald ihre Polka befeuern sollte. Dabei ist von vier Takten immer der dritte betont. Es fällt nicht schwer, uns vorzustellen, wie sie sich zu diesem Rhythmus bewegte, beim dritten Takt hart auf dem Boden landete, um sich danach nur umso höher wieder zu erheben, so als nähme sie die dahin galoppierende Kraft der Musik in ihren Körper auf, um sie in jedem Augenblick zu ihrer eigenen zu machen.

Doch war es nicht nur der Überlebenswille, der Céleste trieb. Sie war auch stolz, wie der Fortgang der begonnenen Geschichte zeigen wird. In ihren Lebenserinnerungen berichtet sie, dass sie sich im Hospital in einen Medizinstudenten namens Adolphe verliebte. Doch obwohl er sie ebenfalls zu lieben schien, entdeckte sie schon bald, wie naiv sie gewesen war, ihm zu vertrauen. Er lud sie ein, mit ihm auf einen Ball nach Versailles zu kommen, doch als sie dort ankamen, fand sie heraus, dass er bereits eine Geliebte hatte, eine bekannte Lorette. In der Sexualgeschichte des 19. Jahrhunderts stand die Lorette in Frankreich etwa zwischen der Prostituierten und der Kurtisane. Sie wurde zwar ausgehalten, aber auf einem recht niedrigen finanziellen Niveau. Und obwohl es ihr möglich war, sich so zu kleiden, dass sie einige Bälle besuchen konnte, war sie im Allgemeinen doch weder gebildet, wohlerzogen oder berühmt genug, um sich der High Society anschließen zu können.

Vermutlich hätte Adolphe Céleste ebenfalls als Lorette ausgehalten, wenn seine andere Geliebte, Louisa Aumont, nicht so eifersüchtig gewesen wäre. Als er mit einer anderen am Arm den Ballsaal betrat, machte Louisa sich sofort über Céleste lustig, über ihr unpassendes Kleid und ihre Unterschichtmanieren, die in dieser Umgebung nur allzu deutlich hervortraten. Laut schalt sie Adolphe dafür, dass er so einen schlechten Geschmack und dieses peinliche junge Frauenzimmer mitgebracht hatte. Céleste konnte natürlich alles hören und verließ sofort den Saal. Den Heimweg von Versailles musste sie allein und zu Fuß antreten. Sie brauchte die ganze Nacht dafür. Dieser Vorfall grub sich tief in ihr Gedächtnis ein. Nachdem sie als Mogador Berühmtheit erlangt hatte und der unermüdliche Adolphe von neuem begann, ihr den Hof zu machen, nutzte sie die Situation natürlich zu ihren Gunsten aus. Sie versprach ihm, wieder seine Geliebte zu werden, wenn Louisa Aumont sich öffentlich bei ihr entschuldigte.

Dieser Stolz zeigte sich auch in der Art, wie sie tanzte, in jedem Schritt, jeder Drehung, in ihrer ganzen Haltung. Doch da war noch etwas anderes, schwerer zu Fassendes. Ein Wissen, das sie sich im Tanz mit den Wechselfällen ihres jungen Lebens erworben hatte: die Brutalität des ersten Liebhabers ihrer Mutter, sein Versuch, sie zu kidnappen, sein plötzlicher Tod, die Rückkehr nach Paris, Victors Vergewaltigungsversuch, die Nächte, die sie allein in den Straßen von Paris verbrachte, die Wochen im Frauengefängnis St. Lazare und schließlich die Pockenerkrankung, die sie fast das Leben gekostet hätte. Ob sie nun mit dem Schicksal tanzte oder mit einem sterblichen Partner, sie hatte gelernt, sogar die feinsten Änderungen im Rhythmus zu erkennen und darauf mit der ihr eigenen Brillanz zu reagieren. Das Wissen darum, dass das Leben ständig in Bewegung war, dass nichts jemals bleibt, wie es ist, verlieh ihr eine Aura, die all ihr Tun umgab wie ein Lichtschein. Sie hatte dem dauerhaften Wandel im Herzen des Lebens ins Auge gesehen.

Und das Leben blieb weiterhin unberechenbar im Umgang mit Céleste. Nach den Sommermonaten schloss das Bal Mabille. Céleste fand bald Arbeit als Schauspielerin im Théâtre Beaumarchais. Aber wie das Leben eben manchmal spielt, so schloss auch das Beaumarchais bereits nach ein paar Wochen. Kurz darauf wurde sie von den Gebrüdern Franconi eingestellt, die gerade das neue *Hippodrom* errichtet hatten. Und auch hier war Célestes Timing perfekt. Sie trat bei der Eröffnung des Hippodroms am französischen Nationalfeiertag, dem 14. Juli 1845, gegen fünf andere Mädchen in einem Pferderennen an und gewann das Rennen mit demselben Überschwang, demselben Stolz, der sich auch in ihrem Tanz zeigte. Ihr reiterliches Können war bald Stadtgespräch in Paris.

Nun stand Mogador die glitzernde Welt einschlägiger Cafés und Nachtlokale in Paris offen. Man hieß sie im Maison Dorée und im Café Anglais willkommen, wo Aristokraten, Neureiche und Mitglieder der Königsfamilie sich zwischen die Scharen der Kurtisanen mischten, die ihnen am Arm hingen, über die Tische hinweg mit ihnen flirteten und die Atmosphäre mit ihrer strahlenden Erscheinung zum Leuchten brachten. Bald wurde sie die Mätresse des Herzogs von Ossuna, der für sie ein bequemes Appartement in der Rue de l'Arcade einrichtete, nicht weit von der Place Vendôme, wo sie den extravaganten Juwelenschmuck auswählen konnte, den sie trug, wenn sie Cafés in den umliegenden Boulevards besuchte. Sie hatte viele Liebhaber, darunter auch einen italienischen Tenor, als ihr steiler Aufstieg plötzlich zum Erliegen kam. Sie fiel vom Pferd und unglücklicherweise hatte der Sturz gravierende Folgen. Ein Bein war gebrochen. Sie musste wochenlang im Bett liegen und durfte nie wieder reiten.

Aber auch hier ließ das launische Schicksal sie nicht im Stich. Kurz nach dem Unglück, als sie zum ersten Mal wieder ausgehen und ins Leben zurückkehren konnte, traf sie beim Verlassen des Café Anglais einen jungen Mann, Lionel de Chabrillan, Abkömmling einer der ruhmreichsten Familien Frankreichs. Sie verliebten sich sofort ineinander. Doch natürlich änderte sich ihr Leben nicht bereits mit der ersten Begegnung. Nach einigen Treffen, bei denen Lionel sie mit Juwelen, Pferden und Kaschmirschals beschenkte und so sein Erbe vergeudete, verließ er sie, weil die Liaison mit ihr einem Skandal gleichkam. Sie, die ihren Verlust tränenreich beklagte, heiratete aus lauter Kummer fast einen anderen. Doch ihr neu erwachter Ruhm hatte ihr mittlerweile eine Rolle im

Théâtre des Variétés verschafft, was einen neuen Skandal auslöste. Als das Gerede sich wieder gelegt hatte, widerfuhr ihr
schließlich doch noch, wonach sie sich so sehr gesehnt hatte.
Sie heiratete den Mann, den sie liebte, und wurde am Ende
Comtesse de Chabrillan.

Das Überraschungsmoment

> Prinz Gortschakoff sagte immer, dass er –
> um ihren Launen Genüge zu tun – sogar versucht hätte,
> die Sonne vom Himmel zu holen.
>
> *Gustave Claudin*
> bekannter Lebemann

Die Kunst, Menschen zum Lachen zu bringen, erfordert
ebenfalls ein Gespür für das richtige Timing. Was diese
Kunst ausmacht, lässt sich nur schwer beschreiben, was
nicht weiter verwunderlich ist, wenn wir uns vor Augen halten, dass das Lachen selbst nichts weiter ist als Luft und Laute,
die sich zu einer geradezu mystischen Erfahrung verbinden,
ein Inbegriff der Leichtigkeit. Lachen hat – wie Barry Saunders
schreibt – von Natur aus etwas Erhebendes. Die Griechen, die
glaubten, es mache die Seele unsterblich, gingen davon aus,
dass jedes Lachen zum Himmel aufsteigt. Mit dem Christentum veränderte sich allerdings das Verständnis des Lachens.
Dort wurde es zum direkten Pfad nach »unten«, nämlich in die
Hölle. Als dann die europäische Renaissance das klassische Al-
tertum wieder entdeckte, kam mit dem Lachen auch die Kurtisane erneut zu Ehren, war diese weibliche Profession doch immer schon mit Frohsinn und Heiterkeit verbunden gewesen.

Wenn es nun stimmt, was die Griechen glaubten, dass nämlich das Lachen uns der Zeitlosigkeit ein Stück näher bringt,
weshalb sollte dann ausgerechnet der Humor von der Wahl

des richtigen Zeitpunkts abhängen? Doch genau dies ist der Fall. Wenn Sie einen Witz hören oder einen Streich beobachten, dann entscheidet es sich im Bruchteil einer Sekunde, ob Sie lachen werden oder nicht. Doch sobald Sie lachen, hebt das Lachen Sie aus der gegenwärtigen Situation heraus auf eine andere Ebene. Die Erfahrung hat manchmal etwas Rauschhaftes, weil sich im Lachen der gegenwärtige Augenblick ausdehnt, bis Vergangenheit und Zukunft, zumindest für einen kurzen Moment, völlig verschwunden sind.

Aus diesem Grund lindert das Lachen Leid. Deshalb ist es wohl kein Zufall, dass gerade die Kurtisanen, deren Leben meist unter widrigen Umständen begann und die folglich genau wussten, was es bedeutete, Angst vor dem Morgen zu haben, Menschen so gut zum Lachen bringen konnten. Cora Pearl, eine Kurtisane des Second Empire, ist hierfür ein Beispiel. Sie war für ihren recht bodenständigen Humor berühmt. Einige Zeitungsberichterstatter, die über die Welt der Kurtisanen schrieben, fanden sie sogar vulgär. Doch tat dies ihrer Popularität keinen Abbruch. Unter ihren vielen berühmten Liebhabern war auch Napoleon III.

Eines Abends, als sie auf der Höhe ihres Ruhmes angelangt war, spielte Pearl ihren Tischgästen einen Streich, der zur Legende wurde. Wie viele Kurtisanen wusste sie ihre Freunde – wie sie selbst in ihren Memoiren schreibt – »auf das Feinste zu unterhalten«. So blieb auch an diesem Abend nach einem vorzüglichen Essen nur noch das Dessert zu servieren, und Pearl entschuldigte sich bei ihren Gästen mit dem Hinweis, sie müsse »die Zubereitung des letzten Ganges überwachen«. Dann ging sie in die Küche, wo sie ihre Kleider ablegte, auf einen Stuhl stieg und sich auf eine gewaltige silberne Platte legte, die sie sich vom Herzog von Orléans ausgeliehen hatte. Dann begann ihr Küchenchef Salé, wie sie selbst sagt, »mit der ihm eigenen Kunstfertigkeit und Geschicklichkeit ihren nackten Körper mit Rosetten und Schleifen aus Sahne und Creme zu garnieren«. Am Ende legte er eine einzelne ungeschälte Traube in ihren Nabel, umgab sie mit Meringues, bestäubte sie mit Puderzucker und bedeckte sie mit einer großen silbernen Schüssel. So wurde sie von zwei Lakaien ins Esszimmer getragen und serviert.

Dass dieser Scherz gelang, war ebenfalls eine Frage des Timings. Zum einen waren ihre Gäste bereits satt und wurden so nicht vom Knurren ihres Magens abgelenkt. Zum anderen hatte sie geschickt die Erwartungen aller geweckt, indem sie ankündigte, die Fertigstellung des letzten Ganges überwachen zu müssen. Und die Tatsache, dass dieses erotische »Gericht« verdeckt aufgetragen und erst danach enthüllt wurde, sorgte für einen Überraschungseffekt, wie er für einen gelungenen Schwank unerlässlich ist.

Um noch einmal zu unterstreichen, wie wichtig das Moment der Überraschung für die Komik ist, wollen wir hier ein klein wenig abschweifen. In der folgenden Geschichte geht es um die amerikanische Komikerin Gracie Allen. Gracie war zwar keine Kokotte, doch ihre Karriere nahm ihren Anfang im Vaudeville-Theater des frühen 20. Jahrhunderts. So ist anzunehmen, dass sich ihr das komische Talent der Kurtisanen in der Atmosphäre, in der sie ihr Metier erlernte, einfach mitteilte. 1940 nun führte Gracie zum Spaß eine Kampagne durch, um Präsidentin der Vereinigten Staaten zu werden. Sie behauptete, sie sei die Chefin einer neuen Partei, der »Surprise Party«. Als man sie fragte, wie dieser Name denn zustande gekommen sei, antwortete sie: »Nun, Mama war Demokratin, Papa Republikaner und ich eine ziemliche Überraschung.«

Wie jeder Witz enthält auch dieser ein Körnchen Wahrheit, das nicht auf den ersten Blick sichtbar wird. Sexualität ist letztlich der Inbegriff des Unvorhersehbaren, und zwar nicht nur, weil überraschend ein Kind empfangen werden kann, sondern weil das Begehren selbst seiner Natur nach unberechenbar ist. Und wenn wir es recht betrachten, steckt hinter einer Empfängnis sogar das letzte Überraschungsmoment, der Tod selbst, denn das Entstehen einer neuen Generation ist immer zugleich ein Zeichen für die vorherige, dass das

Ende näher rückt. Nur das Lachen, das uns die Unsterblichkeit des Augenblicks schenkt, bremst den Lauf dieses düsteren Fatums für einen Moment.

Und noch ein weiterer wichtiger Aspekt begegnet uns hier. Wer nicht glauben mag, dass Sterblichkeit auf diese Weise zur Unsterblichkeit werden kann, sei noch einmal daran erinnert, dass die Griechen der Ansicht waren, die Komödie trage uns in die zeitlose Mitte des Seins, einen Ort des geheimnisvollen Nichts, wo alles, was wir gewöhnlich tun oder denken, plötzlich umgestoßen wird. Eben diese Tatsache trifft hier zu, denn in gewisser Weise war Cora Pearls Dessert-Gag die Umkehrung dessen, was ihr früher widerfahren war, als sie gesellschaftlich in Ungnade fiel, ein sozialer Abstieg, der sie zur Kurtisane machte.

Cora nämlich wurde nicht als armes Mädchen geboren. Sie unterstrich immer, dass sie ihren Weg niemals eingeschlagen hätte, wenn sie nicht – nach heutigen Maßstäben – vergewaltigt worden wäre. Die Geschichte, die sie in ihren Memoiren erzählt, scheint den Horrorstorys zu entstammen, die alte Damen zur Zeit Königin Victorias jungen Mädchen erzählten, um sie vor den Gefahren des Lebens zu warnen. Doch wenn wir ihre spätere Entscheidung wirklich ganz verstehen wollen, müssen wir noch einige weitere Fakten kennen. So ist es beispielsweise nicht unwichtig, dass ihr Vater seine Familie verließ, als sie noch ein Kind war. Und dass ihre Mutter sie deshalb nach Frankreich in ein klösterliches Internat schickte. Dieses Muster des Verlassenwerdens setzt sich fort, als sie nach der Schule nach London zurückkehrte. Statt ihre Tochter nämlich bei sich aufzunehmen, überließ Cora Pearls Mutter das Mädchen ihrer eigenen Mutter. Obwohl Coras Großmutter nett war, so war sie doch zu sehr um das Wohl des Mädchens besorgt. Nach der vergleichsweise großen Freiheit, die Cora mit den anderen Mädchen im Internat genossen hatte, musste diese Atmosphäre auf sie geradezu erstickend wirken. Sie musste der alten Frau stundenlang laut vorlesen und durfte das Haus nicht verlassen, außer um am

Sonntag zur Kirche zu gehen. Eines Sonntags aber, als das Dienstmädchen, das sie abholen sollte, nicht erschien, machte sie sich auf, um voller Neugierde die Straßen Londons zu durchstreifen. Bald entdeckte sie, dass ihr ein älterer Mann namens Saunders folgte, der sie überredete, mit ihm in seine »Bude« zu gehen, um etwas zu trinken. Nachdem sie ihr Glas geleert hatte, verlor sie das Bewusstsein und erwachte erst wieder am nächsten Morgen auf einem Bett im oberen Stockwerk.

Natürlich können wir nicht feststellen, ob diese Geschichte stimmt. Die Kurtisanen statteten ihre Lebenserinnerungen häufig mit erfundenen Details aus. Doch Cora Pearl galt im Allgemeinen als ausgesprochen ehrlich. Tatsächlich bezeichneten die Schreiberlinge des Second Empire, in dem eine Frau geheimnisvoll zu sein hatte, sie ihrer Offenheit wegen häufig als vulgär. Im Übrigen sollten wir nicht vergessen, dass das »Würzen« eines Drinks, um eine Frau zur leichten Beute zu machen, eine auch heute noch gern geübte Praxis ist.

Jahrzehnte später, als sie ihre Memoiren schrieb, erinnerte sie sich daran, dass sie, als sie Saunders auf das Zimmer begleitete, gedacht hatte, sie würde jetzt vielleicht herausfinden, was so schön daran sei, mit einer Person des anderen Geschlechts zusammenzuliegen. Am nächsten Morgen allerdings erinnerte sie sich an gar nichts mehr. Darüber sagte sie einmal, dass dies alles sei, was sie an der Geschichte bedauere. Ein anderes Mal allerdings meinte sie, dieser Vorfall habe in ihr einen »instinktiven Abscheu gegenüber allen Männern« erweckt.

Was immer nun die Wahrheit sein mag, eines war ihr, als sie am nächsten Morgen erwachte, jedenfalls klar: dass sie nie wieder nach Hause zurückkonnte. Wir modernen Leser zucken bei diesem »unglücklichen« Bekanntwerden mit der Welt der Sexualität vielleicht mit den Schultern, doch zu Coras Zeit bedeutete eine verlorene Unschuld den vollkommenen Ruin eines Mädchens, weil sie damit jede Chance auf eine respektable Ehe verlor.

Welcher ihrer Versionen wir nun auch Glauben schenken, vermutlich verspürte sie zumindest einen kurzen Augenblick der Angst, als sie sich orientierungslos in einem fremden Zimmer wiederfand und sich klarmachte, was geschehen war. Beide Versionen ihrer Memoiren wurden geschrieben, um damit Geld zu verdienen, das heißt, sie sollten vor allem eines sein: »gepfeffert«. Trotzdem muss ein Körnchen Wahrheit in jeder der beiden Erzählungen liegen. Cora war schon als junges Mädchen mutig gewesen. Wir können also annehmen, dass sie diesen Augenblick der Angst nicht zur Panik werden ließ, sondern ihm mit Humor und Entschlusskraft begegnete, um der Verzweiflung wenigstens ihre schärfsten Kanten zu nehmen. Als sie die fünf Pfund sah, die Herr Saunders ihr zurückgelassen hatte, gab sie der Scham nicht nach, die sie kurzzeitig überrennen wollte, sondern rechnete nach, was sie in so kurzer Zeit verdient hatte: mehr als eine Putzmacherin in vielen Wochen einnahm.

Die junge Kurtisane nutzte ihren Beruf, um Rache am männlichen Geschlecht zu nehmen. Ihr erster Liebhaber, Robert Bignell, war der Besitzer der Argyll Rooms in London, eines Theaters in der Regent Street, und ein »stadtbekannter Lüstling«. Er hielt sie gut, doch Cora Pearl gab sich damit keineswegs zufrieden. Und als Bignell ihr eines Tages vorschlug, ihn nach Frankreich zu begleiten, sollte ihr Leben eine bedeutsame Wende nehmen. Sie reisten als Mann und Frau durch Frankreich, besuchten Paris, später Baden-Baden in Deutschland, wo Cora 200 000 Franken von Bignells Vermögen ausgab. Trotzdem schickte sie ihn am Ende ihrer Reise allein nach London zurück. Sie zog das Leben in Paris vor, wo sie schnell zur Favoritin einflussreicher und wohlhabender Männer aufstieg. Sehr bald war sie selbst reich. Ihr Schmuck war ein Vermögen wert. Mehr als ein Mann vergeudete sein Erbe aus Liebe zu ihr. War sie einst von einem einzigen Mann ruiniert worden, so machte sie sich nun einen Spaß daraus, gleich mehrere an den Bettelstab zu bringen.

Dass sie sich selbst als Dessert präsentierte, könnte man natürlich auch als Geste extremer Unterwerfung deuten. Doch das wäre wohl eine zu simple Lesart. So wie sie die Geschichte in ihren Memoiren präsentiert, wird klar, dass sie die Macht der Verführerin in vollen Zügen genoss. So erzählt sie beispielsweise, dass einer der Diener an dem vom Küchenchef ausgeführten Dekor besonderen Anteil nahm und »seine Hosen deutlich bezeugten, dass er seiner Herrin mehr entgegenbrachte als nur Respekt«. Sie schwelgte geradezu in der Erinnerung an das, was ihr beschert wurde, als ihre beiden Lakaien den Deckel hoben und sie sich »wiederfand in einem Kreis kugelrunder Augen und halb offen stehender Münder«. Ihre Memoiren lassen uns das Bezwingende ihrer Gegenwart nachfühlen: »M. Paul war der Erste, der sich erholte. Dann knieten meine Abendgäste nieder, als würden sie einer Göttin huldigen, und ließen ihre Zungen über jeden Teil meines Körpers wandern, um sich dem süßen Vergnügen hinzugeben.« Die Botschaft ist recht klar. War sie einst auch von Vater und Mutter verlassen worden, so war sie jetzt der absolute Mittelpunkt der Aufmerksamkeit. War sie einst von einem Gentleman verführt worden, so verführte nun sie die Herren der besseren Gesellschaft. Hatte man sie einst mit einem Drink betäubt, der ihr die Willenskraft nahm, so war sie nun selbst dieser Zaubertrank, der Männer zu rasender Lust trieb, während sie in aller Seelenruhe ihre Wirkung genoss.

Ihr blaues Kleid

Nana überwältigte ihn, und so eilte er zu ihr hinüber,
um neben ihrer Kutsche Aufstellung zu nehmen.

Émile Zola
Nana

Ich war in der glücklichen Lage,
ein Modegeschäft zu eröffnen, weil zwei Herren miteinander
im Wettstreit lagen, wer den höchsten Preis
für meinen heißen kleinen Körper bezahlen konnte.

Coco Chanel

Kehren wir nun noch einmal zu der Party im Jahr 1906 zurück, mit der wir unsere Ausführungen über das richtige Timing begonnen haben. Für jenes Mädchen, das dieses Gespür bewies, war dieses Fest ein entscheidender Wendepunkt in ihrem Leben. Wie so viele Kurtisanen war Gabrielle arm geboren worden. Sie wuchs in einem Waisenhaus auf. Und wie viele andere Kokotten begann sie ihr Leben als *grisette*. Doch obwohl sie gern Hüte schmückte, wollte sie sich nicht bis ans Ende ihrer Tage in einem überfüllten, schlecht beleuchteten Raum die Finger wund arbeiten. Also begann sie, in Cafés zu singen, und lernte dort ihren Liebhaber, den schwerreichen Étienne Balsan kennen. Er saß im Publikum, als sie auftrat. Allein die Tatsache, dass er sie aushielt, hätte sie schon zur Kurtisane gemacht. Und tatsächlich teilte sie auf seinem Besitz bei Compiègne Bett und Haushalt mit einer anderen Frau, die bereits eine Berühmtheit war. Émilienne d'Alençon, eine berühmte Kurtisane der Belle Époque, trug nur Himbeerrosa und war von entwaffnendem, manchmal auch vulgärem Witz. Die beiden Frauen waren nicht eifersüchtig. Ganz im Gegenteil, sie bewunderten sich gegenseitig, und zwar mehr für das, worin sie sich unterschieden als für ihre Gemeinsamkeiten.

Diese Unterschiede unterstrichen sie noch durch ihre Art, sich zu kleiden. Während die D'Alençon, eine der letzten *grandes horizontales* der Epoche, einen prächtigen Stil pflegte, kleidete Gabrielle sich einfach, fast knabenhaft. Dies war kein Zufall, sondern vielmehr eine fast schicksalhafte Entscheidung. Denn statt Kurtisane zu werden, wählte Gabrielle einen anderen Beruf. Sie überzeugte Balsan, ihr seine Wohnung in Paris zu vermieten und eröffnete dort einen Hutladen. Und Emilienne half ihrer Freundin, wo sie nur konnte, indem sie zum Beispiel im Maxim's oder beim Rennen im Bois de Boulogne Gabrielles Kreationen trug.

Zu jener Zeit war die Rennbahn von Longchamps schon als »Laufsteg« bekannt, auf dem die jeweils neueste Mode vorgeführt wurde. Zola, der wohl wusste, welchen Stellenwert die Mode im Leben einer Kurtisane hatte, beschrieb genauestens, was seine Heldin Nana beim Grand Prix von Longchamps trug. Er kleidete sie in Blau und Weiß. Das seidene Oberteil ihres Kleides war blau und eng auf den Körper geschnitten. Und ihre Krinoline war sogar für dieses Zeitalter der ausladenden Röcke enorm. Darüber trug sie einen Rock aus weißem Satin. Die weiße Schärpe, die sich diagonal über ihre Brust zog, war mit Silberlitzen besetzt, die in der Sonne funkelten. Und ihr Hut, eine Toque, war ebenfalls blau bis auf eine einzelne weiße Feder, die sie ihm angesteckt hatte.

Natürlich sollte diese Aufmachung nicht nur gefallen. Sie übermittelte auch eine bestimmte Botschaft. Die Farben, die sie trug, nahmen die Farben des Reitstalles auf, den ihr Wohltäter unterhielt. Die Toque sah aus wie ein Jockeykäppchen. Ihre enorme Krinoline wies auf ihre schwellenden Hüften (und damit auf ihre Libido) hin. Die Schärpe sagte allen, dass sie hierher gekommen war, um zu siegen (was ja in gewissem Sinn tatsächlich der Fall war). Seide und Satin hingegen erinnerten jeden, dessen Blick auf sie fiel, daran, dass sie reich war und wie sie zu diesem Reichtum gekommen war. Glanz und Glamour ihrer Erscheinung unterstrichen noch einmal ihre Macht, die Macht zu gefallen und Männer anzuziehen. Und die Feder? Sie lässt einerseits an einen Vogel denken, an die Wildheit, die schiere Lust der Natur, und auf der anderen

Seite an die Jagd – den Drang, etwas zu fangen, ihm Gewalt anzutun und es zu besitzen.

Kleidung ist mehr als eine praktische Hülle. Was wir auf dem Körper tragen, vermittelt der Umwelt eine Botschaft, drückt unsere Absichten aus, unser Selbstverständnis. Wie eine Identitätskarte zeigt unsere Kleidung sogar Fremden, wer wir sind oder wer wir zu sein vorgeben. Aber damit noch nicht genug. Kleidung schützt uns, drückt unsere Individualität aus und ist häufig auch ein Signal für den wechselnden Zeitgeist einer Kultur. Tatsächlich ist Mode eines der wesentlichen Zeichen der Zeit. Was in dieser Saison noch als letzter Schrei gilt, ist in der nächsten nicht mehr tragbar. Welche Farbe wir wählen, wie lang unser Rocksaum ist, welche Schuhe wir zu welcher Gelegenheit tragen, zeigt, ob und in welchem Maße wir auf der Höhe der Zeit sind.

Daher kann es uns kaum überraschen, dass das Wort *chic*, im Deutschen »schick«, zum ersten Mal im Zusammenhang mit Kurtisanen benutzt wurde. Für diese Frauen war es nämlich nicht nur überlebenswichtig, ständig up to date zu sein. Eine gute Kurtisane musste unter den schicken Frauen der großen Welt herausstechen können. Sie konnte es sich einfach nicht leisten, langweilig zu sein. Also musste ihr Timing ihr ermöglichen, den anderen immer ein paar Schritte voraus zu sein. Vielleicht haben deshalb viele Kurtisanen den Stil ihrer Zeit geprägt. Im 18. Jahrhundert zum Beispiel war Madame de Pompadour, die Mätresse von Ludwig XV., geradezu berühmt dafür, dass sie an den Kreationen ihrer Schneider immer noch ein paar kleine, aber wesentliche Änderungen vornahm, die ihrer Kleidung einen besonderen Pfiff verliehen. Die Kurtisanen des Second Empire folgten ihrem Beispiel. Alice Ozy zum Beispiel kreierte die Mode des Unis, wobei alle Kleidungsstücke und Accessoires von derselben Farbe waren. Gemeinsam machten die Kurtisanen die Krinoline salonfähig. Während des 19. Jahrhunderts und der ersten beiden Jahrzehnte des 20. waren es immer die *grandes horizontales*, die in Paris den modischen Ton angaben. Charles Worth, der berühmte Designer der Jahrhundertwende und Vater der Haute Couture, war eifrig darauf bedacht, möglichst viele Kurtisanen zu seinen Kundinnen zu zählen. Daher umfasste seine Klientel nicht nur die Damen der höchsten Familien Frankreichs wie zum Beispiel die Kaiserin Eugénie, sondern auch Cora Pearl, Païva und die Comtesse de Castiglione. Dass seine Kundinnen so berühmt waren, machte auch seine Kreationen bekannt. Denn wie das, was Film- oder Rockstars heute tragen, Mode ist oder wird, so war früher die Kleidung der Kurtisanen das Neueste vom Neuen. So gaben die Gesellschaftskolumnisten, die über die Ereignisse der Woche berichteten, eine eingehende Beschreibung der Garderobe der *demi-monde*. Außerdem waren Kurtisanen noch aus einem anderen Grund bei den Modeschöpfern gern gesehen. Wie Film- oder Rockstars standen sie außerhalb der Gesellschaft und konnten deshalb mehr Risiken auf sich nehmen, was dem Modeschöpfer wiederum größeren Freiraum gab.

Das Thema »Mode« gilt häufig als trivial, doch es ist nicht banaler als jede andere Kunstform. Die Kleidung nämlich nimmt häufig künftige Veränderungen in der Gesellschaft vorweg. Zu dem Zeitpunkt, als Cora Pearl ihre Garderobe vom selben Schneider anfertigen ließ wie die Kaiserin Eugénie, ging die Macht langsam, aber sicher aus den Händen der Aristokratie in die des reichen Bürgertums über. Eine gewaltige Umwälzung zeichnete sich ab und war schon deutlich sichtbar, als sich während der Karwoche, in der die Rennen beginnen, eine lange Schlange von Kutschen die Avenue de l'Impératrice Richtung Longchamps hinauswälzte. Denn die Kutschen der Kurtisanen unterschieden sich in nichts von jenen der Damen der Gesellschaft. Obwohl Kurtisanen – wie alle Emporkömmlinge – angeblich ja vulgär waren. Cora Pearl beispielsweise schockierte die oberen Zehntausend, als sie all ihre Lakaien in gelbe Anzüge steckte, die dem Dress der Jockeys nachempfunden waren. Während der Belle Époque, schreibt Cornelia Otis Skinner, ließ eine andere Kurtisane sämtliche Bescheidenheit fahren und schmückte das Geschirr ihrer Pferde, ihre Diener und den Hut ihres Kutschers mit großen Sträußen pinkfarbener Nelken. Und natürlich stammten die Kutschen der großen Kokotten – wie die der High Society – aus der Werkstatt eines preußischen Kutschmachers, die damals zu den gefragtesten gehörten.

So stellten die Kurtisanen zwar denselben Stil zur Schau wie die Damen der Gesellschaft, doch sobald sie an bestimmten Orten aufeinander trafen, begannen die alten Klassenunterschiede doch wieder zu greifen. Dies geschieht oft, wenn ein altes Gesellschaftssystem einem neuen weicht. In diesem Moment des Kippens wird die alte Ordnung bis zum letzten Blutstropfen verteidigt. In Longchamps zum Beispiel war die Grenze zwischen den Bereichen der »stolzen Auserwählten« und der »Unreinen« unüberwindbar, wie der im 19. Jahrhundert beliebte Schriftsteller Amédée Achard in seinem Paris-Führer schreibt. Hier galt die Reinheit des Blutes nicht nur in den Reitställen, sondern auch auf der Tribüne. So durften Kurtisanen zum Beispiel die Zone um die Jockey-Stände nicht betreten. Von dort aus das Rennen zu beobachten war das Privileg der reichen und sozial anerkannten Familien.

Diesem Verbot begegneten die Kurtisanen allerdings mit einer eigenen Kampagne. Mit Waffen so schmeichelnd wie Kaschmir und Seide rannten sie gegen diese Bastionen an und beschädigten dabei die Festungsmauern schwer. Mehr als einer dieser Wettkämpfe fand in Longchamps statt. Während reinrassige Pferde auf das Rennen vorbereitet wurden, wurde draußen die Schlacht der Garderoben ausgetragen. Eine nach der anderen wanderten die Damen ohne Stammbaum, die von den Herren um die Jockeystände ausgehalten wurden, dort vorbei und boten der staunenden Menge ein berauschendes Schauspiel luxuriöser Stoffe, intensiv strahlender Farben, Bänder, Spitzen, Stickereien, Federhüte und funkelnder Juwelen. Alle Augen waren auf sie gerichtet. Und obwohl man es allgemein als skandalös betrachtete, dass diese Außenseiterinnen der Gesellschaft sich genauso gut, wenn nicht besser, kleideten als die Damen der High Society, so waren Letztere doch gezwungen, die Roben der Kurtisanen aufmerksam zu studieren, denn was die *grandes horizontales* heute trugen, wurde mit Sicherheit tags darauf zum letzten Schrei erklärt.

Der Triumph erstreckte sich nicht nur auf modische Belange. Da sie eine soziale Revolution widerspiegelte, die noch in vollem Gange war, konnte eine Kurtisane eine Aufmerksamkeit auf sich ziehen, wie sie einst nur Mitgliedern der Königsfamilie vorbehalten gewesen war. Zola zum Beispiel beschreibt die Ankunft seiner Heldin Nana in Longchamps so: »Als sie am Eingang zu den öffentlichen Bereichen auftauchte ... mit zwei Lakaien, die bewegungslos hinter ihrer Kutsche standen, eilte die Menge hin, um sie zu sehen, als sollte eine Königin der Karosse entsteigen.«

Hier zeigt sich bereits, dass das Volk der neue Schiedsrichter war, der über Macht und Ansehen entschied. Und beides gehörte den Kurtisanen. So zog also eine neue Zeit in diese Arena ein, die von der Geschwindigkeit und den Stoppuhren beherrscht wurde. Sie glitt dahin auf den Säumen schimmernder Röcke, tanzte auf Federn und glitzerndem Schmuck, um uns am Ende zu zeigen, dass sie in ständiger Bewegung ist, ein Strudel, in dem schließlich alles verschwindet.

Der Wandel war bereits im Gange, und als Gabrielle die Szene betrat, stand ihre Mode für den Geschmack der neuen, unabhängigen Frau dieser Epoche. Nach dem unglaublichen Erfolg ihres Hutsalons half ein zweiter Liebhaber ihr, einen Modesalon zu eröffnen. Noch fast ein Jahrhundert später ruft der Name des von ihr gegründeten Modehauses ein Prickeln hervor. Es ist natürlich das Haus von Coco Chanel.

Der Flirt

Die erste Station der Verführung

Ich war dabei, als das bedeutsamste Wort auf Erden
das Licht der Welt erblickte: Flirt.
Und es kam aus dem schönsten Mund auf Erden.

Earl of Chesterfield

Im Flirt kommen sämtliche Aspekte eines guten Timings zum Tragen, nicht nur der Rhythmus, sondern auch der Hang zur Schauspielerei und das Talent zum Stil. Denn der Flirt ist eine Kunst, die mit exaktem Timing mehr zu tun hat, als es scheinen mag. Besuchen wir doch noch ein zweites Fest, ein Fest, das 1841 in der alten Oper von Paris, in der Salle Peletier, gegeben wurde, und zwar in der Nacht, als Edouard de Perregaux zum ersten Mal Marie Duplessis erblickte, die Kurtisane, deren kurzes Leben Künstlern die Inspiration zu *La Traviata* und *Die Kameliendame* gab. Obwohl Duplessis das Kind armer Leute war und – wie Coco Chanel – eine Zeit lang bei einer Putzmacherin gearbeitet hatte, die ihr kaum genug zum Leben gezahlt hatte, war sie zu diesem Zeitpunkt schon eine »ausgehaltene Frau«. Sie hatte gelernt, sich

Marie Duplessis

67

anzuziehen und ihr Haar vorteilhaft zur Geltung zu bringen. Sie sprach Französisch mit einem Pariser Akzent und hatte den Dialekt ihrer Geburtsstadt Nonant in der Normandie völlig abgelegt. Im Jockey Club, dieser berühmten Institution, die sich gleichermaßen dem Pferderennen wie der Jagd auf Frauen verschrieben hatte, war sie beliebt. Und doch hatte sie den Gipfel der Eleganz und des Luxus, der eine große Kurtisane von ihren Kolleginnen unterschied und Lohn für alle Mühen war, noch nicht erreicht.

Auch hier können wir natürlich nur versuchen, uns in diese Szene hineinzudenken: die erste Begegnung zwischen Marie Duplessis und dem Grafen, den sie wenige Jahre später, im Jahr 1845, heiraten sollte. Leider hat die Geschichte diese Begegnung nicht so detailliert überliefert, wie dies nötig wäre, um zu erkennen, welche Tugenden eine große Kurtisane auszeichnen. Doch genau daraus bezieht die Fiktion ihre Existenzberechtigung. Nur mit ihrer Hilfe können wir unseren Blick doch noch auf Ereignisse richten, die andernfalls von der Bühne der Geschichte verschwinden würden und somit dem menschlichen Gedächtnis für immer abhanden gekommen wären.

Doch eine treffende Fiktion basiert immer auf genauen Hintergrundinformationen. Daher müssen wir wissen, dass noch einige Jahre vor diesem Ereignis ein Opernball in Paris etwas war, wozu nur die Mitglieder der angesehensten und reichsten Familien Frankreichs Zutritt hatten. Ein Opernball war ein rauschendes Fest, das man besuchte, um zu sehen und gesehen zu werden. Um *au courant*, also auf dem Laufenden, zu sein, musste man den diesjährigen Opernball besucht haben. Doch während der Regierungszeit von Louis Philippe, dem König, der beides sein wollte, Monarch und Demokrat, und den man deshalb den »Bürgerkönig« nannte, wurden diese Bälle allen Gesellschaftsschichten zugänglich gemacht. Jeder konnte zum Opernball kommen, was zur Folge hatte, dass das Ereignis erheblich an gesellschaftlicher Anziehungskraft verlor. Die meisten Damen der oberen Zehntausend blieben weg. Doch die Kurtisanen kamen. Und auch die jungen, hoffnungsvollen *lorettes*, die auf ihre Chance warteten, einen neuen Gönner suchten oder einfach auf den Zugang zur besseren Gesellschaft hofften. Selbstverständlich war der Ball voller erfolgreicher Unternehmer, auch Barone waren dort und – wie wir bereits gehört haben – ein Graf.

Wie dies bei solchen Ereignissen heute noch üblich ist, bildeten sich einzelne Grüppchen an den Seiten des Ballsaals und plauderten. Und während der Konversation ließen die Anwesenden – auch dies ein heute noch gern geübter Brauch – ihren Blick herumwandern. Die Damen begutachteten die Roben der anderen Damen. Jeder wollte wissen, wer mit wem gekommen war. Neue Gesichter wurden einer eingehenden Prüfung unterzogen. Und natürlich kreuzten sich in dem überfüllten Raum zahlreiche Blicke, mehr oder weniger offen. Der Flirt lag in der Luft und füllte den Raum mit gespannter Erwartung.

Zweifellos war Marie Duplessis ins Gespräch vertieft, als sie fühlte, wie sich die Aufmerksamkeit eines Mannes um ihre Schultern legte wie ein Mantel, ihren Rücken streifte wie die Hand eines Vorübergehenden. Edouard de Perregaux stand am anderen Ende des Raumes, des *Grand Salon* (dem es – wie jedermann in Paris beklagte – an Eleganz fehlte), und ließ seinen Blick auf Marie ruhen.

Und hier kommt wieder ihre Gabe des richtigen Timings ins Spiel, die das Eisen des puren Zufalls zu schmieden verstand. Als sie bemerkte, dass sie beobachtet wurde, drehte Marie sich nicht sofort um, weil sie dadurch ein viel zu starkes Interesse bekundet hätte. Wir wissen nicht genau, was sie tat, doch hätte dieses Verhalten zu ihrem Charakter gepasst, der uns aus vielerlei Quellen überliefert ist, die sie alle – mit einer vernachlässigbaren Ausnahme – als wohlerzogen und kultiviert beschreiben. Beides hätte sie davon abgehalten, sich abrupt dem Gespräch zu entziehen, an dem sie beteiligt war.

Und außerdem war da noch etwas anderes, das sie daran gehindert hätte, sofort Interesse zu zeigen – die besondere

Qualität ihres Frohmutes. Sie liebte es, zu lachen, und lachte häufig, doch ihr Lächeln war von einer vollendeten Unbestimmtheit wie das der berühmten Mona Lisa, eine Spur trauriger Überdrusses unter der Oberfläche, die zu sagen schien: »Ich habe bereits zu viel gesehen.« Und genau unter diesem Eindruck entwickelt die Geschichte sich weiter, im Spannungsfeld wechselseitiger Reaktionen, zusammen mit anderen Geschichten aus dem Reich der *demi-monde*.

Marie litt unter Tuberkulose und glaubte daher, dass sie bald sterben würde. Dies stärkte in ihr einerseits einen gewaltigen, kaum zu stillenden Hunger nach Leben. Und andererseits war jedes bisschen Leben, das sie zu ergattern wusste, mit dem Wissen um ihren Tod getränkt, das sogar jungen Menschen – Marie war erst 17, als sie Perregaux kennen lernte – eine gewisse philosophische Schwermut verlieh. Sie spürte seine Augen auf sich ruhen, doch sie drehte sich nicht um. Sie wartete, wartete aufmerksam, bis der richtige Moment gekommen schien, der sich in ihr ins Unendliche dehnte.

Außerdem (es gibt für jede Tugend immer mehr als einen Grund) kannte Marie die Verzweiflung. Verzweiflung kann die Art von Hysterie auslösen, die uns aus der Bahn wirft. Sie kann uns aber auch mit einer segensreichen Nonchalance ausstatten, die jedem perfekten Timing zugrunde liegt. »Ich habe das Schlimmste kennen gelernt, was das Leben zu bieten hat, und nichts überrascht oder erschreckt mich mehr«, lautet der zugehörige Wahlspruch. »Ich habe nichts mehr zu verlieren.«

Hier kommt nun die eine Beschreibung von Marie Duplessis zum Tragen, die sich nicht in den Reigen der anderen fügen will und auf die wir schon im Rahmen der Einführung zu diesem Buch gestoßen sind. Als sie noch ein Arbeitermädchen und vermutlich noch nicht einmal 15 Jahre alt war, stand sie an ihrem freien Tag, an dem sie nicht 16 Stunden lang in der Fabrik für einen Hungerlohn arbeiten musste, auf dem Pont Neuf. Doch eben weil sie frei hatte und nichts verdiente, war sie auch hungrig und hatte direkt neben einem Stand Aufstellung genommen, wo gebackene Kartoffeln verkauft wurden, die sie sich nicht leisten konnte. Doch sie hatte Glück. Ein Gentleman kam vorbei und erfüllte ihr ihren Wunsch. Der Mann, der ihr diese Portion Kartoffeln kaufte, Nestor Roqueplan, sollte Marie Duplessis später wieder sehen, als sie bereits zur bestangezogenen Frau in Paris aufgestiegen war. Nun verkehrten sie in denselben Kreisen. Doch bei ihrem ersten Treffen fiel ihm auf, dass sie nicht gekämmt war, zerlumpte, schmutzige Kleider trug und die Kartoffeln, die er ihr schenkte, ohne jede Delikatesse verschlang.

Da sie vor ihrem Aufstieg in die Welt des Luxus extremen Hunger erfahren hatte, verfügte sie über eine Sicherheit, die sich unter ihrer kultivierten Hülle deutlich bemerkbar machte. Sie hatte auf den Straßen überlebt, und das daraus stammende Selbstvertrauen brachte sie nicht nur dazu, sich nicht sofort umzudrehen, als sie den Männerblick in ihrem Rücken fühlte. Als sie es nämlich endlich tat, gab sie diesen Blick gelassen zurück. Sie schlug die Augen nicht nieder. Sie war weder besonders interessiert daran, ihm zu gefallen, noch wandte sie sich schüchtern ab. Sie starrte ganz einfach zurück.

Dieser Blick begegnet uns noch heute auf den zahlreichen Porträts der Kurtisanen, die die Kunstgeschichte uns hinterlassen hat. Manchmal sind sie gewagt gekleidet, manchmal nicht, doch was diese Frauen immer auszeichnet, ist die Offenheit ihres Blicks. Von Leinwand zu Leinwand sieht dieser Blick uns an. Die Augen zucken nicht zurück. Sie senken sich nicht. Stattdessen wenden sie sich uns in gleichmütiger Offenheit zu.

Wie könnte der Graf – mit diesem Blick konfrontiert – reagiert haben? Ob ihm wohl angesichts der Tatsache, dass sein Interesse entdeckt und erwidert wird, ein Lächeln entschlüpft? Ein wenig erschrocken erkennt er, dass diese junge Dame sich mit ihm auf eine Stufe stellt. Die Tatsache, dass sie aus der Unterschicht stammt, löst sich im Lichtschein ihrer Anmaßung in Luft auf. Und der Graf lacht – über sich selbst, über die Regeln und Vorschriften seiner Erziehung und über die entzückend leichte Art, wie diese Fremde sich darüber hinwegsetzt.

Sie versteht dieses Lachen sofort, erkennt die Komik der Situation, lächelt ihm zu zum Zeichen, dass sie verstanden hat, und ... (und diese Geste ist es, die sein Herz für immer gewinnt) wendet ihm wieder den Rücken zu. Hier sollten wir uns vergegenwärtigen, dass dieses Sichabwenden nichts mit der falschen Bescheidenheit zu tun hat, die die Gesellschaft gewöhnlich von Frauen verlangt. Sie stammt vielmehr aus der Tiefe ihres Charakters, der durch eine Kindheit voller Verluste geformt wurde, als ihre Mutter starb und sie allein zurückließ. Diese Erfahrung führte dazu, dass sie in der Öffentlichkeit immer einen Teil ihres Wesens für sich selbst behielt.

Wie inspirierend diese Geschichte ist, gerade weil wir das Ende kennen! Wir wissen, dass der Graf sie in der Folge zu einem privaten Fest im Café Anglais einladen wird, dass sie annehmen wird und sie beide ein Paar werden. Wir wissen, dass er (zusammen mit einigen anderen Männern) ihren Unterhalt tragen wird, dass er sie ein Jahr vor ihrem Tod heiraten und nach ihrer kurzen Ehe ihren Körper zur letzten Ruhe betten wird. Doch so inspirierend Maries Zurückhaltung auch sein mag, ihre Geschichte wird uns später noch beschäftigen.

Schönheit

Schönheit ist das Produkt geschickter Hände

Apollonie Sabatier

Ich betrachte dich
und ein Gefühl des Staunens überkommt mich.

Homer
Odyssee

Ein Merkmal, das man zweifellos jeder Kurtisane zu-
schreiben würde, ist Schönheit. Denken wir nur einmal
an Madame de Pompadour, den zarten Schimmer ihrer
Haut, der an die Blütenblätter bestimmter Rosen erinnert
und sich auf den Porträts wiederfindet, die Boucher von ihr
gemalt hat. Oder an eine der vielen Frauen, die Tizian auf die
Leinwand bannte: Flora zum Beispiel. Es ist nicht wichtig,
dass ihre fülligen Körperformen nicht dem heutigen Schönheitsideal entsprechen. Die Art und Weise, wie ihr schim-
merndes Haar über ihre schwellenden, weichen Schultern
fällt, zieht unseren Blick an.

Dass Schönheit im Strauß der Kurtisanentugenden einen
prominenten Platz einnimmt, kann nicht überraschen, vermag doch Schönheit Verlangen zu wecken. Und doch ist
Schönheit mehr als nur der Appetithappen vor der sexuellen
Erfüllung. Sie ist Lustgewinn in sich selbst. In Gegenwart eines schönen Menschen, sei es nun Mann oder Frau, wandern
die Augen wie von selbst immer wieder hin zu diesem Gesicht, zu diesem Körper, als hätten sie einen eigenen, von unseren Gedanken unabhängigen Willen. Und dort verweilen
sie dann, nicht um sie zu taxieren, sondern um sich ganz in
ihr Wesen zu versenken. Ob wir uns nun von der Schönheit
strahlender Augen angezogen fühlen oder von den zutiefst
fleischlichen Farben eines venezianischen Meisters des 16.
Jahrhunderts, von der Ruhe eines harmonisch proportionier-
ten Platzes inmitten eleganter Stadthäuser oder von der Ausstrahlung eines Canyons, der sich so gewaltig durch rote Fel-
sen frisst, dass das Auge ihn kaum noch zu erfassen vermag
– der Schönheit den Rücken zu kehren ist niemals leicht.

Doch auch ihr Genuss ist kein harmloses Vergnügen. Tatsächlich kann die Begegnung mit wahrer Schönheit gefährlich sein. Lässt man sich auf den Glanz schöner Augen ein, so werden wir empfänglich für die Künste der Verführung. Und die Betrachtung eines alten Gemäldes reißt uns aus den Bahnen des Gewohnten und öffnet unser Herz einer Empfindsamkeit, die über uns selbst hinausweist. Der Platz, der uns eben noch so wohl proportioniert schien, erweckt ein Gefühl des Schwindels in uns. Und was den Canyon angeht, so lässt uns seine schiere Größe Ehrfurcht empfinden. Wir fühlen uns klein, ja ausgelöscht angesichts solcher Dimensionen.

Kein Wunder also, dass Schönheit einst als heilig galt. Denn welchen Gefahren die Suche nach Schönheit uns auch aussetzen mag (und die Gefahr selbst wirkt hier mitunter schon verlockend), wir können uns ihrer Anziehungskraft nicht entziehen. Schlagen wir um ihretwillen alle Vorsicht in den Wind, so mag dies daran liegen, dass Schönheit unsere ganze Existenz mit einem neuen Sinn erfüllt, einem Sinn, der nichts mit Logik zu tun hat. Sogar die Sprache versagt im Bemühen, jenes zu definieren, was letztendlich untrennbar mit dem Leben verbunden ist. Die Schönheit trägt das Ziel in sich selbst, sie ist die Lösung, die sich am Ende einer langen Suche auftut, die Antwort auf ein Sehnen, das unser Leben mit Macht formt, stärker als alle geistigen Bestrebungen.

Uralte Rezepte

Die Talente der Frauen, die wir als große Schönheiten betrachten, werden leider viel zu wenig geschätzt. Schönheit gilt normalerweise als passive Tugend – als Gabe der Natur, ohne Zutun von Seiten des Empfängers, der einfach vom Glück begünstigter scheint als seine Mitmenschen. Welche Widersprüche diese Vorstellung in sich birgt, zeigt sich, wenn man zum Beispiel hört, dass schöne Frauen für Männer eine Gefahr darstellen. Wer so denkt, klagt die Frauen gewöhnlich an, sie würden allerhand Tricks und Kniffe anwenden, um ihre Bewunderer zu täuschen und in die Falle zu locken. Häufig vernimmt man in diesem Zusammenhang auch den Vorwurf, die Schönheit solcher Frauen ginge nicht tiefer als bis zur Haut. Noch oberflächlicher wäre dann die Schönheit »leichter Mädchen«, denn diese tragen ja angeblich immer zu viel Make-up.

Doch ob es nun moralisch einwandfrei ist oder nicht, der Schönheit nachzuhelfen, soll uns hier nicht kümmern. Uns interessiert nur die einfache Tatsache, dass die Schönheit einer Kurtisane nicht bloß das Werk von Mutter Natur war. Die Kurtisane wusste der Schönheit gewöhnlich gut nachzuhelfen. Denn auch die Gaben der Natur, auf die die Kurtisane bauen konnte, ein schöner Körper, ein hübsches Gesicht, mussten richtig präsentiert werden. Wollen wir also die wahre Dimension dieser zweiten Kurtisanentugend richtig verstehen, so müssen wir uns klarmachen, dass einige legendäre Schönheiten mit erheblichem Einsatz zustande kamen.

Die Künste, die Frauen dabei einsetzen, sind so uralt wie die Menschheit. Die griechischen Hetären beispielsweise, Priesterinnen und Kurtisanen zugleich, waren auch kundige Heilerinnen. Sie nutzten Kräuter zur Pflege von Haut und Haaren und vor allem, um die körperliche Vitalität zu erhalten, die bei der Ausstrahlung von Schönheit eine so bedeutsame Rolle spielt. Dass die Kurtisanen der Renaissance ebenfalls solche Rezepte anwandten, hat vermutlich nicht wenig dazu beigetragen, dass sie – wie andere heilkundige Frauen auch – der Hexerei verdächtigt wurden. Die Kurtisanen erhielten solche Rezepte meist von ihren Müttern. Pietro Aretino zum Beispiel überliefert uns dies in seinen *Kurtisanengesprächen*, in denen er uns mit einer fiktionalen Kurtisanenfigur namens Nanna bekannt macht. Obwohl seine Beschreibung von frauenfeindlichen Äußerungen nur so strotzt, hat er uns damit doch ein unschätzbares Porträt dieses alten »Handwerks« übermittelt. Er selbst sagt von sich, dass er ein wahrer Kenner der Welt der Kurtisanen und ihrer Fertigkeiten sei.

Bevor Nanna in Rom zum ersten Mal in Gesellschaft erscheint, so Aretino, wurde sie von ihrer Mutter, die einst selbst Kurtisane gewesen war, eingehend auf ihr Debüt vorbereitet. Nanna war mit ihrer Mutter aus der Toskana gekommen, um ihre Karriere voranzutreiben. Zu diesem Zweck hatte die Mutter Nannas Haut täglich mit einem Absud behandelt, der sie weich und zart machen sollte. Und da Nannas Haar als golden beschrieben wird, eine Haarfarbe, die in Italien eher selten ist, kann man annehmen, dass ihre Mutter auch hier der Natur ein wenig auf die Sprünge half. Sie wusch das Haar ihrer Tochter wohl mit einer Mixtur aus Honig, Zitronensaft und Ringelblumenblüten. Danach setzte Nanna einen Hut auf, der eine breite Krempe hatte, oben aber nicht geschlossen war. So konnte sie das Haar über die Krempe breiten und sich stundenlang in die Sonne setzen, bis ihr Haar endlich das damals so begehrte Blond annahm.

Zweifellos waren auch andere Tricks seit Generationen überliefert. Dazu gehört beispielsweise die Art, in der Nannas Mutter den ersten öffentlichen Auftritt ihrer Tochter in Szene zu setzen wusste. In Rom hatte sich längst das Gerücht verbreitet, aus dem »Ausland« sei eine große Schönheit angekommen. Also begannen die Männer, sich vor dem Haus zu versammeln, wo Mutter und Tochter lebten. Doch Nannas Mutter verbot ihrer Tochter, sich sehen zu lassen, geschweige denn auszugehen. Stattdessen sorgte sie dafür, dass die Spannung der wartenden Menge immer stärker anstieg, bis sie den richtigen Moment für gekommen hielt. Erst dann legte sie das Haar ihrer Tochter in Flechten, sodass es aussah wie gesponnenes Gold.

Auch mit dem Kleid, das ihre Tochter tragen sollte, bewies die ältere Kurtisane ihr Geschick in der dramatischen Inszenierung dieses ersten Erscheinens. Wie viele Künstler dieser Zeit wusste auch sie um den besonderen Effekt, den Gold auf

Rot hatte. Also steckte sie das Mädchen in ein elegantes Kleid aus karmesinrotem Satin. Allein dieses Detail verrät uns schon ihr unglaubliches Talent. Denn zu Nannas schimmerndem Haar passte Satin mit seinem dezenten Schimmer sicher am besten. Er übertraf es nicht an Glanz, leuchtete aber trotzdem mit der ansprechenden Glut eines Edelsteins.

Schönheit kann nur dann entsprechend hervorgehoben werden, wenn vorher eine kluge Bestandsaufnahme erfolgt ist. Daher wählte die Mutter, die die schönen Arme ihrer Tochter kannte, ein ärmelloses Kleid für sie aus. Und wie jede große Kunst es verlangt, wusste sie auch, wann es genug war. So trug Nanna kein Make-up, was ihre Jugend besonders betonte. Der dramatische Effekt ihrer hellen Haut wurde noch durch einen ebenso überlieferten Kräuterabsud gestärkt, der die Haut sehr weiß und sehr frisch erscheinen ließ. Mit dieser Mixtur wusch ihre Mutter sie, bevor sie sich zum ersten Mal vor aller Augen zeigen sollte.

Die Vorbereitungen für dieses Ereignis dauerten Stunden, dabei erlaubte die gewünschte Inszenierung nicht mehr als einen flüchtigen Blick. Sorgfältig gewaschen, frisiert und wunderschön gekleidet zeigte Nanna sich höchstens eine oder zwei Minuten lang am Fenster, bis einer ihrer Bewunderer sie erblickte und näher kam. Die Schönheit, die er dort oben am Fenster sah, überstieg seine kühnsten Träume. Ihr goldenes Haar leuchtete im Halbdunkeln wie eine flüchtige Vision, tiefes Rot zeichnete den verführerischen Schwung ihrer Hüften nach und entzündete in ihm den machtvollen Wunsch, sie zu besitzen. Sein Herz wusste, dass er diesen Schatz sein Eigen nennen musste, und so fiel ihm nicht auf, dass er selbst schon ein Besessener war.

Das Auge des Betrachters

Welcher Dichter wagte es, [...] die Frau von ihrer Kleidung
und ihrem Putz zu trennen?

Charles Baudelaire
Der Maler des modernen Lebens

Obwohl der Volksmund gern behauptet, die Kurtisanen hätten sich schön gemacht, um reiche Männer anzuziehen, ist das Gegenteil ebenso wahr. Viele der Lebedamen wünschten sich Reichtum, weil sie Schönheit schaffen und besitzen wollten. Da die Erfahrung des Schönen so tief in unserer Seele wirkt, ist es nicht verwunderlich, dass wir alle nach Schönheit streben, Männer wie Frauen, Gebildete wie Ungebildete. Daher verstehen wir vielleicht auch die kleine Marie-Ernestine Antigny, die sich, als ihre Mutter sie zwang, die schöne Landschaft rund um Mézières-sur-Brenne zu verlassen, auf dem Dachboden versteckte. Leider musste sie schon im Alter von zehn Jahren erfahren, dass dieser Trick wirkungslos blieb. Doch weil sie so verzweifelt dort bleiben wollte, wo sie jahrelang gelebt hatte, versuchte sie es trotzdem. Als sie sieben war, hatte ihre Mutter sich auf die Suche nach ihrem herumziehenden Ehemann gemacht und Marie bei ihrer Tante gelassen, die dort lebte. Diese Region war damals für ihr üppiges, von den Nebenflüssen der Loire bewässertes Grün bekannt. Sie verbrachte viele Stunden damit, über die Felder zu wandern oder auf dem Rücken eines Pferdes die Landschaft zu durchstreifen, in der weite, offene Flächen, Seen, Heidekrautfelder und Kastanienwäldchen einander auf dramatische Weise ablösten.

Paris war zur Mitte des 19. Jahrhunderts ein kalter, dunkler Ort für alle, die wenig Geld hatten. Doch das Kind fand dort bald Trost. Ihre Mutter arbeitete in einem Haushalt und nähte für einige der bekanntesten Familien von Paris, unter anderem für die Gallifets. Die Marquise von Gallifet, die außergewöhnlich nett gewesen sein muss, schickte Marie nämlich in den renommierten Couvent des Oiseaux, ein Klosterinternat, wo sie den Prunk und Reichtum ihrer Klassenkameradinnen kennen lernte, während man ihr beibrachte, sich wie eine Lady zu benehmen. Marie aber gefielen vor allem die katholischen Gottesdienste – die Orgelmusik, das Singen und der dramatische Effekt der Rituale und Gebete.

Auch heute noch zieht die Schönheit der Kirchen von Paris mindestens ebenso viele Menschen in ihren Bann wie die Modenschauen. Selbst die einfachste Kapelle besitzt diese sinnliche Anziehungskraft. Der wechselnde Einfall des Tageslichts durch die alten, farbigen Glasfenster allein ist schon berauschend. Und dann die Gemälde in den Seitenkapellen, die Stützpfeiler des Hauptschiffes, die in der Luft zu schweben scheinen, der Altar in Violett und Spitze, der geschundene Körper Christi, der ästhetisch auf den Balken eines Kreuzes drapiert ist. Die goldenen Gewänder der Priester, die rot leuchtenden der Ministranten, der Geruch des Weihrauchs, die beschwörenden Formeln der Heiligen Messe, alles fließt ineinander, als würde eine exquisite Landschaft sich vor uns ausbreiten, und formt eine Erfahrung von Schönheit, die mehr ist als die Summe ihrer Teile.

Marie träumte davon, Nonne zu werden. Doch dies war nicht ihr Weg. Auf sie wartete ein weiterer Verlust, eine weitere Enttäuschung. Als die Marquise von Gallifet eines plötzlichen Todes starb, musste Madame d'Antigny ihre Tochter aus finanziellen Gründen von der Schule nehmen und ließ sie von nun an als Verkäuferin arbeiten. So wie vorher die weiten Felder und die Kastanienbäume, so verschwand nun die Kirche mit ihren Ritualen völlig aus ihrem Leben. Nun konnte sie diese Schönheit nur noch für zwei Stunden am Sonntag genießen. Den Rest der Woche verbrachte sie pflichtgemäß bei einem Stoffhändler in der Rue du Bac, wo sie zwölf Stunden täglich Stoffe vermaß und Kleider verkaufte.

Und doch war auch dieses neue Leben nicht gänzlich bar aller Schönheit. Es waren die ersten Jahre des Second Empire in Frankreich. Es herrschte zwar allgemein immer noch Armut, doch bestimmte Viertel in Paris begannen schon wieder recht deutlich, ihren Reichtum zu zeigen. Überall eröffneten Geschäfte für Luxuswaren, die sich prachtvoll in den Schaufenstern türmten und jedem Kunstwerk Konkurrenz gemacht hätten. Fenster voller Kaschmirschals, deren feines Gewebe in Indien entstanden war, andere mit federbesetzten Hüten. Bestickte Bettwäsche, Spitzenkorsetts, perlenbesetzte Abendtäschchen, filigrane Fächer, Duftkerzen, Rosen und Veilchenbuketts füllten die Auslagen. Erlesenes Parfüm in Kristallflaschen, elegante Handschuhe aus braunem, rotem, weißem oder schwarzem Leder, mit winzigen Elfenbeinknöpfen am Handgelenk. Schaufenster, die überquollen von Schokolade in allen Formen und Farben, von der dunklen, bitteren bis hin zur milchig-süßen.

Die Rue du Bac hatte auf Grund ihrer besonderen Lage einen ganz eigenen Reiz. Noch heute ist dort die Patina einstigen Reichtums fühlbar. Sie zieht sich von der Rue de l'Université bis zur Rue de Sèvres, dabei zwei Straßen mit eleganten Wohnhäusern kreuzend. Die Gebäude dort wurden im 18. Jahrhundert errichtet. Ihre neoklassichen Fassaden wachen über die vorbeigehenden Fußgänger. Mit dem Hochmut untadeliger Herkunft erlegen sie uns ein schüchternes Schweigen auf, das nur eine bestimmte Art der Schönheit hervorruft.

»Es war ein ruhiges Viertel«, schreibt Edith Wharton, die selbst eine Zeit lang in der Rue de Varenne lebte. »Trotz des vornehmen Anscheins, den es sich gab, und seiner geschichtlichen Bedeutung.« Dieser Anschein des Vornehmen verfehlte seinen Eindruck auf die junge Marie nicht, die sich mittlerweile mit dem Namen rufen ließ, den ihre Schulfreundinnen ihr gegeben hatten: Blanche, ihrer unendlich weißen Haut wegen. Blanche wusste recht gut, welche Macht ihre Schönheit ihr verlieh. Tag um Tag träumte sie davon, ihr den richtigen Rahmen zu verschaffen, während sie Damast und Seide, Samt und Tüll über die Theke reichte.

Auch hier ist wieder ein wenig interpretatorische Anstrengung nötig. Denn uns geht es nicht nur darum, wie zielsicher Blanche ihre Schönheit zu ihrem Vorteil einsetzte. Wir stellen uns vor, welche Auswirkung der tägliche Umgang mit diesen schönen Dingen auf sie gehabt haben muss, der ihre Träume in eine bestimmte Richtung lenkte. Sie war schließlich nicht die Erste, die sich von edlen Stoffen fesseln ließ. Selbst der große Designer Charles Worth, den man heute als Vater der Haute Couture betrachtet, begann seine Karriere als Verkäufer in einem Stoffgeschäft.

Blanche sollte bald ebenso berühmt werden wie er, wenn auch aus anderen Gründen. Ihr Aufstieg ging schneller, aber auch gefahrvoller vonstatten. Wie viele Träumer konnte sie nicht rechnen. Ja, sie war geradezu gefährlich naiv. Eines Nachts ging sie mit einem jungen Verkäufer aus ihrem Laden in die Closerie des Lilas. Dort eröffnete sich ihr unter dem flackernden Licht der Gaslampen eine völlig neue Welt. Da perlte das Gelächter ebenso freizügig wie der Champagner, den man ihr anbot, als sie sich an einem von jungen Männern voll besetzten Tisch niederließ. Alle waren offenkundig ganz von der Musik eingenommen. Vielleicht tanzte Blanche gerade selbstvergessen einen Cancan, als ihr Begleiter das Lokal verließ. Und da der Mann, der sie in dieser Nacht verführte, ein Rumäne war, fand sie sich ein paar Wochen später in Bukarest wieder.

Ihr rumänischer Liebhaber brachte sie in einer Absteige von Hotel unter, wo sie mit ihm zusammen ein schäbiges Leben führte. Da ihr dies wenig gefiel, verließ sie ihn schon bald darauf, um sich einer Zigeunerkapelle anzuschließen. Warum ihr Musik und Tanz der Zigeuner zusagten, ist nicht schwer auszumachen. Doch auch dort wurde sie schlecht behandelt, weshalb sie beschloss, wieder weiterzuziehen. Sie durchlebte eine kurze Zeit der Verzweiflung, in der sie ernsthaft überlegte, sich ins Kloster zurückzuziehen. Stattdessen wurde sie die Geliebte eines Erzbischofs. Von diesem wanderte sie weiter in die Arme eines Prinzen, der sie den bedeutendsten Männern der rumänischen Gesellschaft vorstellte, die ihre Schönheit, die nun durch passende Garderobe und funkelnden Schmuck (Geschenke von reichen Gönnern) unterstrichen wurde, einfach unwiderstehlich fanden.

Obwohl sie in dieser Welt den Gipfel erreicht hatte, war es doch nicht die ihre. Sie war der Sache bald überdrüssig. Dann wurde sie krank, und ihre Sehnsucht nach Paris steigerte sich ins Unermessliche. Es war nicht nur bloßes Heimweh, die Sehnsucht nach der Sprache ihrer Kindheit. Das Verlangen, unter den Kastanien im Jardin du Luxembourg spazieren zu gehen oder auf dem Pont St. Ludwig zu stehen und sich nach der Kathedrale Notre-Dame umzudrehen, die von einem bestimmten Punkt aus erscheint wie ein majestätisches Schiff, das in den Wellen der Seine schwimmt. Natürlich war auch Bukarest schön. Seine Fremdheit musste aufregend sein, zumindest zu Beginn. Doch bevor sie Paris verlassen hatte, war sie – wenn auch nur für kurze Zeit – in diese Welt sprudelnden Witzes, nächtlicher Champagnergelage, erregender Tänze und glitzernder Röcke unter dem Licht der Gaslaternen eingetaucht, die ihr lebendiger erscheinen musste als alles, was sie bislang kennen gelernt hatte – und dies, obwohl man diese fast verächtlich »Halbwelt«, *demi-monde*, nannte.

Zurück in Paris fand sie auch tatsächlich eine Anstellung. Überrascht es uns wirklich, dass sie, da sie ja nicht bei ihrer Mutter leben wollte, mit einer Freundin zusammenzog, die ein Modegeschäft betrieb? Die Verbindung war perfekt. Ambroisine, die Blanches Vorliebe für extravagante Dinge teilte, führte diese auf den Weg, den wir – mit den Augen der Nachwelt betrachtet – als ihr Schicksal bezeichnen können. Auch wenn ihr dies am Anfang vielleicht noch nicht so vorgekommen war, so begann sie doch damals schon, sich im Rahmen ihrer Mittel ein Leben zu schaffen, in dem ihre Vorstellung von Schönheit auf keinerlei Grenzen stieß.

Wie Mogador zwei Jahrzehnte vor ihr startete auch Blanche d'Antigny ihre Karriere beim Tanz im Bal Mabille.

Wie alle jungen Frauen in ihrer Lage wusste sie, dass dies ein guter Ort war, um aufzufallen. Ihre Stunde kam, als sie, von einem Journalisten ermutigt, den sie eben erst kennen gelernt hatte, einen damals populären Tanz, den *galop*, tanzte. Wie sie da über das Parkett flog, war eine kleine Sensation. Schon ein paar Tage später hatte sie einen Vertrag für eine Revue am Théâtre de la Porte Saint-Martin in der Tasche. Dabei musste sie Helena von Troja als Statue spielen. Das heißt, sie durfte sich weder bewegen noch sprechen. Doch das war auch nicht weiter wichtig. Die Rolle selbst sagte ja alles. Sie spielte eine Frau, deren Schönheit mehr als tausend Schiffe in Bewegung gesetzt hatte.

Sie sollte noch viele solcher Rollen spielen, in denen man ihr das mangelnde schauspielerische Können allein wegen ihrer übergroßen Schönheit vergab und in denen sie Begeisterungsstürme hervorrief. Der Theaterkritiker Jules Janin sprach von ihrer »harmonischen Form«, doch andere waren in der Beschreibung dieser Frau weniger zurückhaltend: »Ihre sinnlichen Lippen sind zum Küssen geschaffen und zum Leeren von Champagnerkelchen.« Es war fast, als würde ihr Anblick Erinnerungen an Felder und Gras erwecken, an Regen und Sonnenschein, ja an die Seine selbst. Und an den vorzüglichen Wein und die exquisiten Speisen, die an ihren Ufern serviert werden. Einer ihrer Bewunderer schrieb: »Im Licht elektrischer Bühnenlampen und unter dem kundigen Blick der Operngläser war sie die Apotheose der Materie.«

So wird deutlich, weshalb Zola ein paar Jahre nach Blanche d'Antignys Tod auf sie verfiel, als er eine Kurtisane suchte, nach der er seine Romanfigur Nana formen konnte. Schon ihr Bekanntheitsgrad und ihre massive Präsenz deckten sich mit seinen Intentionen. Er wollte mit seinem Roman die Korruption des Second Empire geißeln und seine Auswüchse bloßstellen. Die wirkliche Blanche d'Antigny aber hat er nie gekannt, und diejenigen, die sie gekannt haben, meinten, dass sein Porträt ihr nicht im Geringsten gleiche. Anders als die eiskalt kalkulierende Nana war Blanche in ihren Jugendjahren von be-

84

stechender Naivität und Ziellosigkeit. So fiel sie beispielsweise immer in einen so tiefen Schlaf, nachdem sie sich der Liebe hingegeben hatte, dass jeder Mann aus dem Zimmer schlüpfen konnte, ohne ihr die obligatorische Liebesgabe zu hinterlassen. Doch schließlich fand sie auch für dieses Problem eine Lösung, deren praktische Umsetzung deutlich macht, was Blanche wirklich interessierte: Sie nähte vor dem Einschlafen das Nachthemd ihres Liebhabers an ihren Morgenmantel.

Die Liebe zu Kleidung und schönen Stoffen war unter Kurtisanen natürlich weit verbreitet. So erforderte der tägliche Stundenplan einer Kurtisane eine verschwenderische Garderobe. Tatsächlich könnte man meinen, dass diese kleinen Ereignisse so geplant wurden, dass sich daraus eine Miniatur-Modenschau ergab. Wie von den Damen der Gesellschaft wurde auch von den *demi-mondaines* erwartet, dass sie zu jeder Gelegenheit ein anderes Kleid trugen. Das bedeutete, dass sie manchmal achtmal am Tag die Garderobe wechseln mussten. Einigen Damen mag diese Aufgabe ganz schön lästig gewesen sein. Mehrfach am Tag wieder an den Kleiderschrank zurückzukehren, sich aus unzähligen Lagen Stoff zu schälen, zuerst aus einem Umhang, Schal oder Mantel, dann aus einem Kleid und aus den entsprechenden Schuhen. Vielleicht mussten mit dem Kleid auch die Schuhe gewechselt werden. Und natürlich die Accessoires: Bänder, Armreife, Ringe. Wenn der Rock etwas voller oder das Mieder anders geschnitten war, musste auch andere Wäsche her. All das mit Hilfe der Kammerzofe, die am Ende auch noch das Haar neu frisierte, sodass es zur Garderobe passte. Allein dies mag so mancher Frau genügt haben, um ihr das Ausgehen zu verleiden. Für Blanche aber waren dies keine lästigen Pflichten. Was sie trug, war ihr eine schiere Quelle der Freude, vielleicht ging sie manchmal sogar nur aus, um sich umziehen zu können und die Vielfalt ihrer Garderobe bewundern zu lassen.

Da gab es Negligés, in denen sie zu Hause empfing, Kleider für den Spaziergang in den Tuilerien, andere, die sie in den Cafés auf den Grands Boulevards trug, wenn sie dort am

Vormittag ihren ersten Liebhaber traf. Andere Roben wiederum waren für das gedacht, was Joanna Richardson die »Regelfahrt« in den Bois de Boulogne nannte. Wenn sie am frühen Abend einen Aperitif nahm, zog sie sich noch einmal um, später dann holte sie Juwelen und Pelze hervor, wenn es ins Theater ging. Doch Blanche genoss diese »Pflicht« in vollen Zügen. Jede Gelegenheit, in Gesellschaft zu erscheinen, war eine *occasion*, eine Gelegenheit mehr, bei der sie ihr Talent, sich zu kleiden, unter Beweis stellen konnte.

Für diese außergewöhnliche Gabe bot ihr die Bühne den perfekten Raum. Es war nicht nur ihre Schönheit, die ihr mangelndes schauspielerisches Können ausglich. Auch ihre Kostüme waren außerordentlich. Sie waren extravagant und vor allem kostspielig. In einer Produktion von Offenbachs *Le Château à Toto* betrat sie die Bühne erst im zweiten Akt – in einem Kleid, das 15 000 Franc gekostet hatte, was damals einem halben Vermögen gleichkam. Im nächsten Akt trat sie in einem durchsichtigen Negligé auf, das mit belgischer Spitze verziert ebenfalls 6 000 Franc wert war. Eine andere Vorstellung bestritt sie mit so vielen Diamanten auf dem Körper, dass ein Kritiker schrieb: »Was wir hier auf der Bühne sehen, ist keine Schauspielerin, sondern ein Juwelierladen.« Natürlich war auch der Umfang ihrer persönlichen Garderobe geradezu legendär. So teilt uns der Reporter Callias mit, dass sie, als sie sich zu einem Trip nach Baden-Baden aufmachte, einen Verkehrsstau verursachte, weil die 37 Kutschen, die sie brauchte, um ihre Kleider, Schuhe usw. zu transportieren, die gesamte Rue Ecuries d'Artois verstopften.

Doch die Vielfalt und die kostbare Machart waren nur ein Teil der Faszination, die ihre Kleider auf das Publikum ausübten. Die Stoffe und Juwelen, Federn und Farben, Schnitte und Volants, die sie um ihren Körper arrangierte, drapierte und feststeckte, riefen unter den Zuschauern ein wohliges Prickeln hervor, das wir nachfühlen können, wenn wir lesen, wie der Schriftsteller Théodor de Banville das Kleid beschreibt, das Antigny in der kurzen Komödie *On demand des ingénues* trug: »Grün, von der Farbe der Wellen, scheint es doch niemals eine Nadel gesehen zu haben. Vielmehr mussten die geschickten Hände einer Fee es in Form gebracht haben.« Ihm zufolge erregte das Kleid für sich schon Aufsehen: »In jeder Falte des grünen Crêpes sitzt ein glitzernder, funkelnder Diamant und glänzt in sternenklarer Weiße, bis das Licht kommt und ihn kühn küsst.« Natürlich entsteht dieser Effekt nicht aus Stoffen oder Schnitten. Es ist Blanches Liebe zur Schönheit, die sich hier widerspiegelt, eine Lust, die trotz aller Hindernisse wieder und immer wieder befriedigt wird – mit immer wertvolleren Gaben.

Wenn De Banville nach ihrem Tod schreibt, dass sie »feurige Diamanten und kostbare Roben trug wie die natürlichen Accessoires ihres Triumphes«, dann war der Triumph ein kollektiver. Mit der Magie der Schneiderkunst und ihrer eigenen stolzen Haltung schuf sie eine Schönheit, die nicht nur ihr gehörte und die sie großzügig teilte. Ihr so geschmückter Körper gab, so schrieb De Banville, »dem Auge alles, was es sich wünschen konnte«. Wie ein Kelch, der von süßer Lust überfließt, verkörperte sie die Vorstellung des Vollzugs, des Wunsches, der sofort Erfüllung findet – eine Vorstellung, die vielen erfolgreichen Männern des Second Empire teuer war. Sie wurde, wie ein anderer Kritiker schreibt, zur »Venus dieser Epoche«.

Doch diese Vorstellung war damals schon nicht unumstritten. Ganz gleichgültig, mit welch hitzigem Feuer man das Vergnügen suchte, das Zeitalter als solches stand seiner Lust recht ambivalent gegenüber. So enthüllte Paul Baudry in einem Gemälde, für das Blanche Modell stand, zwar teilweise ihren schönen Körper und fing ihre Vorliebe für schöne Kleidung in einem Tuch aus azurblauem Stoff ein, das üppig ihre Hüften umfängt, doch gleichzeitig stellt er sie als Maria Magdalena dar, die Büßerin, die gerade zur heiligen Keuschheit erwacht. Zola hingegen schlug einen anderen Weg ein. In seiner Romanheldin Nana wird die Kurtisane zur *femme fatale*, die einen Mann nach dem anderen finanziell ruiniert.

Blanche war weder das eine noch das andere. Sie bedauerte nichts. Und durch ihre Adern rann kein kaltes Blut. Am Ende ruinierte sie sich und ihre Karriere für den Mann, den sie liebte. Was uns nicht überrascht, wenn man bedenkt, wie sehr die erotische Liebe der Liebe zur Schönheit ähnelt. Wie Eros öffnet auch die Schönheit das Herz und mildert nicht nur den Blick des Betrachters, sondern läutert auch seine Absichten. Wenn Schönheit oder Liebe uns anziehen und zum Verweilen einladen und wir ins Reich der Gefühle eintreten, denken wir nicht mehr daran, unsere Verluste zu begrenzen.

Als sie sich in Luce verliebte, einen Tenor, der in den Folies Dramatiques auftrat, ließ Blanche ihren reichsten Gönner ziehen, um sich ganz ihrer neuen Liebe widmen zu können. Er war ein kleiner, dicker Mann, der – wie ein Beobachter berichtet – einem Gummiball ähnelte. Vielleicht war es die Schönheit seiner Stimme, die sie anzog. Doch sollte ihnen nur kurze Zeit zu zweit beschieden sein. Luce, der bereits an der Schwindsucht litt, als sie sich kennen lernten, starb innerhalb von zwei Jahren.

Für Blanche bedeutete dies nicht nur unendlichen Kummer, sondern auch den Rückfall in die Armut. In diesen zwei Jahren war sie Luce treu und gab all ihre »Wohltäter« auf. So verlor sie all ihre Ersparnisse, ihre außergewöhnliche Juwelensammlung und all ihre Kutschen, mit denen sie früher stilvoll die Champs-Elysées entlanggetrabt war. Zwar versuchte sie mit einigem Erfolg, wieder am Theater Fuß zu fassen, doch nur bis kurz darauf ihre Mutter starb. Da wurde Blanche ernsthaft krank und fand sich bald allein in einem Hotelzimmer wieder, während ihr Fieber gefährlich stieg. Doch sie war nicht die einzige Kurtisane mit Herz. Dank der liebevollen Haltung einer anderen Kokotte, Caroline Letessier, die die kranke Kollegin mit ihrer Kutsche abholen und in ihre Luxuswohnung am Boulevard Haussmann bringen ließ, verbrachte Blanche ihre letzten Tage in einer vergleichsweise komfortablen Umgebung. Als sie im Alter von 34 Jahren starb, war sie immer noch schön.

Hier sind wir nun geneigt, den Tod als Moral der Geschichte zu begrüßen, und sei es nur, weil wir am Ende ja alle sterben. Auf diese Gefahr weist die Schönheit uns hin, gleichgültig, ob wir nun einen Baum in seiner ersten Blüte, ein grünendes Feld oder ein arglos schönes Gesicht betrachten. Auch wenn wir uns dessen nicht bewusst sind, so gemahnt die Schönheit uns doch an Alter und Tod. Und wie kurz das Aufblitzen dieses Gedankens auch bleiben mag, in die Betrachtung der Schönheit ist immer ein Hauch subtiler, ja fast süßer Trauer verwoben, Trauer um die Vergänglichkeit des Betrachteten.

Teamwork

Auf dem farbigen Grund einer höllen- oder nordlichtartigen Beleuchtung, rot, orange, schwefelgelb, rosa, zuweilen auch violett, vor diesen zauberischen Hintergründen, die mit den Farbenspielen des bengalischen Feuers wetteifern, entfaltet sich das gestaltenreiche Bild der verdächtigen Schönheit.

Charles Baudelaire
Der Maler des modernen Lebens

Mir fällt auf, dass Jeanne [Duval] in Baudelaires Werk häufig wie die Voodoogöttin Ezili dargestellt wird.

Randy Conner
Mirror of My Love

Wie alles Legendäre übt auch die Schönheit der Kurtisanen noch heute ihren Einfluss auf uns aus. Auch wenn von der betreffenden Dame keine Bilder überliefert sind, so lockt doch das, was wir heute nicht mehr sehen können, in den Worten der Zeitzeugen, in Memoiren oder Briefen. Alle Porträts, die uns von Marie Duplessis überliefert sind, zeigen sie mit geschlossenem Mund, was ihrem Lächeln einen Hauch von Trauer verleiht. So können wir nur unsere Fantasie bemühen, wollen wir dem Lachen nachspüren, von dem wir wissen, dass es häufig ihre weißen Zähne entblößte.

Außerdem sind Worte manchmal stärker als Bilder. Denken wir zum Beispiel an die Statue von Madame Sabatier, die im Erdgeschoss des Musée d'Orsay steht – *La Femme piquée par un serpent* (Frau, von einer Schlange gebissen). Wenn wir den seligen Ausdruck ihres Gesichts betrachten, lässt sich leicht erraten, welche Art von Schlange diese Großtat vollbrachte. Sie ist einer Ohnmacht nahe. Doch so gut uns dieses Bildnis auch über die Dame unterrichtet, so ist das Werk des Bildhauers Clésinger doch nichts im Vergleich zu den Zeilen Baudelaires, mit denen er sie in dem Gedicht *An jene, die allzu fröhlich ist* verewigte:

> Dein Haupt, deine Gebärde, dein Betragen sind schön
> wie eine schöne Landschaft;
> das Lachen spielt in deinem Antlitz wie frisch ein
> Wind in einem klaren Himmel.

Wenn alle Wahrnehmung nur subjektiv sein kann, dann gilt dies in ganz besonderem Maße für die Empfindung von Schönheit. Als Baudelaire diese Zeilen schrieb, war er von Apollonie Sabatier besessen. Er brachte sogar einen Freund dazu, ihr die Gedichte, die Baudelaire ihr widmete, vor die Tür ihrer Wohnung zu legen.

Apollonie Sabatier bzw. Aglaé-Joséphine Savatier, wie ihr Taufname lautete, war das leibliche Kind eines Vicomtes und einer Näherin. Zu diesem Namen kam sie, da der Herr Vicomte, der ebenfalls Präfekt der Ardennen war, eine Ehe zwischen ihrer Mutter und einem Sergeanten des 47. Infanterieregiments namens André Savatier arrangierte. Die Familie lebte in Mézières und Straßburg, zog aber schließlich nach Paris, wo Aglaé, die Talent zum Singen hatte, Unterricht bei der berühmten Gesangkünstlerin Madame Cinti nahm.

Tatsächlich schien vor ihr eine Karriere als Gesangsolistin oder Opernsängerin zu liegen, bis sie bei einem Wohltätigkeitskonzert dem früheren belgischen Diplomaten und Industriellen Alfred Mosselman vorgestellt wurde. Er war hingerissen von ihrer Schönheit, die schon bald ganz Paris in Atem halten sollte, und ihrem Charme und bot Aglaé an, als seine Geliebte in einer Wohnung in der Rue Frochot zu leben, nah an der Place Pigalle, im Bredaviertel, wo viele Maler, Schriftsteller und Kurtisanen lebten. (Tatsächlich gab es dort so viele Loretten, dass man diese Frauen nach der dortigen Kirche *Notre Dames des Lorettes* benannt hatte.)

Da Mosselman verheiratet war, benutzte er Fernand Broissard als Bote zwischen sich und seiner Geliebten. Und Broissard stellte die junge Frau seinem Freundeskreis vor. Er lud sie zu den Diners ein, die er einmal im Monat im Hôtel Pimodan auf der Ile Saint Louis gab, wo er lebte. Bald war sie auch regelmäßiger Gast im *Club des hachichins* (Club der Haschischraucher), der sich im selben Gebäude in der Wohnung von Théophile Gautier traf. Zu den regelmäßigen Gästen gehörten Balzac, Gautier, Flaubert, Maxime du Camp und Baudelaire, die später berühmt werden sollten. Damals schon hatte Aglaé ihren Namen gegen das elegantere Apollonie eingetauscht. Und weil sie durch ihre schillernde Präsenz alle Anwesenden zu einem größeren Ganzen zusammenschmolz, gab man ihr noch einen anderen Namen: *la Présidente*. Schon bald empfing sie die Genannten zusammen mit anderen Größen wie Delacroix, Berlioz, Gérard de Nerval, Henri Murger (nach dessen Novelle die Oper *La Bohéme* entstand) und Arsène Houssaye in ihrer eigenen Wohnung.

Sabatiers Anwesenheit verlieh diesen Treffen einen eindeutig ästhetischen Anstrich. Wie Blanche d'Antigny war auch La Présidente von Mode fasziniert. Und sie kleidete sich selbst mit solcher Originalität, dass einige der Künstler, die sie kannte, begannen, sich für ihre Garderobe zu interessieren. Sie trugen mit kreativen Vorschlägen zu ihrem außergewöhnlichen Erscheinungsbild bei, einige entwarfen sogar

Kleider für sie. Clésinger bannte sie zweimal in Marmor, einmal bekleidet, einmal unbekleidet. Ernest Meissonier malte sie mehrfach. Und Ernest Feydeau nahm sie zum Vorbild für die Heldin seines Romans *Sylvie*.

Ihre Liebesaffäre mit Baudelaire war bekanntermaßen kurz. Zu Anfang erwiderte Sabatier die Liebe des Dichters nicht. Doch nachdem die *Fleurs du Mal* erschienen waren, bot sie sich ihm als Belohnung dar. Sie verbrachten nur eine Nacht zusammen, im Laufe derer sie sich in ihn verliebte, er hingegen jegliche Lust verlor. Apollonie lernte, den Dichter ebenso zu lieben wie sein Werk, Baudelaire jedoch liebte das Idealbild, das er sich von ihr geschaffen hatte, mehr als sein atmendes Gegenstück. »Vor ein paar Tagen«, so schrieb er ihr, »warst du noch eine Göttin, so bequem, so edel, so unantastbar. Heute aber bist du nur eine Frau.« Statt zu Liebenden zu werden, schlossen sie Freundschaft.

Vieles verband sie, am stärksten vielleicht ihre gemeinsame Liebe zur Schönheit. Baudelaire schrieb viel über die Bildwerke, die seine Freunde schufen. Er sammelte und studierte Kunst, während die einstige Sängerin Sabatier Musik liebte und sich mit Künstlern umgab. In ihren späteren Jahren malte sie sogar selbst. Beide liebten die Literatur. Zu Anfang hatte sich Sabatier vor allem von Baudelaires künstlerischem Talent beeindruckt gezeigt. Beide schufen sie Schönheit, jeder auf seine Weise. Was er in Worten beschrieb, wusste sie zu verkörpern. Und diese gemeinsame Liebe zur Schönheit ließ sie gemeinsam eine Atmosphäre ästhetischer Sensibilität schaffen, die charakteristisch für das künstlerisch ausnehmend fruchtbare 19. Jahrhundert ist.

Diesen kollektiven schöpferischen Prozess hielt Gustave Courbet in seinem bekannten Bild *L'Atélier du peintre* fest. In der Mitte der Leinwand steht ein halb fertiges Bild auf einer Staffelei. Vor dieser steht ein weibliches Aktmodell, das Courbet dabei zusieht, wie er eine Landschaft malt, in der – kurioserweise – von ihr nichts zu finden ist. Auf selber Höhe mit ihr steht Apollonie Sabatier, die den Vorgang ebenfalls zu beobachten scheint. Ihre Figur begrenzt das Geschehen und gibt so dem schöpferischen Vorgang einen Rahmen. Sie ist ganz schwarz gekleidet und trägt um die Schultern einen kostbaren Kaschmirschal. Baudelaire, der ein Buch liest, wendet sie den Rücken zu.

Auf diesem Bild sind wohl alle anwesend, die nach Auffassung Courbets an der schöpferischen Atmosphäre dieser Zeit beteiligt waren, wenn auch mitunter nur symbolisch. War es eine bewusste Entscheidung von ihm, Sabatiers Schal so stark hervorzuheben? Denn mit diesem Luxusartikel hat er viel in das Bild aufgenommen, das ansonsten nicht präsent gewesen wäre. Natürlich erinnerte der Kaschmirschal als wichtiger Bestandteil der Garderobe einer Dame an die Welt der Mode. Und da ein Kaschmirschal zu jener Zeit mehr kostete, als eine Arbeiterin in einem Jahrzehnt verdiente, kann er auch als Zeichen für die damals vorhandenen Klassenunterschiede gelten, die sich auch in der Anwesenheit der Figur von Sabatier selbst zeigen. Und dann ist da noch die Tatsache, dass der Schal selbst, der aus Indien kam, wo Frauen sehr wenig Geld für ihre Arbeit bekamen, nun nach Europa gelangt war, was eine Brücke zwischen den Erdteilen schlug und gleichzeitig die zunehmenden Ansprüche des kolonialen Europa an die Welt sichtbar machte.

Ursprünglich war auf dem Gemälde noch eine weitere Person zu sehen, die Frau, die mehr als jede andere die Wirklichkeit des Exotischen darstellte, die Baudelaire in seinen Gedichten einfing. Doch aus uns noch unbekannten Gründen bat Baudelaire seinen Freund Courbet, die Figur der Jeanne Duval aus dem Bild zu nehmen. Vielleicht mochte sie die Art nicht, wie Courbet sie gemalt hatte. Oder er fürchtete die Eifersucht von Sabatier, die nach Baudelaires Zurückweisung seine Geliebte immer ironisch mit »sein Ideal« bezeichnete.

In dieser Bezeichnung spiegelt sich eine unausgesprochene Voreingenommenheit. Jeanne, auf Santo Domingo geboren und von recht dunkler Hautfarbe, musste sich mehr als einmal beleidigende Bemerkungen über ihre »Rasse« anhören. Sogar

Baudelaire, der sie leidenschaftlich liebte, war nicht ganz frei von diesem Vorurteil, das seine Kultur durchzog. In seinem Fall aber lagen die Dinge nicht ganz so einfach. In seinen Briefen spüren wir den Kampf zwischen der Haltung, die seine Kultur ihm vermittelt hatte, und der Anziehungskraft, die Jeanne für ihn hatte. Obwohl viele Künstler, darunter Théodore de Banville und Nadar (der anfangs ihr Liebhaber war), sie als sehr schön beschrieben, können wir annehmen, dass es auch ihre Sicht der Welt war, die Baudelaire so beeindruckte.

Wie Randy Cooper schreibt, lassen sich Anklänge an die religiösen Vorstellungen Afrikas, vor allem an den Voodooglauben, in allen Gedichten finden, die Baudelaire seiner Herzdame widmete. Ist es ein Zufall, dass Baudelaire in *La Chevelure* (Das Haar) uns sagt, dass »Afrika brennt«, und im selben Atemzug Jeannes Haar als blau, der Farbe der Voodoogöttin Ezili, beschreibt? Und in *Sed non satiata* stellt er den Einfluss der »Gottheit« als ambivalent dar.

> Absonderliche Gottheit, braun wie die Nächte,
> nach Moschus duftend und Havanna-Tabak,
> Werk eines Magiers, eines Faust der Savanne,
> Hexe mit ebenholzschwarzer Flanke,
> Kinder der finstren Mitternächte.

Und seine Ambivalenz wächst noch. So bezeichnet er Jeanne einmal als »gnadenlosen Dämon«. Und doch fühlt er sich beständig von dieser Welt angezogen, die sie im Blut trägt. Noch deutlicher wird die Natur dieser Anziehung, wenn er sie in *Sed non satiata* anspricht: »Köstlicher als Opium ... ist mir das Elixier deines Mundes, wo sich die Liebe brüstet«, einem Vers, in dem das Bild der Voodoopriesterin noch deutlicher wird.

Vielleicht kann uns hier die Schriftstellerin Zora Neale Hurston weiterhelfen, die ein Voodooritual beschreibt. Wie Hurston berichtet, stellen bei einer Voodoomesse die Gläubigen der Priesterin die Frage: »Was ist die Wahrheit?« Als Antwort zieht die Priesterin den schwarzen Schleier von ihrem

Körper, den sie in seiner Nacktheit enthüllt. Im Weltbild des Voodooglaubens ist dieser Körper die Quelle allen Lebens und damit die Antwort auf alle Mysterien.

Doch ob sich in Baudelaires Werk nun wirklich das Voodoowissen Jeanne Duvals enthüllt oder nicht, in jedem Fall lässt Baudelaire keinen Zweifel daran, dass die Weltsicht seiner Geliebten seine eigene bereichert hat. Sie schenkt ihm eine Existenzerfahrung, die – auch wenn sie sich fremd anfühlen mag – immer schon sein gewesen war. »Du gibst mir den Himmel zurück, gewaltig und rund«, schreibt er in *Das Haar*. So erlebte er also, obwohl sie ihn mit Angst erfüllte, durch ihre Augen, wie die Welt ihm jeden Tag in neuer Schönheit wieder geboren wurde.

Ihr Porträt

Wenn er etwas zeichnen oder malen wollte und vor sich einen wirklichen Mann bzw. eine wirkliche Frau hatte, wurde der Sinn seiner Augen so angeregt, dass sein Geist in das eindrang, was er darzustellen wünschte, und er nichts anderes mehr sah oder hörte.

Persio,
der Tizian bei der Arbeit beschreibt

Mir scheint, dass Gott in Tizians Werk das paradiesische Idealbild unserer Körper gelegt hat.

Tullia d'Aragona
Dialog über die Unendlichkeit der Liebe

Welche Frau für das Gemälde Modell stand, ist uns leider nicht bekannt. Weil sie einen Strauß Blumen in der Hand hält, wurde sie etwa ein Jahrhundert nach Fertigstellung des Bildes mit der Göttin Flora identifiziert.

Flora, die Göttin der Blumen, war selbst Kurtisane, bevor sie zur Göttin erhoben wurde. Doch dass die Dame auf dem Bild eine Kurtisane sein muss, wird noch an anderen Details deutlich. Im 16. Jahrhundert war es Mode, Kurtisanen so darzustellen wie die Schöne auf dem Bild: Es zeigt nur den Oberkörper und den Kopf, von vorn, wobei das Haar offen über eine Schulter fällt. Jedes dieser Merkmale funktionierte als Zeichen. Eine respektable Frau jener Zeit hätte sich nie mit offenem Haar in der Öffentlichkeit gezeigt. Und schon gar nicht hätte sie sich so darstellen lassen wie diese Dame: nur halb bekleidet, im langen, weißen Unterkleid, das man *camicia* nannte, ein Vorläufer des Mieders. Und auch dieses Kleid mit seinen Falten, in denen das Licht sich fängt, wird von einer Hand heruntergezogen, die noch das prächtige Kleid hält, das das Modell nicht mehr trägt.

Das Gemälde ist berühmt für seine Kontraste. So steht die schimmernde, bestickte Oberfläche des Kleides in direktem Gegensatz zur blanken Haut ihrer Brust, was beide intensiver hervortreten lässt. Man glaubt fast, die Hand über den Stoff und die Haut gleiten lassen zu können. Und doch ist das Ganze sehr subtil angelegt. Die Brust wird nicht völlig enthüllt. Ist das der Schatten ihrer Hand, was wir dort über dem leuchtenden Stoff sehen, oder lugt hier die Brustwarze hervor? Da wir dies nicht mit absoluter Sicherheit entscheiden können, schwebt ein Moment der Zweideutigkeit über dem Bild, ein anziehend sinnliches Geheimnis. Eine Ambivalenz, in der sich die Atmosphäre widerspiegelt, die Teil der Verführungspraxis der Kurtisanen war. Genau dieselbe Zweideutigkeit prägt auch ihren Gesichtsausdruck. Ihre Augen weichen dem Blick des Malers aus, was sie fast bescheiden erscheinen lässt.

Obwohl Tizian für seine Kunst berühmt war, ist man versucht anzunehmen, dass er diesen Blick nicht selbst geschaffen, sondern an irgendjemandem beobachtet hat. An seinem Modell vermutlich. Eine bestimmte Offenheit, die sich in der vielgestaltigen Präsenz des Ausdrucks widerspiegelt. Es ist die Authentizität der Porträtierten, die das Bild so anrührend macht. Sie hält sich zurück, versucht aber nicht, dies zu verbergen. Sie lässt sich betrachten, wie sie ist. In diesem Sinn ist ihr Unterkleid als Symbol zu sehen. Anders als die weniger Talentierten, die von der Vorspiegelung falscher Tatsachen leben, lässt sie ihre wahren Gefühle in ihre Profession einfließen. So schafft sie die intimen Momente, für die sie so berühmt ist. Und trotzdem kommt auch sie nicht ganz ohne Kunstgriff aus wie der Maler selbst. Ihre Kunst ist eben die Intimität. Und wie der Maler so versteht auch sie es, aus Elementen der Realität eine bewegende Komposition zu schaffen.

Kein Wunder also, dass Tizian sie gemalt hat. Sie sind verwandte Seelen, leben gemeinsam im Raum zwischen Kunst und Leben, in dem winzigen Details und flüchtigen Blicken eine so enorme Bedeutung zukommt. Ist es wirklich nur der Hauch von Schminke, der ihn inspiriert, während er sie malt? Die Unmengen feinsten Stoffes, mit denen sie sich kunstvoll bedeckt? Die prächtigen Farben? Oder ist da noch etwas anderes? Vielleicht ihre Vieldeutigkeit. Da ist zum einen ihre Zurückhaltung, mit der sie entschieden den Blick abwendet. Andererseits nimmt ihre starke Gegenwart, der Schimmer ihres Haares, ihres Körpers, den sie nicht verhüllt, sondern in ruhig-sinnlicher Weise wirken lässt, die gesamte Leinwand ein.

Ihre Schönheit ließ Tizian seine künstlerischen Grenzen überschreiten. Um dem gerecht zu werden, was ihn an ihr so faszinierte, musste er über sich hinauswachsen. Wie Bellini vor ihm, der sich der Ölmalerei zuwandte, um die Kurtisanen, die er porträtieren wollte, adäquat darstellen zu können, so nutzt auch Tizian die Qualität der Ölfarbe und setzt eine Farbe in die andere, noch bevor die erste getrocknet ist. In diesen Schichten ist alles verborgen: das Verschmelzen der Gegensätze, das Gefühl, hinter der Oberfläche müsse noch etwas sein, ein Wissen, das nicht gerade verborgen, aber zumindest sorgfältig gehütet wird.

Man ist versucht zu glauben, dass auch Pietro Aretino in seiner Darstellung auf diese Vieldeutigkeit abzielte, als er über seine Kurtisane Nanna, die für einen Moment am Fenster erschien, schrieb, dass sie einerseits die Unschuld einer Nonne ausstrahlte, andererseits auf den Platz hinuntersah mit der Sicherheit einer verheirateten Frau, die eine Prostituierte spielt. Aber neben Tizians Gemälde scheint Aretinos Beschreibung seltsam dürftig. Da Aretino nur über die Kunstgriffe der Kurtisanen schreibt, bleibt auch er dem Künstlichen verhaftet.

Tizian hingegen schenkt uns wirkliche Einblicke. Die Unschuld, die er darstellt, scheint real. Seine Kurtisane wirkt sehr jung, höchstens 19, vielleicht noch jünger. Da Frauen im Venedig jener Zeit im Alter von 14 Jahren heirateten, hätte das Alter, in dem Aretinos Nanna ihre Karriere begann, wohl kaum Aufsehen erregt. Sein Blick auf sie beruht auf einem alten Klischee, das davon ausgeht, dass Frauen, die keine Jungfrau mehr sind, ihre Unschuld verloren haben. Doch die meisten Frauen wissen, dass Unschuld nicht unbedingt etwas mit sexueller Jungfräulichkeit zu tun haben muss. War Tizian dies klar? Oder lag seine andere Sichtweise nur darin begründet, dass er mochte, was er vor sich sah, und es daher so getreu wie möglich darstellen wollte? Denn dieses Bild berührt uns, ob wir es wollen oder nicht.

Natürlich stellt auch er das Raffinement der Kurtisane dar, und da er dazu keinerlei moralischen Kommentar abgibt, kann es ungebrochen auf uns einwirken. Er zeigt uns eine gewisse manierierte Offenheit, welche untrennbar mit der Schönheit verbunden ist, die aus seinen Pinselstrichen entsteht, aus seinen Farben, seinem Licht, das hier verwirrend, dort düster, da fröhlich, hier glanzvoll wirkt. Dieses Licht, das sich so intensiv mit der Leinwand verbindet wie mit unseren Augen. Wir und das Modell werden in diesem Licht eins. Wir sind verloren, wo sie es ist, wir triumphieren, wo sie triumphiert. Ihr Glanz erschüttert uns, begehrlich, berechnend und zurückhaltend, unschuldig und auf weltliche Art weise.

Wenn wir dieses Bild betrachten, blicken wir in eine andere Zeit und an einen anderen Ort. Wir hören fast, wie die Wellen in den Kanälen Venedigs an den Mauern der *palazzi* lecken, hören das herabfallende Haar, das Rascheln der *camicia*, und Flora steigt strahlend aus ihrem Rahmen.

Aus einem Grund, den wir nicht recht verstehen, gelang es vielen Malern, den Geist ihrer Zeit zu erfassen, indem sie eine Kurtisane darstellten. Natürlich gibt es noch zahllose andere Gründe, weshalb so viele Maler diese Frauen porträtierten. Einige waren ganz praktischer Natur. Welche andere Frau konnte sich in solcher Offenheit darstellen lassen? Darüber hinaus beschwor das Bild der Kurtisane eine erotische Kraft herauf, die viele soziale und künstlerische Bewegungen in Gang brachte. Dass eine *cortigiana* nicht nur Regeln verletzte, sondern das Symbol der Grenzüberschreitung selbst ist, verstärkte diese Wirkung nur noch.

Doch die Gemälde selbst, vor allem jenes, das den Titel *Flora* trägt, sprechen von anderen Gründen zu uns. Denken wir doch nur an das Begehren, das sich hinter dem Wunsch, mit einer Kurtisane zu schlafen, häufig verbirgt. Flora bietet dem Betrachter mit einer Hand Blumen dar, mit der anderen zieht sie ihr Hemd herunter, wobei sie fast eine Brustwarze enthüllt. Doch in ihren Augen steht eine andere Geschichte geschrieben. Und deren Botschaft ist eindeutig. Jeder, der eine Nacht mit ihr verbringen will, oder vielleicht sogar mehrere, bekommt, was er sich wünscht. Doch auch wenn er allen Erfolg der Welt auf sich vereint, wenn er reich ist, ein Doge zum Beispiel, der erst kürzlich einen großen Palast am Canal Grande errichten ließ, so gibt es in ihr doch immer etwas, das sich entzieht. Denn alle Anstrengungen, die er unternimmt, um das zu erlangen, was für immer unerreichbar ist, enthüllen doch nur die Schichten seiner eigenen Persönlichkeit. Und zwar so lange, bis er begriffen hat, was der Maler längst wusste: Was wir so anziehend finden, ist, dass wir mit dem kurzen Blick, den wir auf eine Größe werfen, die wir nicht besitzen können, für den Bruchteil eines Augenblicks durch die Schichten der Erscheinungen hindurchsehen und erkennen, dass das, was wir für uns selbst gehalten haben, sich ständig neu erschafft, in einer Mischung aus Kunstfertigkeit und Unschuld, aus dem, was bereits existiert, und dem, was unsere Fantasie uns lehrt.

Das Angebot

Die zweite Station der Verführung

Jean Lorrain lässt uns an dem Bild teilhaben, das sich Lianes Besuchern bot: »Größer, schlanker, edler denn je zuvor, mit transparentem Teint und bläulichen Ringen um ihre großen Rehaugen«. Liane de Pougy streckte ihren gertenschlanken Körper auf einer Chaiselongue aus weißem Satin aus, für die sie zu Recht berühmt war. Ihr prächtiges Gewand floss gleichsam den schimmernden Satin hinunter und ergoss sich über die Pelzgarnituren am Rand des Sofas. Die Ärmel ihres Kleides waren aus weich fließendem, weißem Brokat und öffneten sich weit. Sowohl der Stoff wie auch das Futter waren mit Lilien bedruckt. Was zu ihr passte, denn sie musste selbst wie eine duftende Blüte gewirkt haben mit ihrem langen Hals, der sechs Reihen Perlen trug und sich nach vorn neigte, wenn sie ihre Gäste begrüßte.

Liane de Pougy hatte ausgesprochenes Talent für visuelle Effekte. Ob wir nun in die Haut von Heinrich Meilhac schlüpfen, der für Offenbachs Operetten die Libretti schrieb und Liane achtzig Millionen Franc bezahlte, nur um ihren nackten Körper betrachten zu dürfen, oder in die der amerikanischen Erbin Natalie Clifford Barney, die eine Zeit lang Lianes Ge-

Liane de Pougy

101

liebte war, die Umgebung, die Liane für sich selbst schuf, hätte uns wohl in beiden Fällen begeistert.

Die Farbe Weiß kann eine kalte, fast klinische Atmosphäre schaffen, aber sie kann auch Fantasien ganz anderer Art hervorrufen. Da erscheinen Welten vor unserem geistigen Auge, in denen engelsgleiche Wesen ihre Arme (oder sind es nicht vielmehr Flügel?) erheben, um in Glanz und Gloria an uns vorbeizurauschen. Unser Traum wird beinahe real, als wir mit Eiskristallen bedeckte Erdbeeren in unserem Mund zergehen lassen. Und liegt es wirklich nur daran, dass wir Tränen der Freude vergießen wie Kinder, dass alles um uns herum zu schimmern scheint? Dann beugt Liane sich vor, und wir kehren in die Realität zurück. Sie legt uns ihre mit weißen Spitzen behandschuhte Hand auf den Arm, mit einer Berührung so leicht, dass wir sogar mitten in einem Schneesturm dahingeschmolzen wären. Und als sie zu sprechen beginnt, scheint ihre Zunge sich zu bewegen wie die Stempelgefäße der tausend Lilien auf ihrem Körper, die plötzlich in unserem Mund flimmern.

Keckheit

Warum sie unverschämt sein mussten

Die Schöne Otero

Keckheit ist ein Cocktail aus Tollkühnheit und Frechheit, doch ohne deren schädliche Nebenwirkungen. Tollkühnheit nämlich lässt immer auch ein wenig von der Angst ahnen, die dahinter steckt, Frechheit hingegen wächst häufig auf dem Boden von Bitterkeit und Gefühlen der Benachteiligung. Keckheit hingegen hat etwas Munteres, Lebendiges, das – auch wenn es schockiert – die Atmosphäre mit einem schäumenden Prickeln erfüllt.

Obwohl diese Gabe der Keckheit nicht allen Kurtisanen in gleichem Maße in die Wiege gelegt war, ein bisschen davon hatte jede mitbekommen. Einer Frau aus gutem Hause, die auf Grund eines Skandals keine Aussichten mehr auf eine standesgemäße Ehe hatte, folgte eine Woge ständigen Getuschels, gegen das anzukämpfen ein stolz erhobenes Haupt allein nicht mehr ausreichte. Vielmehr musste sie der Situation mit einer gewissen Grandezza begegnen, die alle Lästermäuler verstummen ließ. Für Frauen, die zum Ausgleich ihres skandalösen Betragens noch nicht einmal eine noble Abstammung vorweisen konnten, war diese Gabe vermutlich noch weit wichtiger. Denn sie mussten sich ja nicht nur gegen hinter vorgehaltener Hand gewisperte Vorwürfe zur Wehr setzen, war doch ihre reine Existenz bereits ein Angriff auf die bestehende gesellschaftliche Ordnung.

Doch so stark diese Verfemung seitens der Gesellschaft auch war, so half sie den Kurtisanen doch wenigstens, eben jene Keckheit auszubilden, die sie brauchten, um in dieser Situation zu überleben. Ob es nun Verzweiflung war oder Einsamkeit, die mit der gesellschaftliche Ausgrenzung einherging – die erzwungene Isolation schien auch Fragen aufzuwerfen, vor allem die Frage, weshalb für Frauen strengere sexuelle Regeln gelten sollten als für Männer. Und was noch wichtiger ist: War diese Ausgrenzung einmal vollzogen, wurde ironischerweise unnötig, was die Gesellschaft vorher so unnachsichtig gefordert hatte: das Befolgen der gesellschaftlichen Regeln, um sich einen makellosen Ruf zu bewahren.

Die harten Bedingungen, unter denen Frauen aus der Unterschicht aufwuchsen, schärften ohnehin ihren Blick für die wahren Zusammenhänge. So erkannte Marion Delorme, eine berühmte Kurtisane, bereits hundert Jahre vor der Französischen Revolution, was sich hinter dem Getue um Rang und Titel verbarg: »Ohne seine Kopfbedeckung und seine scharlachrote Robe«, so meinte sie, »ist auch ein Kardinal nur ein sehr kleiner Mann.« Dabei sprach sie von Richelieu, dem Mann, der als graue Eminenz jahrzehntelang Frankreich regierte. Doch sie, die mit ihm intim gewesen war, sah die Dimension seiner Macht nun mal aus einer völlig anderen Perspektive.

Außerdem haben Titel für eine Frau, die ohnehin außerhalb der gesellschaftlichen Normen lebt, wenig Bedeutung, da diese Normen ihr vermutlich als reine Farce erschienen. Eine Kurtisane, die aus der Unterschicht stammte, musste sich den Verhaltenskodex der Oberschicht, den aristokratische Kinder gleichsam mit der Muttermilch einsaugen, mühsam antrainieren. So erkannte sie klarer als andere, wie viel von dem, was als »vornehm« galt, nichts weiter als Show war. Eine Show, in der die Kurtisanen häufig sogar jene übertrafen, deren Geburtsrecht diese Art von Theater war. Als man der Schauspielerin Edwige Feuillère vorwarf, dass sie die Marguerite in der *Kameliendame* als große Dame angelegt habe, antwortete sie: »Die Kurtisanen Frankreichs waren die einzigen *grandes dames*, die dieses Land hervorgebracht hat.« Und als Kaiserin Eugénie von Frankreich Schwierigkeiten mit dem Hofknicks hatte, nahm sie Unterricht bei der berühmten Schauspielerin Rachel, die wie so viele Frauen ihres Berufsstandes auch eine große Kurtisane war. Sie brachte ihr bei, wie man knickste, ohne den Blick von den vor ihr Stehenden abzuwenden.

Eines aber vermochte Eugénie nicht zu lernen. Denn die täglichen Auftritte der Kurtisanen besaßen Witz und Humor, hatten sie doch erkannt, dass wir alle letztlich nur Schauspieler auf einer Bühne sind, die in ihrer Rolle möglichst gut herauskommen möchten. Und trotzdem hatten die Kurtisanen den Mut, täglich von neuem den Vorhang zu dieser Show aufzuziehen. Angesichts dieser Kraft kann es wohl kaum verwundern, dass sie als unwiderstehlich galten.

Wellington kapituliert oder Den Eroberer erobern

Wenn Menschen mit mir über das Wetter sprechen,
habe ich immer das Gefühl,
sie meinen eigentlich etwas ganz anderes.

Oscar Wilde

Stellen Sie sich vor, wie die Kurtisane Harriet Wilson sich gefühlt haben muss, als sie Anfang des 19. Jahrhunderts ihren ersten Auftritt in der großen Gesellschaft vor sich hatte. Sie war die Tochter eines Schweizer Uhrmachers aus dem Londoner Stadtteil Mayfair, was bedeutete, dass sie zwar durchaus aus einer respektablen Familie stammte. Trotzdem waren Mädchen wie sie in den Kreisen, in denen sie gerade zu verkehren begonnen hatte, nicht eben willkommen. Doch auch wenn ihr klammheimlich eine Gänsehaut über den Rücken lief, so hätte davon doch mit Sicherheit kein Mensch etwas bemerkt. Ihre Keckheit, von der sie eine gute Portion besaß, half ihr, die Situation mit Bravour zu meistern. Sie wärmte sie wie ein anheimelndes Feuer in einer kalten Nacht.

In wenigen Jahren wurde Harriet Wilson die bekannteste Frau der Londoner Schickeria zur Zeit des Regency. Ihren Erfolg verdankte sie sicher nicht ihrer Schönheit, die uns als nicht überwältigend beschrieben wird. Nein, einzig ihr Mundwerk war es und ihr Mut, der mit der Zeit immer größer geworden war, was sie so attraktiv machte. Mit den Worten Sir Walter Scotts ausgedrückt: Sie hatte »Manieren wie ein Lausebengel!« Als sie den Herzog von Wellington kennen lernte, war sie gerade auf dem Gipfelpunkt ihrer Macht. Ebenso wie er. Seit er Napoleon bei Waterloo geschlagen hatte, lag ganz England ihm zu Füßen.

Wilson aber hielt Wellington nicht für eine passende Partie, wie sie in ihren Memoiren schreibt. Sie spürte sofort, dass ihr Gegenüber im Grunde schwach war. Wellington hatte Mrs. Porter, einer stadtbekannten Kupplerin, hundert Guineen bezahlt, damit sie ihn bei Harriet einführte. Für ein kurzes Treffen hatte er Harriet denselben Betrag versprochen. Er war sehr pünktlich, verbeugte sich und dankte ihr dafür, dass sie ihn empfing. Doch als er nach ihrer Hand griff, zog sie sie zurück und schalt ihn:»Nun, dafür dass Sie so berühmt sind, haben Sie recht wenig zu erzählen.«

Der Herzog selbst war auf umständliche Weise höflich. Nicht einmal für kurze Zeit konnte er sich aus dem Korsett gesellschaftlicher Zwänge befreien, daher bewegte er sich wie viele Soldaten auf dem gesellschaftlichen Parkett einfach ungeschickt. Doch als er Harriet kennen lernte, musste er besonders nervös gewesen sein, denn nachdem er vor sich hingestammelt hatte, wie wunderschön sie sei, fragte er nach ihrem aktuellen Liebhaber, mit dem er befreundet war:»Wo ist Lorne?«

Diese völlig unpassende Frage ließ Harriet, ihren eigenen Worten zufolge, die Geduld verlieren »angesichts einer so unendlichen Dummheit«. Also fragte sie ihn direkt:»Lieber Himmel, Herzog, was wollen Sie eigentlich hier?«

Woraufhin der Herzog, immer noch um Worte verlegen, in einen Ausruf ausbrach:»Was für schöne Augen!«

Das Kompliment besänftigte Harriet nicht im Geringsten.

»Nun, mein Guter«, antwortete sie ihm. »Diese Augen haben schon mehr Siege errungen, als sogar ein Wellington vermag!« Und dann fügte sie in einer Aufwallung von Ungeduld aufsässig hinzu: »Aber ich dachte eigentlich, Sie seien hierher gekommen, um sich irgendwie bei mir einzuschmeicheln. Bisher ist Ihnen das gründlich misslungen.«

An diesem Punkt verlor der Herzog die Geduld und antwortete: »Mein liebes Kind, glauben Sie denn wirklich, ich hätte nichts Besseres zu tun, als herumzulaufen und Damen Komplimente zu machen?« Doch auch wenn der Herzog scheinbar Besseres zu tun hatte, er bewegte sich jedenfalls nicht von der Stelle und wurde – beleidigt oder nicht – einer von Harriets Liebhabern. Ihre Affäre dauerte lange Jahre, während derer er Harriets Schulden bezahlte und großzügig zu ihrem Unterhalt beitrug. Vielleicht fühlte er sich von der Art, mit der sie ihn – scheinbar ohne es zu wollen – ständig vor den Kopf stieß, zutiefst angezogen. Denn offensichtlich behielt sie diese Gewohnheit bei, wie ein späteres Gespräch zwischen den beiden zeigt. Der Herzog, ganz offensichtlich bemüht, ein romantisches Kompliment zu machen, meinte zu Harriet: »Gestern habe ich an dich gedacht, als ich im Bett lag.« Und Harriet antwortete, ohne mit der Wimper zu zucken: »Wirklich sehr höflich der Herzogin gegenüber!«

Auf den ersten Blick wirkt das Verhältnis der beiden merkwürdig. Wirft man aber einen Blick auf den Kupferstich, der in Harriets später erschienenen Memoiren ihre erste Begegnung illustrieren sollte, so werden einige Dinge klarer. Dort steht der große Soldat mit dem Hut in der Hand vor ihr. Er verbeugt sich nicht richtig, sondern lässt einfach nur Kopf und Oberkörper hängen, als habe er endlich seinen Meister gefunden. Zu seiner Rechtfertigung muss gesagt werden, dass er nicht gerade gut aussah. Wilson schreibt, dass er in ihren Augen wirkte wie eine alte Ratte und dass er trotz seiner Erfolge, für die sie ihn – wie alle anderen – bewunderte, eigentlich ziemlich langweilig war. Er war einfach kein Mann für Frauen, was ihn unsicher machte, sobald er mit ihnen zu tun hatte, auch in seiner Rolle als zahlender Verehrer. Und der Künstler hat noch etwas anderes im Bild festgehalten, etwas, das über bloße Schüchternheit hinausgeht. Auf dem Stich lässt Wellington die Arme seitlich herabhängen wie tote Gewichte. Offenkundig fühlte er sich vollkommen besiegt.

Harriet dagegen, die in einem hohen Lehnstuhl saß, legte eine völlig andere Haltung an den Tag. Einer ihrer Arme liegt in ihrem Schoß, den anderen lässt sie lässig über die Stuhllehne hängen, wie Jugendliche es heute manchmal tun. Ihre Wangen sind gerötet, ihre Brüste scheinen den Raum zu füllen, weniger ihrer Größe als ihrer vibrierenden Erotik wegen. Einen Fuss leicht vorgestreckt sitzt sie aufmerksam da. Zwar hat sie den Kopf zur Seite gelegt, doch bei ihr ist dies keineswegs eine Geste der Demut wie bei so vielen anderen Frauen. Vielmehr wirkt sogar dieses kleine Detail herausfordernd. Anders als der Herzog strahlt sie Lebendigkeit und Vitalität aus.

Die Gründe für diese bedingungslose Kapitulation Wellingtons können wir uns nur auszumalen versuchen. Vielleicht war er müde von all den Schlachten, die er geschlagen hatte. Und vielleicht hatte das Leben außerhalb der Schlachtfelder, auf denen Sieg und Gefahr so deutlich zu erkennen waren, für ihn seinen Sinn verloren. Die Probleme des täglichen Lebens verwirrten ihn. Dieses Terrain ist ihm unbekannt, daher hält er sich sklavisch an die Regeln, erlaubt sich nicht eine Überschreitung. Und da er ständig von Bewunderern umgeben ist, von Speichelleckern, die ihm nach dem Mund reden und niemals eine gegenteilige Meinung äußern, langweilt er sich wahrscheinlich auch.

Kein Wunder also, dass die junge Frau, die ihm in diesem Salon gegenübersitzt, ihn vollkommen gefangen nimmt. Sie hält sich nicht lange mit belanglosen Worten auf. Schlagfertig wischt sie die stickige Atmosphäre, die er bei seinem Eintreten mitgebracht hat, zur Seite, macht sich über seine hölzernen Manieren lustig und spricht aus, was sich zwischen ihnen abspielt. Sogar seinen geheimsten Sehnsüchten verleiht sie Worte. Schlagartig erkennt er, dass sie nicht darauf aus ist, ihn einzulullen, wie die anderen es tun. Wenn ihre Worte auch amüsant sind, nach dem Mund reden wird sie ihm nicht. Ganz im Gegenteil: Hier geht es um Angriff. Und diese Welt kennt er. Seine Lebensgeister kehren zurück, als er es wagt, in diese Schlacht zu ziehen.

Wir sollten hier nicht vergessen, dass Keckheit, wenn sie ihr Ziel erreichen will, von einer gewissen Bildung und Intelligenz begleitet sein muss. Es ist keineswegs so, dass Harriet keine Manieren kennt. Vielmehr weiß sie sehr genau Bescheid darüber, welche Funktion solch ein gesellschaftliches Regelwerk hat. Sie legt ihrerseits großen Wert darauf, höflich behandelt zu werden. (So schickte sie einmal einen Prinzen fort, weil er in ihrer Gegenwart nicht den Hut abgenommen hatte.)

Harriet war also keineswegs schlecht erzogen. Vielmehr enthüllte sie den wahren Wert höfischen Gebarens. In der Welt, in die der Herzog geboren worden war, versteckte die rohe Macht sich hinter Pomp, Tradition und Titeln, was dazu führte, dass sämtliche öffentlichen Ereignisse und Zusammenkünfte einen seltsam hohlen Charakter annahmen, weil jegliche Echtheit darin fehlte. Harriet aber konnte mit diesem Hüllendasein nichts anfangen. Dabei ging es nicht nur darum, dass sie auf skandalöse Weise Einblicke in ihr Dekolleté gewährte oder die sprichwörtliche Nacktheit unter des Kaisers neuen Kleidern wahrnahm. Vielmehr schien das ganze Empire mit all seinen eleganten Schönfärbereien und seinen weniger eleganten Geheimnissen vor ihr die Hosen herunterzulassen.

Vielleicht fühlte sich deshalb nicht nur Wellington von ihr angezogen. Fast alle großen Männer ihres Zeitalters lagen ihr zu Füßen: der Marquis von Lorne, Titelerbe des Herzogs von Argyll, der Marquis von Worcester, künftiger Herzog Beaufort, Lord Frederick Bentinck, Sohn des Herzogs von Portland, der Duke von Leinster, Lord Craven, Lord Alvanley und der Unterhaus-Abgeordnete Henry Brougham. Der Dichter Lord Byron ist ein guter Freund von ihr. Zusammen mit den mächtigsten und interessantesten Mitgliedern der Londoner Gesellschaft wird sie zu jedem schicken Fest in London eingeladen.

Natürlich war ein Gast wie sie ein Risiko für jede Festlichkeit. Denn höfliches Schweigen kann zwar sehr fade sein, doch eine echte Kurtisane erinnert sämtliche Anwesenden immer an das, was letztlich »unaussprechlich« ist. Lust und Begehren, Verlust und Niederlage oder unermesslicher Reichtum, alles, was man gemeinhin so eifrig verbirgt, liegt einer Frau wie Harriet Wilson unbekümmert auf der Zunge. Sie ist wie ein Flaschenteufel, von dem man nie weiß, was er ausspucken wird. Ein fliegender Fisch, der plötzlich aus dem Meer schnellt, ein Feuerwerkskörper, der seinen Funkenregen erst enthüllt, wenn er gezündet wurde. Niemand kann je sagen, was jemand wie Harriet in der nächsten Sekunde sagen oder tun wird. Eines aber ist sicher: Langweilig wird es niemals.

Ein Meisterstück der Unverfrorenheit

Haltet die Klappe, jetzt komme ich!

Die Sängerin *Fréhel*
zu ihrem Pariser Publikum

Damit sind unsere Ausführungen über die Kurtisanentugend der Keckheit noch nicht erschöpft. Denn der Mut, der sich in ihr ausdrückt, gehorcht vor allem einem Gesetz: der Wahrheit, die Kurtisanen nur zu gern sagen. Ein gutes Beispiel dafür ist das kurze Gespräch, das sich zwischen der Kurtisane Esther Guimond und einem Offizier entspann, der ihren Pass kontrollierte, als sie auf der Durchreise in Neapel war.

»Was sind Sie denn von Beruf?«, fragte der Diensthabende sie.

»Eine finanziell unabhängige Frau«, antwortete Esther diskret.

Als sie sah, dass der Offizier sie verwirrt ansah, weil er nicht verstand, was sie damit andeuten wollte, rief sie ungeduldig aus: »Mein Gott, Kurtisane natürlich! Schreib dir das hinter die Ohren.«

Und weil sie noch lange nicht fertig war mit diesem Flegel, der da vor ihr stand, fügte sie noch keck hinzu: »Und erzähl's auch dem englischen Herrn da drüben!«

Wir wissen nicht, woher sie ihre Schlagfertigkeit nahm, weil über ihre Herkunft wenig bekannt ist. Doch sobald das Wort »Kurtisane« gefallen war, schien der Damm gebrochen. Alle weiteren riss sie geradezu lustvoll nieder. So wurde sie zur Mitkämpferin einer allgemeinen Erhebung gegen moralische Reglementierung in der Sprache, die etwa zur selben Zeit Rimbaud in seinem Gedicht *Chant de Guerre Parisien* zum Ausruf veranlasste: »O schöner Mai! Welch traumhafte, kaum verhüllte Ärsche!«

Wie bei Rimbaud speiste sich auch Guimonds Rebellion nicht nur aus Aufsässigkeit, sondern ebenso aus Talent. Die Schärfe ihrer Zunge war offenkundig so bemerkenswert, dass sie sogar in Paris dafür Berühmtheit erlangte, einer Stadt, die für ihren Witz bekannt ist. Lange Jahre war Guimond mit dem Journalisten Émile de Girardin liiert und trug nicht wenig zu dessen Werk bei. Und als nach den Aufständen von 1848 Girardin wegen Hochverrats hingerichtet werden sollte, rettete sie mit ihrer Redegewandtheit gar sein Leben. Sie traf sich mit Cavaignac, dem Beamten, der Girardins Fall untersuchte und mit dem sie befreundet war, und sprach mit ihm über die Anklage wegen Verschwörung. »Verschwörung?!«, rief sie aus. »Was für ein Unsinn! Er ist zu einer Verschwörung gar nicht fähig, weil nie jemand seiner Meinung ist.«

Doch ihr Talent, Illusionen zu zerstören, hatte auch eine weniger angenehme Seite. Guimond war auf geradezu zynische Weise praktisch. So schuf sie sich zu Anfang ihrer Karriere ein kleines Vermögen, indem sie andere Kurtisanen mit Briefen erpresste, die sie deren früheren Liebhabern abgeschwatzt hatte. Doch auch in dieser perfiden Haltung bleibt sie sich selbst treu. Sie wollte überleben, und zwar um jeden Preis. Diese Art der Willenskraft erwächst häufig aus einer frühen Erfahrung der Not. Leider wissen wir nur wenig von Esthers Leben, bevor sie eine Kurtisane wurde. Geradeso als habe sie, bevor sie anfing, sich auf den großen Boulevards des eleganten Paris zu bewegen, gar nicht existiert. Gut, wir wissen, dass sie als *grisette* arbeitete. Wie Marie Duplessis schuftete sie zwölf bis sechzehn Stunden täglich in einer Näherei für einen Lohn, der so gering war, dass sie davon nicht leben konnte. Daraufhin angesprochen sagte sie nur trocken: »Die Schneiderei lag mir eben nicht.«

Dass ein solches Leben einen Menschen zerstören kann, muss wohl nicht betont werden. Dieser Prozess kann langsam, quasi unbemerkt vonstatten gehen. Angesichts solcher Lebensbedingungen, die keine oder nur wenig Alternativen zulassen, gaben viele Mädchen sich einfach auf. Ein Leben vor Augen, in dem sie sich bis an ihr Ende zu Tode schuften mussten, mag so manche veranlasst haben, zu kapitulieren und alles, was in ihr lebendig ist, tief in sich zu verschließen. Doch es gibt immer auch Menschen, die versuchen, diesem Schicksal zu entkommen, wie verzweifelt auch die Mittel sein mögen, die sie einsetzen. Denn dieser Wunsch auszubrechen verlangt eine unermüdliche Willenskraft gepaart mit einem glasklaren Vorstellungsvermögen, wie es sich manchmal einstellt angesichts eines Daseins voller Demütigungen, voller täglicher Beleidigungen, deren die Gesellschaft sich selten bewusst ist, weil sie sich ihrer nicht bewusst sein will.

Guimond, die den sozialen Aufstieg geschafft hatte und zu einer der begehrtesten Frauen in Paris wurde, in deren Salon sich Schriftsteller wie der junge Dumas, Nestor Roqueplan und Sainte-Beuve, Ministerpräsident Guizot und Prinz Napoleon, der Neffe des großen Korsen, trafen, trug ihre Vergangenheit sicher nicht auf dem Präsentierteller spazieren – von der Tatsache einmal abgesehen, dass sie Ungerechtigkeiten sofort erkannte und scharfzüngig darauf reagierte. In seinen Memoiren erinnert sich der zeitgenössische Lebemann Arsène Houssaye an eine berühmte Episode, die sich in Longchamps, der Rennbahn vor den Toren von Paris, abgespielt hatte. Dem

Protokoll zuwiderhandelnd hatten ein paar bekannte Playboys einige der großen Kokotten auf die Haupttribüne eingeladen, die normalerweise den Angehörigen der besseren Gesellschaft vorbehalten war. Natürlich fühlten die anwesenden
Matronen sich entsprechend beleidigt. Eine von ihnen, die
Comtesse de Courval, ließ den Zeremonienmeister holen, um
die Halbweltdamen von der Tribüne zu weisen. Doch sie hatte
nicht mit Guimonds Standhaftigkeit gerechnet. Sie sei, so antwortete sie, mit einem Gentleman hier, der auf ihre Anwesenheit Wert lege, und einzig Waffengewalt würde sie dazu bringen, sich den Wünschen dieses Herrn zu widersetzen.

Doch damit ist die Geschichte noch nicht zu Ende. Denn als
die Gesellschaft nach dem Rennen nach Paris zurückkehrte,
bezahlte Guimond dem Kutscher ein Goldstück dafür, dass er
auf der Rückfahrt exakt auf Höhe der Comtesse de Courval
blieb, der Guimond ein zotiges Couplet sang, während sie sie
mit Blumen bewarf. Houssaye nannte dies »ein Meisterstück
der Unverfrorenheit«. Denn bald sang ganz Paris dieses Lied.
»Und so«, erzählte Esther Guimond gewöhnlich, »hatte ich
mein gesellschaftliches Debüt.«

Ein unmoralisches Angebot

Mehr als fünfzig Jahre später, im Jahr 1906, empfing
die schöne Schauspielerin und Lebedame Lanthélme in ihrem Salon in der Rue Fortuny, Misia Sert.
Der Salon war – Ironie des Schicksals – mit dem Geld von
Misias Ehemann Alfred Sert eingerichtet worden. Misia war
als Theaterproduzentin tätig und selbst eine ausgemachte
Persönlichkeit, die Alfreds Geliebte eingehend studiert hatte, bevor sie zu ihr ging. In Kleidern, die sie von der Schauspielerin kopiert hatte, wollte sie vor sie hintreten und ihr
dramatisch entgegenschleudern: »Sie haben das Herz einer

Frau. Geben Sie ihn zurück!« Doch diese so klug ausgedachten Zeilen kamen ihr nie über die Lippen.

Dass sie das Wesen ihrer Rivalin und deren Art, sich zu benehmen, nicht verstand, war nur zu begreiflich. Lanthélme war als Mathilde Fossey zur Welt gekommen, Tochter einer Prostituierten, die im Bordell ihrer Mutter groß geworden war, wo sie mit 14 Jahren zu arbeiten begonnen hatte. Ihr Leben lang hatte Lanthélme eine wilde, stolze Unabhängigkeit zur Schau getragen. Sie lehnte sich gegen die Berufung auf, die das Schicksal ihr zugedacht zu haben schien, und studierte Schauspiel am Konservatorium. Als ihr Talent nach einigen Jahren auch anderen auffiel, bot man ihr ein Engagement an der Comédie Française an, doch sie lehnte ab, weil sie an den Boulevardtheatern von Paris auftreten wollte. Bald wurde sie dort zur Sensation, nicht zuletzt auf Grund der Tatsache, dass alle wussten, dass Lanthélme sowohl Frauen als auch Männer in ihr Bett lud.

Misia musste sich nach ihrem Eintreten erst einmal von Lanthélmes Kammerzofe nach Waffen absuchen lassen und wartete dann eine Weile unter dem von Boldini gemalten Porträt der schönen Schauspielerin im Salon. Als Lanthélme eintrat, war Misia bereits entwaffnet, denn sie überschüttete die Frau ihres Geliebten mit Komplimenten. Nachdem sie kurz über die Neuigkeiten der Theatersaison gesprochen hatten, fragte Lanthélme Misia, ob sie ihr irgendwie helfen könne. Und Misia antwortete, sie sei gekommen, um über ihren Mann zu sprechen.

»Darüber müssen Sie sich überhaupt keine Sorgen machen«, meinte Lanthélme. »Er interessiert mich wirklich nicht besonders.«

Dann aber änderte sie ihre Haltung.

»Meine Liebe, Sie können ihn gern zurückhaben – unter drei Bedingungen: Ich möchte die Perlenkette, die Sie um den Hals tragen, eine Million Franc und Sie.«

Schockiert nahm Misia ihre Kette ab und versprach, dass Lanthélme die Million Franc erhalten würde. Die dritte Bedingung ignorierte sie schweigend und kehrte ins Hotel zurück. Doch bereits einige Minuten später klopfte ein Bote an die Tür und überreichte ihr ein Paket. Sie öffnete es. Es enthielt die Perlenkette und eine Nachricht auf karminrotem Papier: »Ich habe mich entschlossen, auf das Geld und die Kette zu verzichten. Die dritte Bedingung halte ich allerdings aufrecht.«

Ihr Strumpfband

Dessous und Mode sind eins.
Richtig interessant wird dieses Phänomen aber erst,
wenn man sich klarmacht,
dass das Darunter die herkömmlichen Vorstellungen
des Darüber korrigiert.

Marie Simon
Les Dessous

Wenn Kleidung eine Geschichte erzählt, dann verleihen Dessous dieser noch eine tiefere Bedeutungsschicht. Wenn eine Frau ihre äußeren Kleider abwirft, bleibt ihre Wäsche übrig. Doch das, was Brüsten Halt gibt, Hüften und Bauch formt und Beinen ein glattes Outfit verleiht, ist nicht nur das innere »Gerüst« des Ganzen, sondern führt durchaus ein Eigenleben. Da findet sich ein funkelndes Rot oder verführerisches Schwarz unter den gesitteten Tönen der Oberbekleidung und garniert das Verbotene mit Spitzen und Seide. Wenn eine Frau sich auszieht, erscheint ein Hauch von Sinnlichkeit auf ihrer Haut, der nach Schweiß und anderen Ausdünstungen riecht.

Daher zeigt man Unterwäsche gewöhnlich nicht in der Öffentlichkeit. Doch genau das tat die Schöne Otero am Ende des Zweiten Kaiserreiches in Frankreich (etwa 1870). Die Fotografie ist zwar sepiableich, aber trotzdem recht eindeutig. Mit beiden Händen zieht sie den Schlitz des Rockes auf, um ihr Strumpfband für die Kamera zu enthüllen, während sich auf ihrem Gesicht Keckheit und Herausforderung ein Stelldichein geben. Sie lacht schelmisch, das Kinn erhoben, und zeigt den unnachahmlichen Unternehmungsgeist eines Piloten aus den Kindertagen der Fliegerei. Mutig, beeindruckend sorglos und frech dem Schicksal zugewandt, das ihn nach oben tragen wird.

Doch nicht nur dieser Ausdruck unterscheidet sie von den Prostituierten, die ihre Ware feilbieten. Vielleicht noch interessanter ist das Strumpfband selbst. Es besteht aus kostbaren Edelsteinen, die der berühmte Juwelier Boucheron angefertigt hatte, zu dem während der Belle Époque alles kam, was Rang und Namen hatte, von der Kaiserin Eugénie über Königin Isabella II. von Spanien bis zu den Vanderbilts. Otero war das Kind armer Eltern, geboren in einem kleinen Dorf in Spanien. Hätte sie nicht diese unglaubliche Keckheit besessen, hätte sie vermutlich nie einen Fuß in den renommierten Juwelierladen gesetzt. Daher ist dieses Strumpfband doppelt unverschämt: eine funkelnde Herausforderung, in der sich Mut auf prachtvolle Weise mit Erotik mischt.

Das Erwecken des Begehrens

Die dritte Station der Verführung

... als die Jahre vergingen und ihr weder eine gesellschaftliche
Stellung noch Vermögen brachten, fasste sie den festen
Entschluss, sich beides zu erobern.

Comte Horaze de Viel-Castel
Erinnerungen an das Zeitalter Napoleons III.

D ie Frage war nur: Was machte sie für die Männer, von
denen sie schließlich alles erhielt, was sie sich wünschte, so begehrenswert? Vor allem da La Païva zwar Königin von Paris genannt wurde, bei einigen Menschen aber offensichtlich nur Unwillen und Ärger hervorrief. Jules und Edmond Goncourt, die Geschichtsschreiber von Literatur und
Kunst jener Zeit, die die einschlägige Szene genau kannten,
schrieben häufig über sie, doch
meist in fast abfälligem Ton.
Das Haus, das sie an den
Champs-Elysées errichten ließ
und von dem sie gesagt hatte,
es solle das schönste von ganz
Paris werden, war geradezu
lächerlich protzig. Die Feste, die
sie gab, waren von ihrem immensen Stolz überschattet. Dabei, so die Brüder Goncourt,
war sie selbst keine große
Schönheit. Doch auch der Ärger
sagt viel aus, und sei er noch so

La Païva

elegant verpackt und distanziert vorgetragen. In gewisser Weise waren auch die Brüder Goncourt von La Païva erregt.

Als sie eines Abends an ihrer Tafel speisten, so berichten sie, habe Madame sich nicht zurückhalten können und allen erzählt, wie sie zu Ruhm und Reichtum gekommen sei. »Lebensumstände bedeuten überhaupt nichts«, soll La Païva gesagt haben. »Alles ist nur eine Frage des eigenen Willens.« Und dass sie einen starken Willen hatte, ist aus ihrer Lebensgeschichte klar erkennbar. Wie viele ihrer Zeitgenossinnen, die die gesellschaftlichen Schranken durchbrachen, so stieg auch sie vom namenlosen Nichts zum Rang einer Marquise auf. Ihr Vater war vor den Judenpogromen in Polen nach Moskau geflohen, wo die Familie sich niederließ. Als Tochter eines Webers genoss die zukünftige La Païva eine sehr bescheidene Erziehung. Sie trat in die Fußstapfen ihrer Mutter und ehelichte einen Schneider, als sie 17 war. Kurz darauf brachte sie einen Sohn zur Welt. Doch während sie in ihrer engen Souterrainwohnung stundenlang über ihr Nähzeug gebeugt saß, begann sie, sich Fluchtpläne auszumalen. Und eines Tages verließ sie Mann und Sohn und ging fort.

Wir mögen sie für kalt halten, doch die Kraft des Willens, die sich in dieser Geschichte zeigt, ist atemberaubend. Sie hatte ja nicht viele Möglichkeiten. Da sie keine ausreichende Erziehung genossen hatte, konnte sie nicht Gouvernante werden. Und als Arbeiterin würde sie noch weit weniger verdienen als in ihrer Rolle als Schneidersgattin. Einige Pluspunkte aber hatte sie auf ihrer Seite. Im Gegensatz zu dem, was die Brüder Goncourt ihr nachsagen, hatte sie eine gute Figur, das, was man eine »griechische« Nackenlinie nannte, dichtes, rotes Haar und einen intensiven Blick. Außerdem war da noch etwas: ihre unerschöpfliche Energie, eine Kraft, die sie aufrecht hielt, während sie allein, ohne einen Pfennig und ohne den geringsten Schutz in den öffentlichen Tanzsälen darauf wartete, entdeckt zu werden.

Wenn wir uns diese Energie vor Augen halten, verstehen wir vielleicht auch, was Männer an ihr so anzog. Es musste die ungeheure Wärme ihrer Vitalität sein. Wie mögen sich die ersten Tage mit Heinrich Herz, dem wohlhabenden Pianisten und Komponisten, abgespielt haben, der sie schließlich in die Pariser Welt der Kunst einführte? La Païva hatte viele Weltstädte nach dem Mann abgesucht, der ihr diesen Weg ebnen würde. Sie war in Konstantinopel, Berlin und Wien gewesen. Doch sie traf Herz in einem kleinen deutschen Kurort namens Ems. Da er 13 Jahre älter war als sie, können wir annehmen, dass Herz dort Erholung in der frischen Landluft gesucht hat, die ihm seine Lust am Leben wiedergeben sollte.

In solch einer Umgebung musste La Païvas Anwesenheit noch mehr auffallen. Schließlich war sie nicht zur Erholung dort. Sie war kein müder, alter Gaul, den man auf die Weide ließ, damit er dort in Ruhe grasen sollte. Vielmehr glich sie einem Militärpferd im besten Alter, das nur darauf wartete, endlich loszutraben. Sie hatte lange genug in einem dunklen Kellerloch geschuftet. Nun hungerte sie nach Leben, und nichts oder niemand konnte sie aufhalten. Herz konnte dies vermutlich schon an der Art erkennen, wie sie einen Raum durchquerte. Obwohl sie sich mittlerweile den langsamen Gang einer Lady angewöhnt hatte, so war doch durch den Lack der Oberfläche hindurch noch etwas von diesem mörderischen Tempo zu spüren.

Als sie so vor ihm steht, erkennt er all dies in ihren Augen: die gierige Lust auf das Leben, die sie erfasst hat, die unbezähmbare Kraft, ja sogar ihr übersteigertes Selbstwertgefühl, das fast schon ans Neurotische grenzt. Sieht er in diesem Augenblick ihre Zukunft vor sich? Vielleicht ist er ein wenig erschrocken angesichts ihrer Direktheit, als sie ihn bei der Hand nimmt und zu ihrem Bett führt. Aber sein Körper reagiert nicht nur mit Befremden. Als Musiker und Komponist hat er seine eigene Pianofabrikation aufgebaut. Er ist auch ein außergewöhnlich erfolgreicher Unternehmer. Da er meist den Ton angibt, hätte niemand, er selbst wohl am allerwenigsten, vermutet, wie verführerisch der Gedanke an eine kurzzeitige Hingabe in ihm widerhallt. Er lässt sich von der Vorstellung davontragen und spürt, wie er nicht nur vor Schreck erstarrt.

Brillanz

Veronica Franco

Des Menschen Auge erträgt kaum
den Glanz ihrer Stirn.

Aus dem Gedicht eines unbekannten
Autors auf Veronica Franco

Wenn wir den dünnen Schleier der intellektuellen Lesart einmal weglassen, ist »Brillanz« vor allem ein sinnlicher Ausdruck. Ob wir ihn nun auf ein Musikstück anwenden, auf ein wissenschaftliches Theorem, eine witzige Bemerkung oder eine bestimmte Art der Intelligenz, die Bezeichnung »brillant« erweckt in uns immer die Vorstellung von Licht, ein Licht, das nicht nur erhellt, was auf seinem Wege liegt, sondern in sich selbst erregende Schönheit birgt. Stellen wir uns einen Garten vor, in dem die Strahlen der Nachmittagssonne lange Schatten werfen und das Hell-Dunkel ein intensives Licht erzeugt, das Blätter, Blüten und Ranken aussehen lässt, als seien sie in einen Gnadenstrahl getaucht.

Aus dieser Sicht kann man von jeder erfolgreichen Kurtisane sagen, dass sie außergewöhnlich brillant war. Ob sie nun einen Ballsaal betrat oder ihre private Loge in der Oper, sie hatte zu glänzen. Viele Porträts, die uns von Kurtisanen überliefert sind, heben genau diese Qualität hervor. Tizian, Veronese und Giorgione zeigen uns das ebenso wie zwei Jahrhunderte später Boucher und Fragonard und noch später Manet. Alle fangen sie dieses charakteristische Leuchten ein. Auf diesen Bildern schimmert nicht nur das Haar der Kurtisanen, auch ihre Augen und jedes bisschen Fleisch, das enthüllt wird, seien es Brüste, Arme oder Beine (oder gar, wie im Fall von Bouchers Odaliske, das Gesäß), scheint Licht auszustrahlen.

Wo ihr Körper sich nicht nackt darbietet, ist er von leuchtenden Stoffen bedeckt, von glänzender Seide und glühendem Samt, von glitzernden Pailletten oder Perlen, die Mieder oder Gewandsaum zieren. Juwelen funkeln an der Hand oder über dem rätselhaft dunklen Rand ihres Dekolletés. Schimmernde Perlen baumeln von den Ohren, glanzvolle Diademe sitzen auf dem Haar. Manchmal schmückt ein Fußkettchen den weißen Knöchel. Auf den Bildern, die der berühmte Fotograf Nadar von Sarah Bernhardt anfertigte, die – als sie sich noch den mütterlichen Plänen beugte – Kurtisane und Schauspielerin zugleich war, scheint das Licht von dem Schal zu strömen, den sie um die Schultern trägt. Und die Schöne Otero tritt uns auf fast allen überlieferten Fotografien immer mit einer Unmenge Juwelen entgegen.

Das Licht der Kurtisane schien so hell, dass sie auch ihre Umgebung zum Leuchten brachte. In Franco Zeffirellis Verfilmung von *La Traviata* wurde dieser Effekt verblüffend deutlich sichtbar, wann immer der Salon der Kurtisane ins Bild kam, erfüllt von schimmerndem Licht, das sich in Kristallkelchen, Silbernippes und einer Unmenge spiegelnder Oberflächen brach. Ein ähnliches Strahlen finden wir im Maxim's, dem Restaurant, das eben durch die ständige Präsenz der Kurtisanen und ihrer Gönner berühmt wurde. Dort trägt jeder Raum eine Kette von Spiegeln, die das innere Glühen der Anwesenden noch verstärkt haben müssen.

Dieses Licht weckt unweigerlich das Begehren. Vielleicht assoziieren wir deshalb Liebe so häufig mit einer Lichterfahrung und meinen, an frisch Verliebten ein Leuchten wahrzunehmen. Stendhal, der das Verliebtsein mit dem Prozess des Auskristallisierens vergleicht, erzählt in diesem Zusammenhang eine Anekdote. In Salzburg, so berichtet er, wirft man einen Zweig in ein Salzbergwerk. Holt man ihn nach zwei bis drei Monaten wieder hervor, so ist er vollkommen bedeckt mit glitzernd weißen Salzkristallen, sodass er dem ursprünglichen Gebilde überhaupt nicht mehr ähnlich sieht. In diesem Sinn ist das geliebte Wesen nicht nur eine Quelle des Lichts, sondern auch ein Spiegel, der den Wunsch des Liebenden ebenso zurückwirft wie die strahlende Schönheit von Eros selbst.

Eros und Aphrodite gelangten zu neuer Popularität im Zeitalter der Renaissance, das nicht zufällig auch jenes ist, in dem die Kurtisanen von neuem großen Einfluss erlangten. Venus wurde damals in unzähligen Bildnissen dargestellt – die Göttin der Liebe von einem rosigen Schimmer umgeben, als hülle die Morgenröte sie ein. Die Männer, die diese Gemälde schufen, waren dieselben, welche die Porträts der Kurtisanen malten. Häufig wurden Kurtisanen auf Bildern als Venus dargestellt. Oder als Danae, als eine der drei Grazien, als Diana, die meist nackte Göttin der Jagd, und Galatea, die Meeresnymphe.

Dass Künstler so häufig Kurtisanen darstellten, hatte – wie bereits gesagt – auch einen ganz pragmatischen Hintergrund. Anders als die Damen der Gesellschaft konnten Kurtisanen unbekleidet Modell stehen, gerade wenn das Gemälde später öffentlich ausgestellt werden sollte. Dass sie allerdings so oft als Göttinnen gemalt wurden, hat andere Ursachen. In dieser Zeit des Umbruchs in Europa fand das körperliche Begehren im Gewand der heidnischen Götter neuen Ausdruck.

So kommt es, dass in der Sala del Maggior Consiglio (dem Großen Ratssaal) im Dogenpalast von Venedig zwei – in unseren Augen – widersprüchliche Allegorien, eine christliche und eine heidnische in trauter Eintracht nebeneinander stehen. Das hohe Deckengemälde zeigt die venusähnliche *Venezia* Veroneses, die – von Licht umgeben – die Zeichen ihrer Macht empfängt. Darunter, an der Wand, vor der die Dogen saßen, wenn sie ausländische Würdenträger empfingen, hat Tintoretto das Paradies verewigt, in dem die Heiligen der Madonna Tribut zollen. Dabei waren die beiden Maler keineswegs unterschiedlicher Weltanschauung. Auch Veronese hat uns eine Unzahl religiöser Darstellungen hinterlassen, während Tizian, dessen beste Werke zwar diejenigen christlicher Thematik sind, ein Freund der Kurtisane Veronica Franco war, die er selbst als Venus gemalt hat.

Die Haltung des Renaissancemenschen zu Eros, dem Gott der körperlichen Liebe, war ambivalent. Einerseits hielt Alexander VI., ein Papst aus dem Geschlecht der Borgia, sich seine eigene Kurtisane, die berühmte Vanozza dei Cattaneis (die ihrerseits einige Bordelle am Campo de' Fiori in Rom besaß). Andererseits bereute Raffael auf dem Sterbebett, dass er seine Gefährtin La Fornarina (die Bäckerstochter), die gleichzeitig sein Modell war, jemals geliebt hatte. In gewissem Sinn lebte die Profession der Kurtisane eben von jenem Widerspruch. Sie ist von Natur aus unkeusch und wurde daher zur inoffiziellen Vertreterin der heidnischen Welt. Andererseits schützte sie dies nicht vor den Verfolgungen durch christliche Moral und bürgerliche Ordnung. Man verbot ihr, sich zu kleiden wie eine Dame und zu bestimmten Stunden den Gottesdienst zu besuchen. Sogar zu bestimmten weltlichen Ereignissen hatte sie keinen Zutritt. Doch ob man sie nun als göttlich oder als dämonisch wahrnahm, dem Leuchten, das sie umgab, tat dies keinen Abbruch. Es war fast, als sei ihr eine Lichtquelle angeboren, die nicht nur von ihrer Schönheit befeuert wurde, sondern vor allem von ihrem Geist.

Enthielt die Idee der »Brillanz« immer auch eine Anspielung auf das physische Licht, so musste Licht häufig als Metapher für Wissen und Geist herhalten. »Licht auf etwas werfen« bedeutet auch, etwas bis ins Letzte zu »durchleuchten«, zu begreifen. Göttliches Licht bringt uns die »Erleuchtung«, es weist uns den Weg aus dem Dunkel. Ein brillanter Geist strahlt das Feuer der Vernunft aus und erhellt so die Welt.

Sicher besaßen viele Kurtisanen dieses »Licht«, das wir in den Augen intelligenter Menschen erkennen. Als Gruppe betrachtet waren sie ohnehin erstaunlich begabt. Mogador war nicht nur als Tänzerin, sondern auch als Autorin von Romanen erfolgreich. Tullia D'Aragona schrieb philosophische Abhandlungen. Veronica Franco tat sich als Dichterin hervor, die Pompadour als Mäzenin der schönen Künste. La Païva war eine erfolgreiche Geschäftsfrau, Ninon de Lenclos ein gesuchter Schöngeist. Doch eine Kurtisane musste auch über eine weitere Gabe verfügen: Sie musste in jedem Augenblick sagen können, was sich gerade zwischen zwei Menschen abspielte. Sie musste also nicht nur Italienisch und Französisch (später auch Englisch) beherrschen, sondern auch die Sprache der Hände, Augen und Wangen, und sie musste Seufzer »lesen« können.

Natürlich verfügen viele Frauen damals wie heute über diese Fähigkeit. Im Unterschied zu diesen musste eine Kurtisane jedoch ihr Licht nicht unter den Scheffel stellen. Sie konnte ihre Beobachtungen sogar auf Bereiche ausdehnen, die Anstand und Schicklichkeit einer »Dame« verboten. Stellen Sie sich einmal folgende Situation vor: Ein Mann erlebt das Aufwallen körperlicher Lust. Im ersten Bild sitzt er in der Angemessenheit eines vornehmen Salons. Und dann die gleiche Szene im Wohnzimmer der von ihm ausgehaltenen Geliebten, die in ihm liest wie in einem offenen Buch. Allein der Blick in ihre wissenden Augen muss für ihn reines Entzücken gewesen sein.

Wir wissen heute, wie wichtig es ist, dass die menschliche Psyche sich in einem Gegenüber spiegelt. Keine Erfahrung ist vollständig, wenn wir nicht jemanden zum Zeugen dafür machen können. Etwas zu begehren und in diesem Begehren anerkannt und gespiegelt zu werden ist an sich schon ein Bedürfnis. Vielleicht ist dies ein Grund, weshalb Kurtisanen so häufig in Verbindung mit Spiegeln dargestellt werden. Selbstverständlich heißt es immer, dieser Spiegel stünde für die Eitelkeit. Doch der strahlende Lichtpunkt, den der Spiegel dem Gemälde zufügt, scheint auf mehr hinzuweisen als nur auf dieses vergleichsweise geringe Laster. Auf einem der größten Gemälde Tizians dreht sich die dargestellte Frau vom Spiegel weg. Wir vermuten sofort, dass ihr Liebhaber sie bei der Toilette überrascht hat, obwohl er selbst nicht abgebildet ist. Wir sehen nur ein Lichtfragment, das für die Qualität des Sehens steht und für die Fähigkeit zur Wahrnehmung. Von jemand anderem betrachtet und »erkannt« zu werden ist also eine im buchstäblichen Sinn erhellende Erfahrung.

Die Macht dieser Erfahrung tritt uns auch noch in einem anderen Gemälde Tizians entgegen. Hier zeigt der Künstler uns Venus, die erschrocken vor einem Spiegel steht. Sie hält die Hand an die Brust, nicht in einer Geste der Bescheidenheit, sondern so, als würde ihr eigenes Bild sie erschüttern. Wenn wir es recht bedenken, dann erschüttert uns das, was sie erblickt, wohl alle. Da sie die Göttin der Liebe ist, wird sie unmittelbar konfrontiert mit dem Wissen um die Leidenschaft der Sexualität.

Sinnliche »Erkenntnis« und sexuelles Wissen

... da Sokrates doch so weise und tugendhaft war, weshalb nehmt ihr euch an ihm kein Vorbild? Denn wie ihr wisst, besprach er alles mit seiner Freundin Diatoma und lernte so gar wunderbare Dinge, vor allem die Geheimnisse der Liebe.

Tullia D'Aragona
Dialog über die Unendlichkeit der Liebe

Dass eine Kurtisane einiges über die Sexualität gewusst haben muss, ist klar. Was nicht immer mit der gleichen Deutlichkeit zutage tritt, ist die Tatsache, dass dieses Wissen recht tiefgreifender Natur war. Das Reich der Sexualität ist identisch mit dem Reich der Psyche. Lieben oder geliebt zu werden, berühren und sich der Berührung hingeben, Lust, Leidenschaft, Ekstase zu fühlen, loszulassen und »mitzugehen« fordert ja nicht nur sinnliches Geschick, sondern Intelligenz auf allen Ebenen. Eine gute Geliebte/ Liebhaberin ist willens, Lust zu schenken. Doch dazu gehört eine gehörige Portion Sensibilität. So muss sie wissen, welche Art der Berührung an welchem Körperteil Begierde erweckt. Sie muss erkennen, wann Zärtlichkeit angebracht ist und wann es Zeit für härtere Töne wird. Sie lacht und scherzt, prüft sowohl Geist als auch Körper des Geliebten, um ihm die Tore zu noch größerer Erfüllung zu öffnen.

Doch ist dabei der Wunsch, Lust zu schenken, kaum das einzige Motiv. Der tiefste Wunsch des Liebenden ist es doch, die geliebte Person kennen zu lernen: jeden Schatten einer Empfindung zu kennen, zu prüfen, zu sehen, zu schmecken, zu riechen und zu tasten. Auch dies mag ein Grund sein, weshalb Kurtisanen so häufig mit Spiegeln dargestellt werden. Wenn sie auch die feinsten Gefühlsregungen des Geliebten mit sanfter Präzision beantwortet, wird sie zum Spiegel seiner selbst. Und der Geliebte, der sich »erkannt« fühlen darf, ist ob dieser intensiven Spiegelung glücklich. Was wiederum in der Liebenden den Wunsch erweckt, die »Erkenntnis« (auch im biblischen Sinn) noch weiter zu steigern, denn da sie durch ihr Wissen um den anderen Gefallen erregt, will sie es bis an die äußersten Grenzen steigern.

So entsteht die Lust am Wissen, die selbst zur verzehrenden Leidenschaft werden kann. Denn die Lust an der Lust findet innerhalb eines Nachmittags ihren Höhepunkt, ihre Befriedigung und vergeht wieder. Die Gier nach Wissen aber ist letztlich unersättlich. Denn der Wissende sucht nach der vollkommenen Durchdringung von Wissendem und Gewusstem. Doch dazu schreibt Tullia D'Aragona, eine italienische Kurtisane, die zu Anfang des 16. Jahrhunderts geboren wurde: »... Da menschliche Körper nicht wirklich miteinander verschmelzen können, kann sich diese Sehnsucht des Liebenden nie erfüllen.«

Aragona war eine außergewöhnliche Frau, die 1547 von der Anklage freigesprochen wurde, die für Kurtisanen geltenden Gesetze gegen Zurschaustellung von Luxus gebrochen zu haben. In Florenz mussten Kurtisanen um die Mitte des 16. Jahrhunderts nämlich lange gelbe Umhänge tragen. Ihr wurde diese Pflicht erlassen, weil sie gleichermaßen als Dichterin anerkannt war. Wie um zu beweisen, dass sie zu Recht freigesprochen wurde, erschien ein Jahr später ihr *Dialogo sull'Infinità dell'Amore*, der Dialog über die Unendlichkeit der Liebe, in dem sie zu beweisen sucht, dass Eros alles außergewöhnlich macht. »Liebende«, so schreibt sie, »nähren in ihren Herzen sowohl Hoffnung als auch Furcht. Sie fühlen große Hitze und zugleich große Kälte. Sie sehnen sich und lehnen doch das Ersehnte ab. Sie greifen nach dem Verlangten, ohne je etwas in Händen zu halten. Sie sehen ohne Augen, hören ohne Ohren, rufen ohne Zunge, fliegen, ohne sich von der Stelle zu bewegen. So leben und sterben sie zugleich.«

Erotische Lust und Verlangen haben die Eigenschaft, den Verstand aus den Angeln zu heben (oder – aus einer anderen Perspektive gesehen – ihn zu befreien). Vorgefasste Ideen über die Wirklichkeit, Vorurteile, Vorsichtsmaßnahmen, ja sogar die Grenzen, die die Vernunft uns auferlegt, scheinen in sich zusammenzufallen, ja völlig zu verschwinden, sobald es um die Liebe geht. Dass eine Kurtisane wie Tullia D'Aragona, die von ihrer Mutter, die einst selbst Kurtisane gewesen war, im Geschick bei der Wahl des richtigen Zeitpunkts, der richtigen Erscheinungsform und in den tausend anderen Kurtisanenkünsten unterrichtet worden war, nahmen Kritiker diesem Berufsstand übel. Thomas Coryat beispielsweise schrieb in einem Reiseführer für britische Männer des 16. Jahrhunderts, sie sollten sich vor dem Einfluss der Kurtisanen hüten, weil diese einem Mann den Verstand rauben könnten.

Coryats Warnung allerdings trug wenig Früchte. Dies mag daran liegen, dass die meisten Männer nach genau diesem Wahnsinn verlangten, auch wenn ihnen dies wohl kaum bewusst war. Sie suchten nicht nur den körperlichen Kitzel, sondern ebenso die Erregung des Geistes, die darin lag, die Grenzen des Konventionellen zu überschreiten, die vorherbestimmte Ordnung der Tage über den Haufen zu werfen, die – so bequem sie manchmal sein mochte – doch auch erstickend wirken konnte.

Ein bestimmtes Glitzern in den Augen der Kurtisane versprach eine Gnadenfrist. Dass ihr Geschäft die Unvernunft, der Wahnsinn, die Schwäche, die Nachlässigkeit, das leidenschaftliche Verlangen, ja Delirium und Chaos waren, sagte schon ihr Blick. Doch gleichzeitig versicherte derselbe Blick, dass sie sich in diesem Reich als kundige Führerin erweisen würde. Sie kannte die Konvention ja. Ihr Wissen um die Bedürfnisse des Fleisches war vermischt mit einer gewissen Schläue, was die Anforderungen der Gesellschaft betraf. Materie und Form standen ihr gleichermaßen zu Gebot. Sie kannte viele Geschichten und mixte sie nonchalant mit Lust. Denn diese verführerischen Augen waren auch noch gebildet.

Daher ist es kein Wunder, dass gerade Venedig, die Stadt, die ihren Aufstieg kostbarsten Luxusgütern verdankt, im 16. Jahrhundert zur Stadt der Kurtisanen wurde. Diese brillanten Frauen gehörten zu Venedig wie der Schimmer der Seide, die Pracht der Samtstoffe, die funkelnden Juwelen und die wohlduftenden Gewürze, die aus dem Osten kamen. Sie gehörten zu Venedig wie das Glas, das man auf der Insel von Murano blies, die Goldplättchen, mit denen man nicht nur das Innenleben von San Marco auskleidete, sondern ebenso zahlreiche private Paläste (wie zum Beispiel die Ca'd'Oro am Canal Grande). Venedig verwirrt die Sinne. Sobald der Besucher einmal in einer Gondel den Canal Grande hinuntergefahren ist und dabei die verführerischen Seitenblicke der Palazzi aufgefangen hat, die sich dort auf der Wasseroberfläche spiegeln, als läge darunter ein verborgener Schatz, erlebt, wie die Schönheit sich in seinen Augen ins Unendliche vervielfacht. Die Kadenz aus visueller Schönheit, berauschenden Düften und exquisiten Empfindungen überwältigt die Sinne. Fremde, die zum ersten Mal in die Stadt kamen, standen – so ein englischer Schriftsteller – häufig da, »von solcher Bewunderung ergriffen, dass sie mit offenem Munde vor sich hin stammelten, niemals auch nur etwas annähernd Vergleichbares gesehen zu haben.«

Doch fehlen uns noch zwei wichtige Komponenten, wollen wir nachvollziehen, was ein Besucher aus dem 16. Jahrhundert empfunden haben muss, wenn er nach Venedig kam. Da war zum einen der künstlerische Fortschritt, der sich mit dem Luxus des Palazzo Ducale, den beeindruckenden Kirchen und den Palazzi mischte, die damals im Besitz großer Familien waren. Völlig neue Ausdrucksmittel wurden gefunden und von Carpaccio, Giorgione, Palma Vecchio, Veronese, Tizian und Tintoretto in Fresken, Mosaiken und Gemälden festgehalten. Doch die Besucher zeigten sich nicht weniger beeindruckt von den großen Kurtisanen Venedigs, von denen einige so prachtvoll herausgeputzt waren, dass sie fast wie Göttinnen wirken mussten, die Schutzgöttinnen Venedigs, die sich gerade erst aus der Lagune erhoben hatten, um nun verführerisch an jeder Straßenecke aufzutauchen.

Mehr als einmal ist gesagt worden, dass sich die Stadt Venedig selbst wie eine Kurtisane verhielt. Wann immer jemand in die Stadt kam, den die Venezianer sich geneigt machen wollten, stellten sie ihm jeden nur erdenklichen Luxus zur Verfügung. So war der Besuch des französischen Königs Heinrichs III. eine willkommene Gelegenheit für die Zurschaustellung von allerhand Luxus. Da die Dogen sich Spanien entfremdet hatten und dadurch in die Isolation geraten waren, hofften sie sehr auf eine freundschaftliche Haltung des französischen Königs. So wurde Heinrich mit dem Besten verwöhnt, was die Stadt zu bieten hatte. Ein Schiff mit 400 Ruderern brachte ihn in die Stadt, eskortiert von 14 Galeeren. Als das Schiff die Lagune überquerte, traf es dort auf ein Floß, das man wie ein Flammen spuckendes Meeresungeheuer ausgerüstet hatte. Darauf bliesen die Glasbläser Muranos alles, was der König wünschte. Dann kam eine weitere Gruppe von Schiffen auf sie zu, mit kostbaren Teppichen verkleidet, auf denen Delfine und Meeresgötter abgebildet waren. Als er die Stadt betrat, tat er dies durch einen extra von Palladio entworfenen Triumphbogen, den Tizian und Veronese reich mit mythologischen Gestalten geschmückt hatten. Er wohnte in der Ca' Foscari am Canal Grande, die man prachtvoll ausgestattet hatte. So war das Bett beispielsweise mit karmesinroter Seide ausgelegt. Für das Bankett im Großen Ratssaal im Dogenpalast wurden die Luxusgesetze, die den Damen und Kurtisanen Venedigs gewöhnlich enge Grenzen auferlegten, kurzfristig außer Kraft gesetzt. Jede anwesende Frau trug das Kostbarste, was Schrank und Schmuckschatulle zu bieten hatten.

Nicht nur das Haar wurde mit Juwelen geschmückt, auch die Umhänge selbst waren mit Perlen und Edelsteinen bestickt. Das Mahl, das auf silbernen Tellern serviert wurde, umfasste 1200 verschiedene Speisen. Dazu gehörten auch Bonbons, von denen allein es mehr als 300 Sorten gab. Nachdem er der Oper gelauscht hatte, die extra für ihn komponiert worden war, wohnte Heinrich III. einem Stapellauf bei. Die Galeere war als Geschenk für ihn gebaut worden, während er mit den Noblen der Stadt tafelte. Danach schlossen sich noch lange Tage an, während derer die Stadt im Festtaumel versank. Der König besuchte Tizian und saß bei Tintoretto für ein Porträt. Schließlich überreichte man ihm ein Buch: den Katalog, in dem die berühmtesten Kurtisanen Venedigs aufgelistet waren. Er konnte sich aus 200 Miniaturen aussuchen, welche ihm am besten gefiel. Angeblich soll er den Katalog gründlich studiert haben. Am Ende aber entschied er sich doch für die Dame, die damals in Venedig am berühmtesten war: Veronica Franco.

Wir wissen nichts über die Nacht, die die beiden zusammen verbrachten, doch offensichtlich war der König zufrieden. Er nahm eine Miniaturfigur von Franco mit nach Hause. Und er bot ihr an, ihr bei der Publikation ihres nächsten Buches zu helfen. Zum Dank widmete sie ihm dieses und schrieb für ihn einige Sonette, die des Monarchen »heiteren Glanz« priesen.

Und mit Glanz kannte Veronica Franco sich aus, da sie selbst einigen besaß. Allein ihre Intelligenz war beeindruckend. Denn sie war nicht nur klug, sondern auch gebildet, was unter den Frauen ihrer Zeit selten war. Von hundert Frauen konnten damals kaum zehn lesen, und von diesen wiederum hatten weniger als vier eine systematische Erziehung genossen. Franco stammte aus einer Familie von so genannten *cittadini originari*, das heißt, einer Familie, die in Venedig ansässig war. In solchen Familien erhielten gewöhnlich nur die Söhne eine Ausbildung. Doch man erlaubte Veronica, anwesend zu sein, wenn ihre drei Brüder Stunden vom Privatlehrer bekamen. Weshalb in ihrem Fall diese Ausnahme gemacht wurde, wissen wir nicht. Vielleicht dachte ihre Mutter Paola, die ebenfalls Kurtisane gewesen war und nun als Ehefrau eines *cittadino originario* immer wieder in finanzielle Not geriet, dass ihre Tochter auf diesen Beruf gründlich vorbereitet werden sollte. Veronica würde nämlich kaum etwas erben, sodass sie sich im Notfall selbst ernähren können musste. Wollte sie allerdings statt einer einfachen Prostituierten eine »ehrbare Kurtisane« werden, war Bildung unerlässlich.

In der Rückschau wird allerdings schnell klar, dass Bildung für Franco mehr Wert besessen haben muss, als eine so pragmatische Erklärung dies nahe legt. Die Freude am Lernen, die Liebe zur Dichtkunst, das Bedürfnis zu verstehen, unter die Oberfläche zu blicken, waren Leidenschaften, die sie ihr ganzes Leben lang begleiteten. Als sie 16 war, heiratete sie einen Arzt namens Paolo Panizza, es war eine Ehe, die ihre Mutter für sie arrangiert hatte. Wir wissen nicht viel über ihn, doch die Tatsache, dass sie in einem Testament, das sie später machte, ihre Erben anwies, sich die für sie gezahlte Mitgift von ihm zurückzuholen, legt nahe, dass er sie auf irgendeine Weise missbraucht hatte.

Vieles, was wir über Veronica Francos Leben wissen, stammt aus diesen Testamenten oder aus ihren Briefen. Ihre Briefe sind elegant formuliert, manchmal sogar philosophisch. Sie enthüllen zum einen eine überragende Intelligenz, zum anderen zeigen sie, wie intensiv Veronica am intellektuellen Leben ihrer Stadt teilnahm. Als sie zur Kurtisane wurde, eröffnete sich für Veronica eine Welt, zu der die meisten anderen Frauen keinen Zutritt hatten.

Kurze Zeit nach Veronicas Hochzeit waren sowohl Mutter als auch Tochter als Kurtisanen registriert. Die Eintragung zeigt, dass sie zusammen in der Pfarrgemeinde von Santa Maria Formosa lebten. Paola hatte nie viel für ihre Dienste erhalten. Nun begann sie zu altern, und Veronica war noch zu unerfahren. Doch das sollte sich schnell ändern. Bald darauf war Veronica schon eine der meistgeschätzten Frauen ihres

Berufsstandes. Und als Freundin bedeutender Gelehrter, Künstler und Schriftsteller konnte sie ihre beträchtliche Bildung noch erweitern. Sie stieg zur Favoritin von Domenico Venier auf, der einst der Beschützer von Tullia D'Aragona gewesen war. Er entstammte einer der bedeutendsten Familien Venedigs, die mehr als einmal den Dogen gestellt hatte. Domenico selbst war Senator und ermutigte Veronica, wo er nur konnte. Er las ihre Gedichte und – was noch wichtiger war – empfing sie regelmäßig in seinem Salon in der Ca' Venier, seinem Palast. In diesem Kreis lernte sie den großen französischen Essayisten Michel de Montaigne kennen, auch er ein brillanter Mann.

Montaigne war sich darüber im Klaren, dass Intelligenz nur durch intellektuellen Austausch zustande kam. In einem seiner berühmten *Essais* gesteht er dem Leser: »Für meinen Geschmack ist die fruchtbarste und natürlichste Übung des Geistes die Konversation.« Denn die Diskussion stellt nicht nur den Wahrheitsgehalt einer These auf eine harte Probe, sie bietet dem Denker auch einen Spiegel, in dem seine Ideen sich klären können. Denn sogar ein Widerspruch, so Montaigne, wirft ein unschätzbar klares Licht auf die eigenen Gedanken und verleiht ihnen so schärfere Konturen.

Und zwischen vollkommener Zustimmung bzw. vollkommener Ablehnung gibt es einen weiten Raum, in dem Freunde und Kollegen diskutieren, ein Gelände, das dicht besiedelt ist mit Einfällen und Kritikpunkten, die jedem Schöpfungsprozess einen reichen Nährboden bieten. Als Veronica Franco Mitte zwanzig war, sorgten die von ihr publizierten Gedichte und Anthologien dafür, dass sie in den Künstlerkreisen Venedigs ein gern gesehener Gast war. Aus ihren Briefen wissen wir, dass sie selbst einen Salon für Intellektuelle und Künstler unterhielt.

Vermutlich ließ auch Tintoretto sich dort häufig sehen. Einige Historiker glauben, dass der Maler und die Kurtisane befreundet waren. Allein der Gedanke reizt unsere Vorstellungskraft. Wenn wir ihre Poesie und seine Bilder betrachten, lassen sich unschwer Verbindungen feststellen. So hielt Tintoretto mehrere Kurtisanen im Bild fest. Eines dieser Porträts ist in warmen Brauntönen gehalten. Die Farbe, die in ihren Augen noch dicht und unerschütterlich ist, bleicht im Hintergrund aus und findet sich dann im Rot ihrer Lippen wieder. Dort nimmt ein Schimmer auf ihrem glänzenden Schal sie auf, von da springt sie in den weichen Rosaton der Perlenkette, lässt sich sodann in der weichen Cremefarbe ihres Dekolletés nieder, wo sie von kastanienfarbenen Schatten gestützt wird. Doch obwohl Tintoretto zweifellos Talent für solch kunstvolle Darstellungen hatte, erreicht er den Gipfel seiner Kunst erst im religiösen Gemälde. In San Moise, der Kirche, in der Veronica Franco in späteren Jahren immer beten sollte, hängt beispielsweise eine berühmt gewordene Darstellung der Fußwaschung. Ähnliche Überschneidungen zwischen ihr und der Welt Tintorettos gibt es immer wieder. Doch der innere Zusammenhang zwischen dem religiösen Maler und der Kurtisanendichterin ist anderswo zu suchen.

Diese tiefere Verbindung entsteht durch beider Neigung zum Licht. Denn Licht ist das eigentliche Subjekt von Tintorettos Darstellung des *Paradieses*, in dem die Seelen von einem Strahlen umgeben schwerelos zu ihrem Schöpfer aufsteigen. Auch *Das letzte Abendmahl*, das in der Kapelle von San Giorgio Maggiore in Venedig hängt, konfrontiert uns mit einem dramatischen Aufwand an Licht und Schatten. Der Kopf Jesu strahlt ein intensives Licht aus, das alle Apostel umfängt, bevor es sich in der Dunkelheit des Raumes verliert. Dass der Maler sich für die physischen Gegebenheiten des Lichts interessiert hat, ist unverkennbar. Die subtile Darstellung, die er diesem Phänomen angedeihen lässt, ist beeindruckend. Doch für Tintoretto hat Licht sowohl realen als auch symbolischen Charakter. So hat er der Szene beispielsweise eine zweite Lichtquelle hinzugefügt, eine Öllampe, die in der Ecke hängt, und zwar weniger hell, doch wild und ungezügelt brennt. Dieses Licht ist von einem Engelschor umgeben, der sich dort bewegt, als sei er eben von diesem Medium herbeigerufen worden.

Obwohl es natürlich Tintoretto ist, der sie beschworen hat, vermittelt er uns doch den Eindruck, als sei es das Licht, das enthülle, was weniger begabte Hände gewöhnlich nicht zu zeigen wagen: den mystischen Zustand, den der Gläubige erlangt. Genau dies scheint ihn am stärksten zu faszinieren. So zeigt er uns die Welt, wie ein frommer Mensch sie erlebt: eine Welt, von der Energie des Lichtes durchströmt.

Ähnliche Züge finden wir in den Werken Veronica Francos, auch wenn ihre Themen von mehr weltlicher Natur waren. Dabei sollten wir nicht vergessen, dass die Renaissance für das Nebeneinander von heiliger und weltlicher Liebe, die uns heute so weit auseinander zu liegen scheinen, Formen friedlicher Koexistenz erfand. So eint auf Tizians berühmtem Gemälde *Die göttliche und die profane Liebe* das Band der Harmonie die beiden allegorischen Figuren. Die Maler und Dichter dieser Zeit machten sich gemeinsam stark für die Wiederbelebung des Eros in der Kunst.

Dies war auch das Thema Veronica Francos. In einem ihrer Gedichte findet sie dafür den Ausdruck »die übernatürlichen Wunder der Liebe«. Wie Tintoretto so interessierte auch sie sich in erster Linie für die Befindlichkeiten der Seele, und so erforscht sie die Andacht, welche die Liebenden empfinden, und die so sehr der tiefen Gläubigkeit ähnelt. In der Tat vergleicht sie Heinrich III. mit einem Gott:

Wie einst der strahlende Jupiter vom Himmelsdach
herabstieg zur bescheidenen Wohnstatt der Menschen

Da der König sowohl den Thron Polens als auch den Frankreichs gerade erst bestiegen hatte, schien der Vergleich mehr als angemessen. Doch einem Zeitalter, das Göttlichkeit nicht nur in der Liebe, sondern auch in der Erotik fand, war die Darstellung des Geliebten als Gott nichts Außergewöhnliches. Jupiter, der häufig zu amourösen Abenteuern auf die Erde herabstieg, stellte auch für Maler ein beliebtes Motiv dar. So wurde er von Correggio und Tizian zum Thema gewählt.

Auf diesen Gemälden betritt Jupiter Danaes Schlafraum als Wolke, die auf die Schlafende einen goldenen Schauer von Licht herabregnen lässt. So werden Samen und sexuelles Vergnügen durch die Nähe zum Göttlichen geheiligt. Das Gold ist also auch hier, wie in der Basilika von San Marco, ein Zeichen spiritueller Erleuchtung.

Franco zeichnet die Liebeskünste des Königs mit diplomatischem Geschick: »Ein Strahlen von solcher Tugend ging von ihm aus«, so schreibt sie, »dass meine innere Stärke mich völlig verließ.« Die Lichtmetapher durchzieht ihre gesamte Poesie. Da wird ein Liebhaber mit der glühenden Sonne verglichen, ein anderer mit Licht, das »schöner noch sei als die Sonne«. Ihre eigene Leidenschaft ist ein »entfachter Funke«. Und sie selbst leuchtet, und zwar so sehr, dass »des Menschen Auge [...] kaum den Glanz ihrer Stirn« erträgt. Doch wie bei Tintoretto liegt auch in ihrem Werk die wahre Quelle des Lichts innen. Wenn sie schreibt, dass »Du Tränen vergossest wie der Schnee in der Sonne«, dann zeichnet sie die inneren Empfindungen der Liebenden nach, das, was wir heute die »Psychologie der erotischen Anziehung« nennen würden.

Doch wie nach innen gewandt die Landschaft auch ist, die sie zeichnet, so vergisst sie doch nie die körperliche Realität der Liebe. Es ist der »goldene Strahl« des Liebsten, der ihr Herz durchbohrt. Und auch diese Körperlichkeit ist dem Maler nicht fremd, der auch in der Darstellung der mystischsten Erfahrung Details wie die Wendung einer Schulter, das Neigen eines Kopfes oder ein erstauntes Aufblicken präzise abbildet. Dieselbe Faszination von der körperlichen Existenz zeigt sich in dem Porträt, das er von Veronica Franco gemalt hat: ihre Lippen, die sich gefühlvoll wölben, die Spitze um ihre Schultern, das rötliche Haar, in dem sich einzelne Lichtreflexe fangen, ihre anziehend schweren Lider, ihre Augenbrauen. Alles ist in Feinstarbeit wiedergegeben, auch der intelligente Blick, der sich in die Innen- und Außenwelt zugleich zu richten scheint.

Am besten drückt sie selbst diese Tatsache aus, und zwar in dem Brief, in dem sie Tintoretto für das Porträt dankte: »Ihr lasst eure ganze Kraft in dieses Unternehmen einfließen, das die Natur nachbilden, nein übertreffen will. Nicht nur, dass ihr das menschliche Wesen, nackt und bekleidet, modelliert mit Farbe, Schatten, Konturen, Zügen, Bewegung, Haltung und Tun – nein, ihr drückt auch noch den inneren Zustand der Seele aus.«

Außerdem verband die beiden ein ähnlicher Lebensweg. Beide waren auf demselben Weg zu Ruhm und Ansehen gelangt. Ein Jahrhundert zuvor wäre dies noch gar nicht möglich gewesen. Maler galten als bessere Handwerker, die ihre Werke nicht einmal signierten. Und Kurtisanen führten ein Leben im Verborgenen. Dann aber änderte sich der zeitgeschichtliche Hintergrund, sodass beide die ihnen eigene Brillanz zu ihrem Vorteil einsetzen konnten. Die Qualitäten, die Veronica Franco mit dem Maler teilt, sind eben jene, die aus ihr nicht nur eine berühmte Kurtisane machten, sondern die berühmteste aller Kurtisanen in einer Stadt, die für diesen Berufszweig bekannt war: die »fleischliche Erkenntnis«, die Sensibilität im Gefühlsleben, die »Intelligenz« ihres Fühlens, die Neigung zu mystischen Erfahrungen. Natürlich konnten mechanischere Freuden für weniger Geld gekauft werden. Sie erfüllte ein Bedürfnis, das Lust im weiteren Sinne suchte, ein Bedürfnis nach dem Wesen der erotischen Erfahrung. Wie Tintoretto schenkte sie sowohl den Augenblick als auch den Spiegel des Augenblicks.

Stellen wir uns also eine Zärtlichkeit vor, in die alle Aspekte ihrer Persönlichkeit einfließen wie in ein Kunstwerk. Dabei geht es nicht nur um ihre Berührung, sondern auch um ihren Blick. All Ihre Reaktionen wären für diesen Blick sichtbar, auch jene, die Sie vor anderen, manchmal auch vor sich selbst, zu verbergen gewöhnt sind. Vielleicht spürt sie eine winzige Bewegung, wenn das Begehren in Ihre Hand strömt. Und weil Sie wissen, dass sie Ihre Zeugin ist, reagiert Ihr Körper bereits, wenn sie nur ihre Hand streichelt. Sie sieht zu und lächelt, und schon wird Ihre Empfindung so intensiv, dass Sie das Gefühl haben, in dem Kerzenlicht zu schwimmen, das ihren Körper umgibt. Und nun bricht die vollkommene Enthüllung sich Bahn, jenseits von allem, was sie wissen kann. In der Vereinigung nimmt sie Sie mit in ein mythisches Reich, in dem Sie zur Gottheit werden, Ihr Körper eine Quelle der Erkenntnis. Sie sind lebendiger, als Sie sich dies jemals erträumt haben, dabei war dies Ihr ganzes Sehnen. Genau diese Erkenntnis haben Sie gesucht.

Witz

> In ihrer Widersprüchlichkeit spiegelt sich die Stadt.
>
> *Ludwig XIV. über Ninon de Lenclos*

Im Reich des Geistes spielt der Witz eine kleine, aber nichtsdestotrotz bedeutende Rolle. Er kann nett sein, aber auch bösartig. Schlau und direkt, subtil und zielgerichtet, höflich und grob, sensibel und rüde zugleich führt er sein Leben auf des Messers Schneide zwischen ketzerischer Einsicht und der allgemein anerkannten Wahrheit. Kein Wunder also, dass Oscar Wilde für diese Kunst berühmt war. Er, der wie kein anderer zwischen den Geschlechtern lebte, war der Meister dieses Mediums, das ihm erlaubte, alle möglichen Grenzen elegant zu überschreiten und diejenigen zum Lachen zu bringen, die er schockierte, weil er die Heuchelei der etablierten Ordnung schonungslos aufdeckte.

Der Witz erhebt uns wie das Lachen, das er hervorruft. Doch um witzig zu sein, müssen wir bereits eine höhere Position einnehmen, wenigstens jenen Punkt erreichen, von dem aus wir das Humorvolle an den menschlichen Schwächen erkennen können. Denn wie Cupido, der Gehilfe der Venus, der seine Pfeile ins Elixier von Liebe und Leichtfertigkeit tauchte, so schleudern auch geistreiche Spötter ihre Geschosse von einer höheren Warte aus ins Herz der Selbstgefälligkeit. Für eine Kurtisane war diese erhöhte Perspektive unabdingbar, da sie außerhalb der Gesellschaft stand, aber gleichzeitig mit ihren angesehensten Mitgliedern verkehrte.

Ninon de Lenclos war in einer geistvollen Zeit berühmt für ihren Esprit. Sie, die einst eine der größten Kurtisanen aller Zeiten werden sollte, wurde 1620 in eine Familie geboren, die zum verarmten niederen Adel Frankreichs gehörte. Als sie 15 Jahre alt war, wurde ihr Vater ins Exil verbannt, worauf Ninon und ihre Mutter auf sich allein gestellt waren. Als dann auch ihre Mutter starb, blieb Ninon fast ohne einen Pfennig zurück. Eine standesgemäße Ehe war für sie von vornherein ausgeschlossen, darüber hinaus hatte sie von ihrem Vater eine unüberwindbare Abneigung gegen diese Institution geerbt. Daher entschloss sie sich, einen der wenigen Berufe zu ergreifen, die ihr offen standen. Für die Arbeit als Kurtisane war sie wohlgerüstet. Obwohl sie hübsch war, war es vor allem ihre Intelligenz, die sie so attraktiv machte. Sie war nicht nur klug, sondern für eine Frau ihrer Zeit auch noch bemerkenswert gebildet. Ihr Vater hatte sie in Philosophie, Mathematik, Italienisch und Spanisch unterrichtet. Als Mädchen liebte sie Bücher und las, was ihr in die Finger kam, unter anderem die Werke Descartes'. Einmal ging sie sogar in eine Aufführung von Corneille. Sie war bereits als Kind sehr scharfsinnig, als Erwachsene war diese Eigenschaft zu wahrem Humor herangereift. All dies machte sie in der Zeit der frühen Aufklärung sehr populär. Der Dramatiker Paul Scarron schrieb über sie:

> O schöne, charmante Ninon,
> der niemand kann widerstehen,
> weil wir in dir, was doch selten,
> Schönheit und Witz vereint sehen.

So wurde sie bald zum Mittelpunkt der Pariser Gesellschaft und blieb dies ihr Leben lang. Der junge Voltaire bewunderte sie. Der große Komödiendichter Molière las aus seinem *Tartuffe* zum ersten Mal in Ninons Salon. Zahlreiche illustre Männer waren ihre Liebhaber, darunter auch zwei Herren königlichen Geblüts: der Duc d'Enghien, der älteste Sohn des Condé-Zweiges der Bourbonen, und der Duc de Vendôme, der natürliche Sohn von König Heinrich IV.

Einige ihrer berühmten Bonmots sind bis auf den heutigen Tag überliefert. Nur zwei kleine Kostproben: »Sprich nie schlecht von deinen Feinden. Sie sind die Einzigen, die dich niemals enttäuschen.« Sie soll es auch gewesen sein, die meinte: »Meine Mutter ist wirklich eine Frau ohne Gefühl. Sie brachte drei Kinder zur Welt, fast ohne es zu bemerken.« Doch so amüsant diese Kommentare auch klingen mögen, werfen sie doch ein bezeichnendes Licht auf ihre Kindheit, deren Probleme, wie dies so häufig der Fall ist, einiges zur Entwicklung ihres Talents beigetragen haben dürften.

Die Ehe ihrer Eltern war nicht das Resultat einer Liebesheirat, vielmehr war sie eine Vernunftgemeinschaft zwischen zwei Menschen, die – wie sich später herausstellte – einfach nicht zusammenpassten. Heinrich, Ninons Vater, war ein Freigeist – skeptisch, atheistisch und weltzugewandt. Er hatte in jeder Hinsicht einen ungeheuren Appetit, liebte es zu lernen, schlüpfrige Witze zu machen und Zechgelage mit Musik zu veranstalten. All das verabscheute seine Frau, Marie-Barbe de la Marche, eine schüchterne, fromme und zurückgezogene Dame, zutiefst. Ninon, das letzte Kind dieser unglücklichen Verbindung, stand genau in der Schusslinie. Ihre Erziehung war Thema ständiger Auseinandersetzungen zwischen den Eltern, die sie beide sehr liebte. Ihr Vater nahm sie ins Palais d'Orléans mit, wo sie Rubens-Bilder betrachten durfte, und führte sie an das Werk religiöser Skeptiker wie Charon heran. Er brachte ihr das Lautespielen bei, obwohl das Instrument eigentlich als zu unzüchtig für eine junge Dame galt. Ihre Mutter hingegen gab ihr kirchliche Texte zu lesen, befahl ihr, ihr schönes Haar mit einem Schal zu bedecken, und zwang sie, Kleider aus dunklen Stoffen in gedämpften Farben zu tragen. Dabei wurde das Mieder so geschnitten, dass es die Brust flacher machte.

Obwohl Ninon sich in der Welt ihres Vaters wohler fühlte und selbst einmal so leben wollte, wenn sie erwachsen war, so hielt sie doch bedingungslos zu ihrer Mutter, als sie von der Untreue ihres Vaters erfuhr. Außerdem führte Heinrichs Affäre mit einer verheirateten Frau zu einer Auseinandersetzung, bei der Ninons Vater einen Mann tötete, weswegen er Paris verlassen musste. Ninon blieb bei ihrer Mutter und versuchte, die Rolle des Vaters zu übernehmen. Sie versuchte nun von sich aus, sich so weiterzubilden, wie ihr Vater ihr dies vorgegeben hatte. Trotzdem setzte sie den Anstalten ihrer Mutter, die sie zu einem frommen Mädchen erziehen wollte, keinen Widerstand entgegen. Regelmäßig ging sie mit ihr zur Messe (wobei ihre Aufmerksamkeit allerdings mehr den prachtvollen Roben galt, die die eleganten Damen, die rund um die Place Royal wohnten, zum Gottesdienst trugen). Irgendwie schaffte Ninon es, während der ganzen Irrungen und Wirrungen dieser gescheiterten Ehe beiden Eltern eine gehorsame und liebende Tochter zu sein. Dies war an und für sich schon eine gewaltige Leistung, bei der sie sich – was für ihre spätere Entwicklung von Bedeutung sein sollte – geschickt immer wieder aus der Schusslinie manövrierte.

Um in dieser feindseligen Atmosphäre, die zwischen den beiden Menschen herrschte, die Ninon am meisten liebte, überhaupt leben zu können, musste sie lernen, sich von den leidenschaftlichen Beschuldigungen zu distanzieren, die die beiden sich regelmäßig entgegenschleuderten. So entwickelte sich bei ihr ein gewisser innerer Abstand zur Leidenschaft selbst. Es ist also kaum verwunderlich, dass die Tochter einer Frau, die von ihrem Ehemann betrogen worden war, und eines Mannes, der seinerseits so verrückt nach seiner Geliebten gewesen war, dass er sein Leben riskiert und das Blut eines anderen Mannes vergossen hatte, eine vergleichsweise zynische Sicht der Liebe entwickelte. Und da sie durch ihre Mutter die Schattenseiten des religiösen Übereifers ebenfalls kennen lernte, erstaunt es uns ebenso wenig, dass Ninon sich auch in dieser Hinsicht zu einer Skeptikerin entwickelte. Sogar die hitzigen politischen Diskussionen ihrer Zeit ließen sie völlig kalt. Sie hatte zwar einen klaren Blick für die damaligen Verhältnisse, hielt sich jedoch aus allen Stellungnahmen heraus. Frucht dieser ständigen Distanz war das, was sie berühmt machte: die glanzvolle Schärfe ihres Geistes.

In einem Zeitalter, das geistreiche Menschen mehr als alles andere verehrte, war dies eine unschätzbare Gabe. Männer und Frauen, die dieses Talent besaßen, galten nicht nur als attraktiv. Sie wurden auch sonst hoch geschätzt. Dies ging so weit, dass mancher ob seines sprühenden Witzes die gesellschaftliche Rangleiter nach oben kletterte. Ludwig XIV., der Sonnenkönig, wurde geboren, als Ninon 18 Jahre alt war. Er sollte der Schlagfertigkeit an seinem Hof eine besondere Stellung einräumen. So vertraute er einmal seiner Schwägerin an: »Wisst Ihr, ich schätze vor allem kluge, amüsante Menschen.« Wäre er nicht zum Herrscher bestimmt gewesen, hätte er vermutlich die Nichte des Mannes geheiratet, der für ihn später die Regierungsgeschäfte führte – Kardinal Mazarin. Marie Mancini war für ihre Intelligenz berühmt. Doch aus machtpolitischen Erwägungen heiratete er Marie-Thérèse, die nicht allzu attraktive und ein wenig langweilige Infantin von Spanien.

Ihre Unterwürfigkeit allerdings gefiel ihm, und was ihm bei Marie-Thérèse fehlte, holte er sich bei seinen Mätressen. So war die schöne Louise de la Vallière zunächst Kammerzofe seiner Schwägerin Henriette, mit der ihn ein skandalumwitterter Flirt verband. So schlug Henriette vor, er möge Louise de la Vallière umwerben, um von ihrem eigenen Verhältnis abzulenken. Und bald wurde aus dem Spiel Ernst. Er erklärte sie zu seiner offiziellen Mätresse, eine Praxis, die von Karl VII. eingeführt worden war, um dessen Geliebter, Agnès Sorel, eine Stellung bei Hof zu geben. Sie wurde die so genannte *maîtresse en titre*. Doch irgendwann verlor die naive und scheue Louise in des Königs Augen ihren Reiz. Gelangweilt wandte sich der König einer Freundin Louises, der Marquise de Montespan, zu, die Louise häufig an den Hof begleitet hatte. Françoise-Athénaïs, Tochter des Marquis de Mortemart, war eines von vier Geschwistern, deren gesellschaftliches Geschick allgemein berühmt war. Sie lachten gern und riefen diese Heiterkeit auch in anderen hervor. Wie die englische Schriftstellerin Nancy Mitford schreibt: »Sie erzählten mit träger, schmachtender, klagender Stimme eine komische Szene, die sie in so vielen Übertreibungen darzustellen wussten, dass der Zuhörer aus dem Lachen nicht mehr herauskam.« Madame de Montespan hatte also vor allem eine Gabe: Sie konnte die Menschen zum Lachen bringen.

Unterhaltung war genau das, was der König brauchte. Obwohl Ludwig als absoluter Herrscher über sein Handeln niemandem Rechenschaft ablegen musste, sah er sich im Reich doch mit einigen Konflikten konfrontiert. Die Zustände im damaligen Frankreich ähnelten ein wenig jenen, denen sich Ninon zu Hause zu entziehen versuchte. Im Land stritten sich nicht nur die Katholiken und die Protestanten, sondern auch Jansenisten und Jesuiten, besondere religiöse Splittergruppen. Die Kirche kämpfte mit dem Staat um die Macht, gleichzeitig stellten einige Philosophen das Herrschertum von Gottes Gnaden überhaupt in Frage. Sogar der königliche Wunsch nach Vergnügen musste sich täglich gegen frömmelnde Wertvorstellungen behaupten. Das Lachen war hier vermutlich die einzige Atempause.

Das religiöse Drama streckte seine Finger auch nach dem Königshof aus. Obwohl Ludwigs letzte Mätresse durchaus selbst über Witz und Geist verfügte, tat sie doch ihr Bestes, um den König vor der Verdammnis zu retten. Wie dies schon bei seinen früheren Eroberungen der Fall war, hatte Ludwig Françoise Scarron über Madame de Montespan kennen gelernt. Zusammen galten die beiden Frauen als die lebhaftesten, fröhlichsten Frauen bei Hofe. Bevor sie die Mätresse des Königs wurde, war Madame Scarron mit einem Freidenker und Dramatiker, Paul Scarron, verheiratet gewesen. Dieser wiederum war ein enger Freund von Ninon. Da beide Frauen häufig bei den Zusammenkünften der Dichter und Philosophen in Scarrons Wohnung zugegen waren, wurden sie gute Freundinnen. Als Françoise nach dem Tod Scarrons mittellos zurückgeblieben war, nahm Ninon sie gar in ihrem eigenen Haus auf. Da sie sogar das Bett miteinander teilten, ging das Gerücht um, die beiden seien Liebende. Doch Ninon ging weiterhin ihrer Profession nach, und Madame Scarron verließ bald Ninons Haus, weil sie sich angeblich von deren Freizügigkeit abgestoßen fühlte.

Zumindest sagte sie dies später. Ihre Frömmigkeit wurde mit dem Alter immer eifernder. Gleichzeitig kam sie dem Monarchen immer näher und überzeugte ihn, dass seine Liaison mit Madame de Montespan doppelter Ehebruch sei, weil ja auch diese verheiratet sei. Kurz darauf erhob der König Madame Scarron zur Marquise de Maintenon, und Madame de Montespan zog sich nach einem Skandal – es hieß, sie habe dem König ein Hexengebräu verabreicht, um seine Gunst wiederzugewinnen – völlig aus der Gesellschaft zurück. Dann starb die Königin. Und die Marquise de Maintenon konnte dem König endlich sagen, dass sie selbst nicht im Stande der Sünde zu leben gedachte. Und die Frömmigkeit obsiegte. Zumindest ist dies heute die herrschende Lehrmeinung. In einer Hochzeitszeremonie im Alkoven seines Schlafzimmers nahm der König seine letzte Favoritin heimlich zur Frau.

Aus der zeitlichen Distanz heraus scheinen die religiösen Skrupel der Maintenon einen sehr zweckgebundenen Hintergrund zu haben. Aber auch wenn dies der Fall war, so ist es vermutlich keineswegs die ganze Wahrheit. Denn nachdem Ludwig XIV. sie geehelicht hatte, nahm ihr religiöser Eifer eher noch zu. Ihr wachsender Fanatismus sorgte für allerlei Probleme, vor allem bei den armen Mädchen von St. Cyr, einer Schule, die sie mit Ludwigs Hilfe gegründet hatte. Anfangs diente die Schule vor allem dazu, Mädchen aus dem niederen Adel eine gute Erziehung angedeihen zu lassen. Sie sollten all die Fähigkeiten erwerben, die es ihnen ermöglichen würden, ihren Weg in der Gesellschaft zu machen: eine gewisse Vertrautheit mit Kunst und Literatur, Geschick im

Sticken und vor allem gute Manieren. Die Marquise beauftragte sogar den berühmten Racine, ein Stück zu schreiben, das die Mädchen aufführen konnten.

Vor allem ihre eigenen Erfahrungen waren es, die sie dazu brachten, diese Schule zu eröffnen. Als sie als junges Mädchen schlecht gekleidet und frisiert zu einer Festlichkeit in Scarrons Wohnung mitgenommen wurde, war sie sich ihrer Unzulänglichkeiten so sehr bewusst, dass sie in Tränen ausbrach. Doch Scarron, der ein freundlicher Mensch war, mochte sie. Und als er erfuhr, dass sie keinerlei Mittel hatte und deshalb in ein Kloster geschickt werden sollte, nahm er sich ihrer an und bot ihr an, sie zu heiraten. Er war weder attraktiv noch in der Lage, eine Ehe zu vollziehen. Eine Krankheit hatte ihn gezeichnet, sodass er ohne Hilfe nicht einmal gehen konnte. Alle, sogar er selbst, beschrieben ihn als »gekrümmt wie ein Z«. Trotzdem ernährte er Françoise, sorgte für Kleidung und – was noch wichtiger war – für eine bescheidene Erziehung, die ihr den Eintritt in die Pariser Gesellschaft ermöglichte. Da sie eine schillernde Erscheinung war, wurde sie bei Scarrons Festen schnell zur beliebten Gastgeberin und erlebte so einen raschen Aufstieg.

Obwohl sie ihre Ehe mit Scarron nie bereute, war es doch diese Erfahrung der Wahllosigkeit von Frauen in bestimmten Situationen, die sie dazu bewogen hatte, die Schule von St. Cyr zu gründen. Doch der Konflikt zwischen Frömmigkeit und Weltlichkeit, der ihre Zeit prägte, spiegelt sich auch in ihren Aktivitäten wider. Obwohl die Schule gegründet worden war, um Frauen das Kloster zu ersparen, machte Françoise daraus einen Konvent, sobald sie sah, dass ihre Schülerinnen das Interesse junger Männer auf sich zogen. Wenn die unglücklichen Geschöpfe bleiben wollten, und die meisten von ihnen kannten ja nichts anderes als St. Cyr, mussten sie die ewigen Weihen nehmen.

Wir können uns vorstellen, wie sie sich dabei gefühlt haben müssen. Nun waren sie gebildet, belesen und kannten die neuesten geistigen Strömungen. Sie hatten gelernt, eine elegante Konversation zu führen und geschickt zu argumentieren. Sie waren an ein weltlich orientiertes Leben gewöhnt, hatten sie doch jahrelang mit den berühmtesten Geistern Umgang gepflegt. Nun sollte all dies wertlos gewesen sein. Harte Entbehrungen drohten, die das neue Gelübde der Armut und die tödliche Stille des Klosters ihnen auferlegen würden.

In diesem Widerstreit weltlicher und religiöser Kräfte nahmen die Maintenon und Ninon de Lenclos einander entgegengesetzte Standpunkte ein. Trotzdem blieben sie Freundinnen. Ninon de Lenclos verdankte es ihrer früheren Freundschaft mit Madame Scarron, dass sie einmal in ihrem Leben den König traf. Da sie hoffte, der Einfluss der Marquise de Maintenon auf den König sei groß genug, um einem ihrer Freunde ein Amt zu erwirken, schrieb Ninon ihr. Françoise trug die Angelegenheit dem König vor, der sagte, er habe Ninon immer schon einmal kennen lernen wollen. Er schlug vor, dass Madame ein Treffen in Versailles arrangieren solle. Seit seiner Kindheit hatte er Geschichten über die berühmte Kurtisane gehört. Nun, da ihr Ruhm immer größer geworden war, sprach ganz Paris über ihre Schlagfertigkeit. Man sagt sogar, dass der König immer dann, wenn es ihm schwer fiel, eine Entscheidung zu treffen, seine Minister fragte: »Wie denkt Ninon darüber?«

Den Tagebüchern von Françoise Athénaïs de Montespan entnehmen wir, dass der König sich in einem Wandschrank verborgen hielt, während die beiden Frauen sich trafen. Nachdem Ninon die Strenge des höfischen Zeremoniells kritisiert hatte, versuchte sie, ihre Freundin zu überreden, nach Paris zurückzukehren, wo »Euch all die eleganten, geschmeidigen Geister erwarten würden, die einst Euren witzigen Geschichten, Eurer brillanten Konversation lauschten«. Als der König dann sein Versteck verließ, klagte er Ninon zum Scherz an, sie wolle ihn seiner Geliebten berauben. Er wusste ja, dass die Maintenon ihn wohl kaum verlassen würde. Später äußerte er, dass er Ninons intelligente Direktheit zu schätzen wisse.

Und tatsächlich sagte Ninon die Wahrheit. Obwohl viele Frauen die Marquise de Maintenon um ihre Rolle beneideten, wäre das Opfer der »brillanten Konversation« für die berühmte Kurtisane zu groß gewesen. Ninon hatte von Kindesbeinen an ein reges Interesse an Büchern, Diskussionen und am Lernen gezeigt. Sie hätte sich niemals in eine Rolle fügen können, in der sie auf Abruf dem König zur Verfügung stand. Bereits früher schon hatte sie passive Rollen, die Frauen mehr denn je zu spielen gezwungen waren, abgelehnt. Als sie elf Jahre alt war, schrieb sie an ihren Vater:»Ich möchte Euch mitteilen, dass ich beschlossen habe, ein Junge, kein Mädchen mehr, zu sein.« Und sie bat ihn, ihr die Erziehung angedeihen zu lassen, die ihrem »neuen Geschlecht« gebühre.

Ihr Vater, den diese Mitteilung offensichtlich amüsierte, ließ für sie Hosen und ein Wams aus zartblauem Samt nähen sowie einen kurzen Reitmantel aus burgunderfarbenem Samt. Dann beauftragte er einen Schuster, ihr Reitstiefel zu machen, und ließ ihr bei einem Hutmacher an der Place Royal eine Bibermütze mit einer roten Feder anfertigen. Nun war sie angemessen gekleidet und konnte reiten und fechten lernen, was ihr rasch gelang. So wurde sie schnell zum Liebling der Garden, streifte in den Ställen herum, wo sie den Slang der Pferdeknechte aufschnappte, worauf sie bestimmt ebenso stolz war wie auf ihre anderen Eigenschaften.

Als sie Jahre später einmal beschloss, einen ihrer Liebhaber auf dem Schlachtfeld zu besuchen, riefen die Männerkleidung, die sie trug, und der Degen an ihrer Seite bestimmt altbekannte Erinnerungen in ihr wach. Und sie sollte ihren Schwur, sich nicht von den Grenzen, die die Gesellschaft ihrem Geschlecht auferlegte, beeindrucken zu lassen, noch mehrfach wiederholen. Einem ihrer Liebhaber, Boisrobert, schrieb sie einmal:»Männer genießen tausend Privilegien, die Frauen niemals haben werden. Von dem Moment an, in dem ich dies erkannte, wurde ich ganz zum Mann.« Und so berichten auch mehrere ihrer Bekanntschaften, darunter der berühmte Aufklärer Voltaire, sie habe jeden Morgen gebetet:

»O Gott, mache mich zu einem aufrechten Mann, aber niemals zu einer aufrechten Frau.«

Und den Briefen von »Madame«, der Schwägerin des Königs, die ebenso zahlreich und interessant waren wie die der Madame Sévigné, entnehmen wir, dass die Menschen, die Ninon kannten, darin übereinstimmten, dass es »keinen aufrechteren Mann gebe als sie«. Dies ist für eine Frau eine außerordentliche Anerkennung. Andererseits können wir davon ausgehen, dass das Phänomen Ninon de Lenclos, ihre Autorität, ihre Integrität, ihre Brillanz, nicht möglich gewesen wären, wenn sie nicht kontinuierlich die Grenzen zwischen den Geschlechtern überschritten hätte.

Der Witz ist eine androgyne Kunst. Er fordert eine gewisse humorvolle Distanz von dem, was gesellschaftlich angemessen ist, ja den offenen Willen, sich diesen Regeln nicht zu unterwerfen. Sich so zu kleiden wie das andere Geschlecht enthüllt nämlich den Unsinn von geschlechterspezifischen Kleiderordnungen. Verhält man sich dann noch so, wie es angeblich nur dem anderen Geschlecht angemessen ist, wird die Lächerlichkeit solcher Zuschreibungen vollends enthüllt. Und dieses ständige Wandeln am Grat der gesellschaftlichen Ablehnung schärft wiederum den eigenen Blick. Auch ein beträchtlicher Sinn für Ausgewogenheit und Balance ist vonnöten, da die Seele des Witzes die Diplomatie ist. Der Witz ist eine Form des Humors, die zwar hart an Beleidigung grenzt, doch diese Grenze niemals überschreitet. Nur ein wirklich geistreicher Mensch kann das Verbotene sagen, ohne dafür der gesellschaftlichen Ächtung zu verfallen.

Sogar La Rochefoucauld, der die Kunst der Konversation beherrschte wie kein Zweiter und ihr in seinen *Maximen* ein Denkmal setzte, meinte einmal, er ziehe das Gespräch mit einer intelligenten Frau in jedem Fall dem mit Männern vor. »In ihrer Rede liegt eine gewisse Verbindlichkeit, die uns Männern fehlt.« Nehmen wir dazu noch die Gewandtheit, die Frauen neben der für männlich gehaltenen Intelligenz eigen ist, dann haben wir genau die Mischung, die eine geistvolle Person von einer anderen unterscheidet.

Letztlich mussten alle Kurtisanen die Tugenden beider Geschlechter beherrschen, wie viel Rouge und wie viele Juwelen sie auch tragen mochten. Sie mussten ebenso unabhängig, hart, energisch, mutig und tapfer sein, wie sie sinnlich waren. Eingeweiht in viele Geheimnisse, kannten sie die Tabus des menschlichen Herzens. Im Gefühlsleben war ihnen nichts fremd. Und auch wenn dies nicht ihr vorherrschender Zug war, so konnten sie in bestimmten Momenten auch sehr geduldig, liebevoll und sensibel sein. Sie mühten sich nicht, in bestimmte gesellschaftliche Rollenmodelle zu passen, sondern nahmen vielmehr die Eigenschaften beider Geschlechter an. Nichts wurde zensiert. Dieser atemberaubende, androgyne Cocktail muss vor allem auf jene anziehend gewirkt haben, die sich den Regeln der Gesellschaft ansonsten widerspruchslos unterwarfen.

Doch wir sollten uns nichts vormachen. Kurtisanen waren keineswegs frei von den Forderungen der Gesellschaft nach einem sexuell akzeptablen Verhalten. So aufregend das Leben im Grenzbereich des Nochannehmbaren auch gewesen sein mag, es war doch gleichzeitig gefährliches Terrain. Ninon de Lenclos zum Beispiel wurde von vielen berühmten Männern bewundert, doch sie hatte auch erbitterte Feinde. Auf dem Höhepunkt ihrer Popularität legte die *Compagnie Générale du Saint Sacrement* (Die Gesellschaft des Heiligen Sakraments) der Königin Anna von Österreich eine Petition vor, in der man darum bat, die Kurtisane zu bestrafen, weil sie die Ehe verhöhne und für gleiche Rechte für Männer und Frauen eintrete. Die Königin verbannte Ninon in ein Kloster am Rande von Paris. Und als das Gerücht umging, Ninons Freunde könnten versuchen, sie zu befreien, schickte man sie in ein anderes Kloster auf dem Land. Doch sogar außerhalb der Stadt pilgerte ein nicht abreißender Strom von Besuchern zu ihr. Und so konnte die Verbannung nicht lange aufrechterhalten werden. Nachdem Königin Christine von Schweden die Kurtisane im Kloster besucht hatte, schrieb sie an Kardinal Mazarin, man möge Ninon doch zurückholen, denn ohne sie »fehlt dem Hof sein edelstes Schmuckstück«.

Diese kurze Zeit der Gefangenschaft war die Ausnahme in einem Leben, das für diese Zeit außergewöhnlich wenige Grenzen kannte. Im weitaus größten Teil ihres Lebens konnte Ninon ihre Freiheit mit außerordentlichem Erfolg verteidigen. Ihre geistreiche Art war dabei eine ihrer schärfsten Waffen. Ihre Triumphe in der Diskussion um das, was männlich bzw. weiblich ist, zeigen sich in zwei Bonmots, die ihre Schöpferin um mehr als 300 Jahre überlebten. Als ihr Freund Boisrobert eines Tages protestierte, das Gespräch von Ninons Besuchern sei nun wirklich für eine Lady nicht mehr passend, antwortete Ninon, sie sei zu sehr Gentleman, um sich darüber aufzuregen. Eine andere Bemerkung enthüllt Ninons schonungslosen Witz. Einer ihrer Liebhaber mit Namen Tambonneau wünschte eines Tages, seine Gattin dürfte Ninon Laute spielen hören, worin diese Meisterin war. Doch natürlich wollte er seine holde Gemahlin nicht dem Anblick einer Kurtisane aussetzen. Warum also nicht, so überlegte er, Ninon hinter einem Wandteppich verbergen, wo sie sich ganz dem Spiel hingeben konnte. Als Ninon dieser Vorschlag zu Ohren kam, antwortete sie trocken: »Was glaubt Ihr, bietet Eurer Gattin mehr Schutz: ein flämischer Teppich oder ein echter Gobelin?«

Ninons Schutz war das Gelächter, das sie umgab. Ein Gelächter, das ihr einen Schutzmantel verlieh, den die Pfeile zumindest nicht durchdringen konnten, wenn sie schon nicht abprallten. Und der sie mit der strahlenden Aura der Brillanz umgab.

Haushalten und reich weden

Ich bin eine wunderbare Haushälterin.
Immer wenn ich einen Mann verlasse,
behalte ich sein Haus.

Zsa Zsa Gabor

Unser Katalog der Kurtisanentugenden wäre auf sträfliche Weise unvollständig, wenn ein anderer Aspekt ihrer Brillanz nicht zur Sprache käme, nämlich ihre Art, mit Geld umzugehen. Wie dies bei allen Tugenden zutrifft, war sie bei der einen stärker ausgeprägt, bei der anderen schwächer. Die meisten von ihnen aber verfügten über eine finanzielle Freiheit, die anderen Frauen bis ins 20. Jahrhundert hinein verwehrt blieb. Doch der von ihnen angesammelte Reichtum kam nicht von ungefähr. Wie alle erfolgreichen Geschäftsmänner bzw. -frauen musste die Kurtisane ihren spezifischen Wert kennen, den Markt einschätzen können und ein robustes Selbstbewusstsein haben, ein starkes Vertrauen in ihre Fähigkeiten. Und wie ein kluger Investor musste sie manchmal auch Risiken eingehen, um höhere Gewinne zu erzielen.

Die außergewöhnliche Geschichte der Schönen Otero bietet uns ein exzellentes Beispiel dafür, wie eine Frau aus einfachen Verhältnissen zu Reichtum und Ruhm gelangen konnte. Nachdem sie im Alter von elf Jahren brutal vergewaltigt worden war, verabschiedete sie sich nach dem Krankenhausaufenthalt von ihrer Mutter und verließ im zarten Alter von nur zwölf Jahren das kleine Dorf Valga in Spanien, kaum mehr in der Tasche als ein paar Peseten. Zwei Jahre lang bettelte sie um Almosen und wanderte von einem Mann zum anderen. Sie tauschte Sex gegen eine Unterkunft und etwas zu essen. Schließlich lernte sie einen Katalanen namens Paco kennen, der ihr das Tanzen und Singen beibrachte. Als ihr Manager und Partner brachte er sie in mehreren kleinen, teilweise auch schmuddeligen Nachtclubs unter. Wie viele Frauen, die am

Theater tätig waren, besserte sie ihre geringen Einkünfte auf, indem sie mit Männern schlief, die nach dem Ende der Vorstellung am Bühneneingang auf sie warteten. Die Möglichkeit, diesem Leben zu entkommen, zeichnete sich ab, als Paco, der längst auch ihr Liebhaber war, wollte, dass sie alle anderen Beziehungen sausen ließ und ihn heiratete. Doch sie lehnte ab. Zweifellos hatte sie keine Lust, eine Neuauflage der Armut und Not ihrer Kindheit zu erleben. Die Großzügigkeit der Männer, die ihr hinter die Bühne folgten, hatte ihr gezeigt, was alles möglich war. So sah sie ihre Chance gekommen, als ein amerikanischer Impresario sie in einem Theater in Marseille sah und sich in sie verliebte. Er bat sie, in einem berühmten Club in New York aufzutreten, dessen Manager er war.

Nur ein paar Jahre später hatte sie die großzügigen Geschenke der teilweise berühmten Herren bereits in eine schöne Villa umgewandelt, die der Architekt Adolphe Vieil in einem der besten Viertel von Paris, in der Nähe des Parc Monceau, für sie entwarf und baute. Ihre Räume richtete sie mit kostbaren Möbeln ein. Um ihre Garderobe hätten Königinnen sie beneidet, und ihre Juwelensammlung war zur Zeit der Jahrhundertwende zwischen zwei und drei Millionen Franc wert.

Leider war ihr Talent, das Geld auch zu behalten, nicht annähernd so ausgeprägt wie ihre Fähigkeit, es heranzuschaffen. Ihr finanzielles Genie wurde von einer düsteren Wolke verdunkelt, die sozusagen die Schattenseite ihres Talents zum Geldverdienen war: Sie spielte gern. Während der langen Jahre ihrer professionellen Tätigkeit besuchte sie immer wieder das Casino in Monte Carlo. Verlor sie dort in jungen Jahren mehr, als sie gewann, so konnte sie diesen Verlust leicht wieder wettmachen. Doch als sie älter wurde und ihr Einkommen sank, schlug das Laster erbarmungslos zu. Vielleicht war es ein Fehler, dass Otero sich ausgerechnet nach Nizza zurückzog, das den Spieltischen von Monte Carlo so nah war. In kürzester Zeit hatte sie dort ihre elegante Villa verspielt.

Und doch war ihr Ende nicht so miserabel, wie man glauben könnte. Zumindest berichtet die Legende, dass sie in den letzten Jahren ihres Lebens, als sie alles verspielt hatte und wieder arm war, von den Casinos, die ihr ein gewaltiges Vermögen verdankten, eine kleine Rente erhielt, sodass sie zumindest ausreichend Geld hatte, um ein bescheidenes Leben zu führen, bis sie starb.

Anders als die Schöne Otero waren viele Kurtisanen recht geschickt im Umgang mit Geld. Viele von ihnen beendeten ihre Tage in eben jenem Lebensstil, an den sie sich mittlerweile gewöhnt hatten. Einige wie Marguerite Bellanger, die frühere Mätresse von Napoleon III., investierten ihr Geld klug. Andere wie die Comtesse de Loynes verheirateten sich vorteilhaft. Und wieder andere wie La Païva taten beides. Viele von ihnen bekamen von ihren Gönnern einen Hutmacherladen eingerichtet. Andere wurden von jüngeren Kurtisanen unterhalten, für die sie vorteilhafte Verbindungen geknüpft hatten. Denn bereits im 15. Jahrhundert ersannen diese Frauen eine Möglichkeit, in Würde zu altern. Sie gaben die Geheimnisse des Metiers weiter. Hatten sie eine Tochter, so bildeten sie diese in allem aus, was für diesen Beruf nötig war. Auf diese Weise sicherten sie sich ein gutes Einkommen auch im Alter.

Wenn dies nicht zu unseren Vorstellungen von Mutterliebe passt, dann sollten wir uns ins Gedächtnis rufen, dass unter den schwierigen Umstände eines Frauenlebens in jener Zeit die Werte, die Mütter an ihre Töchter weitergaben, häufig an Eindeutigkeit verloren. Viele zogen auch den Beruf der Kurtisane einem normalen Eheleben vor. Und trotzdem gab es Mütter, die ihre Profession bewusst nicht weitergaben.

So sorgte im Rom des 15. Jahrhunderts die berühmte Kurtisane Imperia dafür, dass keine ihrer Töchter den Beruf ausüben musste, in dem sie zu Reichtum und Ansehen gelangt war. Sie selbst war von ihrer Mutter in diese Kunst eingeführt worden. Diana Cognati war als Kurtisane keine Berühmtheit gewesen. Vielleicht musste Imperia sie deshalb unterstützen, als sie noch jung war. Als sie selbst 17 Jahre alt war, brachte sie ihre erste Tochter, Lucrezia, zur Welt. (Wer der Vater dieses Kindes war, lässt sich heute nicht mehr feststellen.) Als Imperia 18 wurde, heiratete ihre Mutter Paolo Trotti, ein Mitglied des Chores der Sixtinischen Kapelle, der von nun an Imperias Einkünfte anlegte – unter seinem Namen.

Doch Imperia begann schon bald, ihrer Mutter und ihrem Stiefvater zu misstrauen. Da sich, als sie 29 Jahre alt war, ihr weltliches Wissen mittlerweile nicht mehr nur auf ein Gebiet erstreckte, nahm sie ihre Finanzen selbst in die Hand. Kurz danach schloss sie einen sehr vorteilhaften Handel mit dem Neffen von Papst Pius IV., Enea Piccolomini ab, dem sie ein Stück Land verpachtete. Da dieser Handel für sie so günstig ausfiel, kam man allgemein zu der Ansicht, Piccolomini müsse Imperias Liebhaber gewesen sein und habe so eine ideale Möglichkeit gefunden, sie zu bezahlen. Für die Überlassung des Landes verpflichtete Piccolomini sich, Imperia dort ein Haus zu bauen, in dem sie bis an ihr Lebensende wohnen konnte. Ferner sah der Vertrag vor, dass Piccolomini ihrer Tochter Lucrezia die Summe von 300 Dukaten auszahlen musste, sollte Imperia vor Lucrezia sterben und Piccolomini diese aus dem Haus weisen. Für 300 Dukaten aber hätte Lucrezia sich ein schönes Haus in Rom kaufen können. So sorgte Imperia schon in jungen Jahren nicht nur für ihr eigenes Alter, sondern auch für ihre Tochter vor.

Ihre zweite Tochter, Margherita, war das Kind von Agostino Chigi, Bankier von Königen und Adligen sowie des Vatikans. Da sein Erfolg in finanziellen Dingen legendär war, nannte der Sultan der Türkei ihn »den größten Händler der Christenheit«. Julius II. verlieh ihm das Recht, den Adelstitel *Chigi Della Rovere* zu tragen, die meisten aber nannten ihn einfach *Il Magnifico*, den »Prachtvollen«. Wie Imperia selbst, für deren Unterhalt er sorgte, war er klug und mutig zugleich, eine äußerst gelungene Kombination. Es gibt heute noch zwei Bauwerke in Rom, die von seiner einstigen Macht zeugen. Das eine ist die Familienkapelle in der Kirche von Santa Maria del Popolo an der Piazza del Popolo, die Raffael für ihn ausschmückte. Das zweite ist die Villa Farnesina, die einstige Villa Chigi, ein elegantes Landhaus, das heute mitten in Trastevere steht und das vom damals bekannten Baumeister Baldassare Peruzzi erbaut worden ist.

In der Familienkapelle findet sich naturgemäß kein Zeugnis für die Verbindung zwischen Imperia und Chigi, die Villa allerdings wurde für die Kurtisane erbaut. Raffael entwarf dort die Loggia und schmückte den Großen Salon mit einem Fresko, das die Meeresnymphe Galatea zeigt, wie sie sich aus den Fluten erhebt. Imperia soll für sie Modell gestanden haben. Früher nahmen die Historiker allgemein an, dass die Galatea ein getreues Porträt der Kurtisane sei. Mittlerweile allerdings ist man zu der Auffassung gelangt, dass Raffael in sein Bild all jene Züge einschließen wollte, die dem Schönheitsideal der Renaissance entsprachen, und dass er sich deshalb an Imperia orientierte, die dieses Ideal in hohem Maße verkörperte. Auch in den Szenen aus dem Mythos um Eros und Psyche im selben Raum findet sich in der Person der Psyche und in der Darstellung der Drei Grazien dieselbe Figur: helles Haar, feine, harmonische Gestaltung, ein Körper, der nur wenig fülliger ist, als wir dies heute schätzen, sinnlich, stark, und trotzdem graziös gerundet, so als wäre der Pinsel des Malers schwerelos über den Putz geglitten.

Imperias Gegenwart ist in der ganzen Villa spürbar, was nicht verwundert, denn sie war oft dort. Die Farnesina war nicht Chigis Hauptwohnsitz. Er nutzte sie vor allem für seine Festlichkeiten. Und obwohl die Ehe zwischen Cupido und Psyche, die auf dem Deckenfresko dargestellt ist, angeblich die Ehe des Bankiers darstellen soll, so war es doch Imperia, die die Festlichkeiten in der Farnesina ausrichtete und dort als Gastgeberin für Künstler, Literaten, Maler und vatikanische Würdenträger und natürlich Kurtisanen fungierte. Da diese Rolle für die Gemahlin Chigis kaum passend gewesen wäre, wurde sie von der Mätresse übernommen.

Bei diesen Gelegenheiten lag eine gewisse Erregung in der Luft. Als würde dem brodelnden Meer der Schöpfung eine

Welt neuer Vergnügungen, Einsichten, Reichtümer und Bilder entsteigen. Sogar architektonisch waren diese Feste eine Herausforderung. Die Loggia öffnete sich so elegant nach außen, dass der Garten das Haus zu betreten schien. In Villen wie dieser entstanden die ersten *salons*, die gebildeten Gesellschaften des 17. und 18. Jahrhunderts, die so sehr zum Nährboden neuer Ideen wurden. Tatsächlich entstand das französische Wort *salon* aus dem italienischen *salone*, einem Ausdruck, mit dem man in der Renaissance den Raum eines Hauses bezeichnete, in dem man Gäste empfing. Und diese Gesellschaften wiederum wurden zum Vorläufer der berühmten Kaffeehauskultur der Jahrhundertwende.

Dass Chigi selbst ein großer Mäzen war, erklärt nur zum Teil die aufregende Mischung von Gästen, die er in der Farnesina empfing. Sein Mäzenatentum ergab sich ganz natürlich, weil eine neue Klasse reicher Bürger auch eine neue Weltsicht brauchte, in der sich neue Visionen, neue Machtverhältnisse spiegelten. Praktisch gesehen brachte der Aufstieg einiger Bürger den Künstlern mehr Aufträge, mehr Wände, die zu gestalten waren, und mehr Menschen, die für deren Ausschmückung bezahlen konnten. Der neue Reichtum der Künstlerschaft brachte dieser Gruppe – wie dies häufig der Fall ist – auch mehr gesellschaftliches Ansehen. Sie galten nun nicht mehr länger als Handwerker, sondern waren für ihren individuellen Stil berühmt und geschätzt. Und dieser Prozess erstreckte sich nicht nur auf die Künstler, sondern gleichermaßen auf Bankiers und Kurtisanen.

Die Allianz, die daraus entstand, war mehr als praktisch, denn wirtschaftlicher Wandel geht fast immer mit einer Vision einher, die die Welt verändert – ob zum Guten oder Schlechten. Der Akzent verschiebt sich. Neue Wege des Denkens und Handelns tun sich auf. Im besten Fall erhält das Leben dadurch neue Kraft. Und wo immer es zu einem solchen Ausbruch neuer Energien kommt, ist der Eros daran beteiligt. Die Energie zwischen Chigi und Imperia, zwei Genies des Vergnügens und des Profits, muss zum Greifen spürbar gewesen sein, waren sie doch einer das Spiegelbild des anderen.

Schließlich geht es im Geschäftsleben ebenso um Beziehungen wie in der Mathematik. Beide wussten, wie eng Geselligkeit und Profit miteinander verknüpft waren. Beiden war klar, dass Vertrauen und Vergnügen die Spendierfreudigkeit fördern, die wiederum für jenes Klima der Fülle sorgt, in dem die Geschäfte gedeihen. Chigi war berühmt dafür, dass er seinen Gästen die einzelnen Gänge des Mahles auf Geschirr aus Gold und Silber servierte. Nachdem er den Gang beendet hatte, warf der Bankier seinen Teller in den Tiber und bat seine Gäste, das Gleiche zu tun. Dies war mehr als nur eine theatralische Geste. Sie stand symbolisch für die Gesetze der alten Ordnung, von denen Chigi und seine Gäste sich befreiten.

Doch sowohl Chigi als auch Imperia wussten, dass es bestimmte erdhafte Gesetzmäßigkeiten gab, denen man besser gehorchte. So hatte Chigi vor dem Bankett ein Netz unter der Wasseroberfläche spannen lassen, sodass das kostbare Geschirr nicht verloren ging. Wie ihr Gönner so vermittelte auch Imperia einen Hauch von sorgloser Extravaganz, obwohl sie in Wirklichkeit gut für die Zukunft vorsorgte. So sorgte sie beispielsweise dafür, dass Chigi seine Tochter Margherita anerkannte. Da Chigi einen gewissen Einfluss im Vatikan besaß, wurde Margherita sogar von Papst Leo X. legitimiert und heiratete am Ende einen Grafen von Carafa.

Als sich Imperias Leben schon dem Ende zuneigte, erlebte sie noch die Genugtuung, dass sich mit Chigis Hilfe auch Lucrezia vorteilhaft vermählen konnte. Auch Imperia hatte sich nämlich verliebt, obwohl ein ungeschriebenes Gesetz besagt, dass es der Ruin einer Kurtisane ist, wenn sie sich verliebt. Sie liebte einen Mann namens Angelo del Bufalo. Ihre Bewunderung für ihn war nur zu verständlich. Er sah gut aus, war gebildet, in Gesellschaft gewandt und ein bisschen wild. Trotzdem genoss er den Respekt aller. Doch wie in Bestätigung des uralten Gesetzes erwies sich die Beziehung zu Del Bufalo als Imperias Untergang. Bufalo, der verheiratet war, wandte sich einer anderen Geliebten zu. Imperia fühlte, wie er sich ihr immer mehr entzog. Schließlich sagte er ihr, dass er sie nicht mehr liebe, und beendete so ihre Beziehung. Und Imperia trank Gift.

Ihr Tod war eine Qual. Doch während der Tage, in denen sie im Todeskampf lag, schrieb sie noch ein Testament, das all ihren Besitz ihrer ersten Tochter Lucrezia hinterließ. Sie ernannte Chigi zu ihrem Testamentsvollstrecker und nahm ihm noch auf dem Sterbebett das Versprechen ab, das Mädchen gut zu verheiraten. Und so wurde Lucrezia zehn Monate nach dem Tod ihrer Mutter an einen Gewürzhändler aus dem reichen Siena verheiratet, der Stadt in der Toskana, aus der auch Chigi stammte. Wenn wir über diese letzte Großtat Imperias nachdenken, so scheint der Name von Lucrezias Bräutigam, Archangelo Colonna (frei übersetzt etwa »tragender Erzengel«), nur allzu passend. Und was für diese Zeit, die Frauen so wenige Möglichkeiten ließ, noch ungewöhnlicher war: Anscheinend verliebte sich das Pärchen nach der Eheschließung ineinander.

Pinkfarbene Häschen

Die Brillanz der Kurtisanen hat noch eine weitere Facette, die hier Erwähnung verdient: Kurtisanen waren geborene Schauspielerinnen. Auch wenn diese Eigenschaft sie nicht immer auf die Bühne führte, so erwiesen sie sich doch außerhalb der Bretter, die die Welt bedeuten, im »wirklichen« Leben also, als wahre Künstlerinnen. Gewöhnlich stammten sie aus armen Familien der Unter- oder Mittelschicht. So mussten sie also nicht nur den Mut aufbringen, ihren Weg in die Oberschicht zu erkämpfen. Sie mussten auch die Manieren der »Damen« perfekt imitieren können. Und da sie sich manchmal benehmen mussten wie Damen der Gesellschaft, manchmal aber auch klarmachen sollten, dass sie Kurtisanen waren, mussten sie diese Fähigkeit nach Belieben »ein- und ausschalten« können.

Wie bereits erwähnt, war Émilienne d'Alençon eine der großen Kokotten der Belle Époque. Zusammen mit Liane de Pougy und der Schönen Otero gehörte sie zu den großen Drei von Paris. Émilienne d'Alençon hatte, bevor sie berühmt wurde, tatsächlich Schauspiel am Konservatorium studiert. Da das klassische französische Drama aber nicht so ganz zu ihr passte, blieb sie nur knapp ein Jahr dort. Ihr Reich war vielmehr das Varieté, und dieses sollte ihr auch zu einer glänzenden Karriere verhelfen. Schließlich zählte mehr als ein Sohn aus adligem Hause zu ihren Liebhabern. Sie wiederum gehörte zu den zahlreichen Geliebten von König Leopold II. von Belgien. So gab es in ihrem Leben Gelegenheiten, bei denen sie auftreten musste wie eine Dame aus besserem Hause, auch wenn ihr Reiz vor allem darin bestand, dass sie genau das nicht war. Als sie Großbritannien besuchte, tat sie dies daher unter einem Decknamen, nämlich als Comtesse de Beaumanoir (Comtesse aus Schönem Hause). Diese Rolle, die von ihr das verlangte, was Cornelia Otis Skinner die »Raffinesse des abgespreizten Fingers« nannte, spielte sie eine Zeit lang mit Bravour. Dass sie kein Englisch sprach, schürte die Bewunderung der Briten sicher noch.

Doch ihre beste Vorstellung lieferte sie zweifellos im Cirque d'Été, wo sie auftrat, bevor sie endgültig in die Folies-Bergère übersiedelte, und wo sie definitiv einfach sich selbst spielte. In dem beliebten Stück ging es um eine Gruppe von Hasen, die sie knallrosa gefärbt und mit Papierrüschen ausstaffiert hatte. So ausgestattet waren die Häschen niedliche Accessoires für ihre Herrin. Sie selbst war blond, mit rosig schimmernder Haut, und trug am liebsten rosa Taft mit Spitzen. Der Autor Jean Lorrain schreibt, sie habe eine gewisse Ähnlichkeit mit Himbeereis besessen. Was sie mit den Häschen auf der Bühne anfing, lässt sich leider nicht mehr feststellen. Vielleicht ließ sie sie auf ihr Kommando durch Reifen hüpfen. Das Farbenspiel muss beim Publikum jedenfalls gut angekommen sein.

Der komische Effekt, den sie hervorrief, beruhte zum einen auf der komödiantischen Fähigkeit des richtigen Timings, aber auch auf intelligenter Mimikry. Was d'Alençon hier so kongenial nachahmte, war eine Idee der Wirklichkeit, nicht die Wirklichkeit selbst. Sie spielte einen klassischen Typus des weiblichen Repertoires, die dumme Blondine, mit enormem Geschick. Paradoxerweise gehört nämlich mehr als nur durchschnittliche Intelligenz dazu, eine törichte Person zu spielen. Das Leben zu imitieren ist eine Sache, einer Fantasiegestalt Leben einzuhauchen eine ganz andere.

Einerseits war die Vorstellung also auf charmante Weise dumm. Dass sie doch komplex war, wird uns klar, wenn wir heutige Schauspielerinnen betrachten, die dieselbe Rolle geben. Ob es nun Gracie Allen, Marilyn Monroe, Lucille Ball oder Goldie Hawn ist, die die hirnlose Blondine gibt, so ist unter ihrer Darstellung doch eine Intelligenz am Werk zu spüren, die den unsichtbaren Fäden eines Marionettenspielers ähnelt. Diese verleiht der Vorstellung eine subtile Tiefe, die dem Bild widerspricht, das an der Oberfläche präsentiert wird. Denn die versteckte Botschaft lautet, dass Frauen so lange die Rolle des Dummchens spielen, um Männer damit zu manipulieren, wie die Machtverhältnisse in unserer Gesellschaft zu ihren Ungunsten verteilt sind. Und zu dieser Botschaft dürfen nun beide Geschlechter lachen – Männer wie Frauen.

Unter dem Blickwinkel der Doppelbödigkeit kann d'Alençons' Vorstellung auch als komische Anspielung auf die Macht der Kurtisanen verstanden werden, die ihre Liebhaber zu den merkwürdigsten Kapriolen bewegen können. Dass die Häschen, klassische Symbole sexueller Leistungsfähigkeit, ihrer Herrin aufs Wort gehorchten, gehörte mit zum Spiel. Und so entsteht aus der vordergründigen Geschichte der jungen Frau, die so naiv ist, dass sie noch mit Häschen spielt, eine ganz neue Story, in der die gehorsamen, zahmen und mit einem Halsband versehenen Tierchen plötzlich eine andere Rolle einnehmen.

Der endgültig verdrehte Kopf

Die vierte Station der Verführung

Die Legende berichtet uns von einem jungen Mann, der überhaupt nicht verstehen konnte, weshalb jedermann von Ninon de Lenclos schwärmte. Vor seinen Freunden prahlte er damit, dass ihre Verführungskünste an ihm sicher abprallen würden.

»Was für einen Reiz kann eine Frau ihres Alters schon haben?«, fragte er.

So schlug ihm sein Freund, der Ninons Liebhaber gewesen war, eine Wette vor. Er wettete, dass sein Freund Ninons Reiz nicht würde widerstehen können.

Ninon, der diese Wette Spaß machte, stimmte einem Treffen zu. Und natürlich streckte der junge Mann trotz seines enormen Selbstvertrauens die Waffen, sobald er sie traf. Was aber tat sie?

Natürlich können wir hier wieder nur unsere Fantasie walten lassen, aber unsere Vorstellungskraft sagt uns, dass sie ihm zuerst ihr Interesse bekundete. Vielleicht fragte sie ihn, wo er aufgewachsen war. Oder sie machte ihm ein Kompliment über seine Stiefel. Vielleicht bat sie ihn auch um seine Meinung zu der letzten Vorstellung in der Comédie Française. Und bei all seinen

Ninon de Lenclos

Antworten gab sie ihm zu verstehen, dass er einzigartig war.

Doch wenn wir hinter das Geheimnis dieses Spiels kommen wollen, müssen wir es aus einem anderen Blickwinkel betrachten. Wenn das Interesse, das sie an ihm zeigt, eine unmittelbare Wirkung hat, dann nur, weil sie es nicht heuchelt. Vielmehr wendet sie ihm aus alter Gewohnheit ihre ganze Aufmerksamkeit zu, mit derselben Intelligenz, mit der sie sich dem Leben selbst widmet. Und obwohl er noch Widerstand leistet, ist doch anzunehmen, dass ihre Aufmerksamkeit ihm »den Kamm schwellen« lässt. Warum, so fragt er sich, solle er seinen Freunden nicht erzählen, dass die berühmte Ninon de Lenclos an seinen Lippen hing wie eine Verdurstende, obwohl sie ihn ja völlig kalt ließ.

Also kehrt er von nun an seine besten Seiten hervor, lässt sie an allem teilhaben, was er an sich selbst toll findet. Und sie hält ihn nicht auf. Geduldig lächelt sie und hört allem, was er zu erzählen hat, beharrlich zu, unterbricht ihn nur, um nachzufragen, so lange bis seine Prahlerei von selbst nachlässt. Irgendetwas in ihrer gelassenen Haltung irritiert ihn. Sich dieser Irritation bewusst zu werden, ist schon ein erster Akt der Selbsterkenntnis. Vielleicht hat er doch ein wenig zu viel von sich gesprochen.

Daraufhin zeichnet sich auf seinem Gesicht für den Bruchteil einer Sekunde eine gewisse Verlegenheit ab, die die meisten Menschen nicht einmal wahrgenommen hätten. Ninon aber tut es. Ihre Lächeln wird noch ein wenig geduldiger, was seine Verlegenheit noch verstärkt, worauf sie ein kleines, diskretes Lachen ausstößt. Und dieser Prozess setzt sich fort, denn, wie sich aus der Heisenbergschen Unschärferelation ableiten lässt, die Wahrnehmung beeinflusst die Ereignisse. In diesem Fall intensiviert sie die Gefühle des jungen Mannes.

Auch wenn er es noch nicht weiß, er zappelt bereits im Netz. Sie macht sich nicht über ihn lustig. Ganz im Gegenteil, ihr Interesse steigt noch. Was sie jetzt sieht, gefällt ihr. Vor ihr steht kein arroganter, junger Mann mehr, sondern ein Mann, in dem sich Intelligenz, Arroganz, Demut und Verletzlichkeit mischen. Ihre Reaktion ist weder distanziert noch mütterlich. Sie erlaubt sich nur, von diesem Bild anrühren zu lassen. Wahrscheinlich hat sie schon früh in ihrem Leben die Erfahrung gemacht, dass der einzige Weg, einen Mann zu verzaubern, der ist, ihn bezaubernd zu finden. Und doch ist es nicht seine Prahlerei, auf die sie reagiert, im Gegenteil, sie interessiert sich für den Teil seiner selbst, den er immer zu verbergen suchte.

Nun, da sie nicht den geringsten Versuch unternimmt zu verbergen, dass sie ihn charmant findet, und da bisher niemand sich darum scherte, was er tief in sich war, geschweige denn diesen Teil seiner selbst interessant fand, nun erst erfährt er die ganze Macht ihrer Verführungskunst.

Das Ende der Geschichte, die jetzt schon seit mehr als 300 Jahren immer wieder erzählt wird, ist natürlich, dass der junge Mann seine Wette verlor. Ninon war einige Jahre älter als er, als der junge Abbé Gedolyn sie seiner leidenschaftlichsten Liebe versicherte. Anfangs ließ sie ihn noch ein wenig schmoren, doch als sie seinem Werben nachgab, nahm sie ihm das Versprechen ab, genau einen Monat und einen Tag zu warten, bis er sie endlich in den Armen halten sollte. Er gab das Versprechen leichten Herzens und zählte die Tage und Stunden. Als der Tag kam, stand sie zu ihrem Wort. Am Ende fragte er, der endlich in ihren Armen glücklich war, sie, weshalb er genau einen Monat und einen Tag hatte warten müssen.

»Weil ich heute Geburtstag habe«, antwortete sie. »Und weil ich mir beweisen wollte, dass ich im Alter von siebzig Jahren einen Mann immer noch glücklich machen kann.«

Lebensfreude – joie de vivre

Marion Davies

Freude am Leben zu haben ist ebenso eine Gabe wie alle anderen hier vorgestellten Tugenden. So simpel, wie dies auf den ersten Blick erscheinen mag, ist die Freude nämlich nicht. Viele verweigern sich diesem Gefühl aus Furcht oder Ablehnung so lange, bis sie das Talent, sich zu freuen, verloren haben. Andere verwechseln Glück mit Macht und Vergnügen mit Herrschaft, sodass sie die wahren Freuden ihrer Eroberungen niemals auskosten können. Das Leben zu genießen ist eine Kunst. Man lässt das Verlangen zu, öffnet sich dem, was kommt, kostet jedes Detail aus, bis in die Fingerspitzen, bis in die Haarwurzeln wird jeder Geschmack, jedes Erleben, jeder Moment aufgenommen. Diese Erfahrung erfordert Mut. Freude, Entzücken, Ekstase werfen uns aus der Bahn, stören den Ablauf unserer Tage (oder Nächte, was häufiger der Fall ist). Und weil fast alle Spielarten der Freude ein Moment des Fließens in sich tragen, birgt jedes Glück letztlich den Samen des Verlustes in sich, ganz egal, wie groß oder klein er ausfallen mag. Und dieser Verlust lehrt uns, dass nichts dauerhaft ist.

Sowohl übermäßige Gier als auch vollkommene Abstinenz sind Möglichkeiten, diese Erfahrung zu vermeiden. Natürlich können wir verhindern, dass die Freude uns wieder verlässt, wenn wir ihr gleich aus dem Weg gehen. Äsops Fabel von der Ameise und der Grille ist eine der ältesten Geschichten über dieses Thema. Sie führt uns das Schicksal der armen Grille vor Augen, die den ganzen Sommer über sang und tanzte, aber im Winter hungern muss, während die Ameise den Sommer über fleißig war und nun auch im Winter davon zehren kann. Doch genauer betrachtet warnt sie uns auch davor, was mit uns geschieht, wenn wir so bienenfleißig sind und jedem

Spaß aus dem Weg gehen. Wir werden hartherzig wie die Ameise, die auf die Bitten der armen Grille um ein wenig Nahrung zynisch fragt, warum die Grille denn jetzt nicht tanze. In dieser Antwort liegt mehr als nur ein wenig Häme. In der Rückschau allerdings wird uns klar, weshalb. Das arme Tier hatte den ganzen Sommer über nur den Winter im Sinn. Der Anblick der armen Grille aber musste die Ameise daran erinnert haben, wie wenig sie den Sommer genossen hatte.

Dabei war auch Äsop kein Kostverächter. Vor Hunderten von Jahren hielt er die Kurtisane Rhodopsis aus. Und La Fontaine, der im 17. Jahrhundert Äsops Fabeln neu bearbeitete, war mehr als einmal zugegen, wenn Ninon de Lenclos ihre Gäste mit der Laute unterhielt. Wie jeder andere so war auch er von ihr hingerissen. Und auch wenn die Moral der Geschichte grausam ist, so zeigt sich das genießerische Moment doch in der Lust und im Rhythmus seines Erzählens.

Schließlich stimmt die Geschichte in gewisser Hinsicht auch. Allein die Tatsache, dass es so etwas wie Gier gibt, sagt uns, dass es nicht immer richtig ist, sich seinen Vergnügungen hinzugeben. Doch obwohl Gier mit Abstinenz zunächst nichts zu tun zu haben scheint, entspringen doch beide demselben Motiv. Die Anhäufung von allem, was Vergnügen bereiten kann, und zwar in Mengen, die weit über den Genuss des Augenblicks hinausgehen, schafft die Illusion, der Vergänglichkeit der Lust entgehen zu können. Das Traurige daran ist, dass auf diesem Altar die Freude selbst geopfert wird. Vergleichbar einem Festmahl, das so reichhaltig ist, dass es nur noch Überdruss und Krankheit verursacht. Die Motivation ist es, die den Unterschied macht.

Wenn das Vergnügen um seiner selbst willen im Mittelpunkt unseres Tuns steht, dann kann auch der Exzess seine schädlichen Qualitäten verlieren. In *Meine Lehrjahre* beschreibt Colette ein Abendessen mit Caroline Otero in deren Haus in der Rue Fortuny. »Ich habe das Essen immer genossen«, sagt sie über ihre Lust an herzhaften Mahlzeiten. »Aber verglichen mit Linas Appetit aß ich wie ein Spatz.« Es verwundert uns nicht, dass die Schöne Otero einen so gewaltigen Appetit hatte. Schließlich hatte sie in ihrer Kindheit enge Bekanntschaft mit dem Hunger gemacht. Vielleicht liegt auch eine gewisse ausgleichende Gerechtigkeit darin, dass viele Frauen, die berühmt dafür waren, dass sie das Leben genießen konnten, aus sehr ärmlichen Verhältnissen stammten. Das erlittene Leid lässt das Glück des Augenblicks deutlicher hervortreten. Otero wusste schon als Kind, dass es sinnlos war, über eine Mahlzeit in der Zukunft nachzudenken, die sie vielleicht nie bekommen würde. Daher konzentrierte sie ihre ganze Aufmerksamkeit auf das, was jetzt vor ihr auf dem Tisch stand.

An jenem Abend wurde ein nicht gerade leichtes Mahl aus Würsten, Rindfleisch und Huhn serviert, das beide Frauen mit Genuss verzehrten. Doch dass Otero wesentlich mehr essen konnte, zeigte sich sofort. Sie ließ sich den Teller vier- oder fünfmal nachfüllen. Und doch, so Colette, widmete sie jedem Bissen die gleiche Aufmerksamkeit, wobei sie »eine lächelnde Heiterkeit, eine Aura kindlicher Unschuld« ausstrahlte. Beim Essen glänzten »ihre Zähne, Augen und ihre Lippen wie die eines Kindes«. Und doch hatte sie nicht zu viel gegessen. Als sie mit dem Erdbeereis fertig war, stand sie auf, nahm sich ein Paar Kastagnetten und begann, wild und frenetisch zu tanzen, ein anderes Vergnügen, das – wie Colette schrieb – »aus ihrer tiefen Leidenschaft für Rhythmus und Musik« rührte. Es passt, dass solch ein Abend mit einem Tanz endet. Der Genuss setzt eine tief gehende Selbstkenntnis voraus, eine feine Wahrnehmung der eigenen Wünsche, die nur dann möglich wird, wenn wir vollkommen präsent sind, ja den Fluss des Lebens bewusst vorüberziehen sehen.

Wie Colette uns mitteilt, war es eine Freude, Otero tanzen zu sehen. Empfindet jemand intensive Freude, verspüren die Anwesenden ein daraus resultierendes Vergnügen, nämlich diesem Moment beizuwohnen. Fröhlichkeit erzeugt wieder Fröhlichkeit. Es liegt in der Natur der Freude, sich auszubreiten und alle jene zu berühren, die sich in ihrem Umkreis befinden. Umgekehrt übt auch die Fähigkeit, Freude zu empfinden, eine gewisse Anziehungskraft aus. Wo immer ein Mensch sich aufhält, der mit dieser Gabe gesegnet ist, zieht er andere Menschen an. Plötzlich liegt ein Prickeln in der Luft, eine schöpferische Stimmung, von der immer mehr Menschen angezogen werden.

Dass man Païva die »Königin von Paris« nannte oder Liane de Pougy »unsere Kurtisane« hat seinen Grund. Die großen Kurtisanen waren wie Bienenköniginnen, um deren Bau sich zahllose soziale Gruppierungen anlagerten wie Honigwaben. Ob dies nun in der Renaissance geschah oder während der Aufklärung, im Second Empire, im Regency, während der Gay Nineties, der Belle Époque oder in den Roaring Twenties; ob in Paris oder in Rom, Venedig, London, New York oder Hollywood; bei Bällen, Partys, in Salons oder Cafés, in der Oper oder im Theater, überall dort entstanden bemerkenswerte Subkulturen, in denen reiche und geistvolle Männer sich um jene Frauen scharten, die es verstanden, der geheimnisvollen Alchemie ihrer Treffen einen Katalysator hinzuzufügen: ihre Freude am Leben.

Sunset Boulevard

> Das Ganze war ein riesiges, gewaltiges Fest,
> jeder einzelne Moment davon.
>
> *Marion Davies*
> The Times We Had

Mitten in den Wilden Zwanzigern gab es in Hollywood eine Gastgeberin, die für ihre Partys berühmt war. Marion Davies hielt ihre Feste in der Lexington Road 1700 ab, nahe beim Sunset Boulevard. Die weiße, mit Stuck verzierte Stadtvilla hatte ihr William Randolph Hearst gekauft, dessen Geliebte Davies einige Jahre lang gewesen war. Hearst, der damals mit einem anderen Showgirl verheiratet war, lernte Marion kennen, als sie in der berühmten Ziegfeld-Show tanzte.

In der Geschichte der Kurtisanen kommt es häufig zu diesem »Berufswechsel«. Frauen wechseln von der Bühne in die Rolle der ausgehaltenen Frau. Doch wie Coco Chanel zählt auch Marion nicht zu den Kurtisanen. In den *Roaring Twenties*, wo Unkonventionalität zu den Markenzeichen junger Frauen zählte, begann das Kurtisanentum langsam von der Bildfläche zu verschwinden. Die Freiheiten, derer sich die Kurtisanen lange Zeit erfreut hatten, waren nun Allgemeingut. So fand eine Tradition, die darauf gründete, dass Frauen ein vergleichsweise eingeschränktes Leben führten, langsam ihr Ende. Doch die großen Kurtisanen hatten ihr Erbe bereits weitergegeben. Die Kunst des Vergnügens war nun auf das *girl* übergegangen, die sie mit Virtuosität ausübte.

Ihren eigenen Erzählungen zufolge war Marion bereits mit einer guten Portion Frivolität zur Welt gekommen, was für eine gute Gastgeberin unerlässlich ist. Obwohl dieses Talent bei Kindern selten gefördert, ja meist sogar durch Strafen unterdrückt wird, stellt es gleichwohl ebenso eine Berufung dar wie andere Talente auch, kommt es doch nicht nur seinem »Besitzer«, sondern auch dessen Umwelt zugute. Stellen wir uns nur einmal ein Ambiente vor, in dem jeder finsteren Blickes pflichtschuldigst seiner Arbeit nachgeht – eine derartige Szenerie schreit geradezu nach einer Prise Frivolität.

Marions Eltern waren für ein Paar zu jener Zeit sehr nachsichtig mit ihrer Tochter. So wurde sie nicht sonderlich bestraft, als sie an Halloween den Butler eines vornehmen Hauses mit Gemüse bewarf. Vielleicht hatten ihre Eltern ihretwegen Schuldgefühle. Wenn sie nicht in der Stadt waren, ließen sie Marion in der Obhut eines Kindermädchens, das wenig Zeit hatte und das Kind daher zum Spielen in einen von Gittern umschlossenen Park in der Nähe schickte. Marion entdeckte schon bald, dass die »schäbig aussehenden Kinder« jenseits des Gitters sich deutlich besser amüsierten als die im

Park. Also schloss sie sich ihnen an. Sie wollten Gemüse von einem Händler in der Lexington Avenue stehlen und es der ersten Person an den Kopf werfen, die sich an der Tür des besagten feinen Hauses zeigte.

Bereits als Kind schien ihr die Welt jenseits der Grenzen ihres bequemen, kleinen Reiches viel interessanter als ihre eigene. Ihr Vater war ein mäßig erfolgreicher Anwalt in Brooklyn. Auf den Tonbändern, die sie für ihre Autobiografie besprochen hat, ist zwar die Grammatik korrekt, ihre Sprache aber ist durchsetzt mit Slangausdrücken, in denen sich ein raueres Leben spiegelt. Im Film erscheint Davies im einen Moment edel, im nächsten wie ein Straßenmädchen. Die Vorstellung, dass dem Leben auf der Straße etwas Romantisches anhaftet, findet sich oft in dieser Generation, die den Verhaltenskodex der privilegierten Schichten mehr und mehr als einengend empfand. Als sie einmal mit ihren Eltern in die Villa von Jim Deering eingeladen war, damals eine bekannte Persönlichkeit des öffentlichen Lebens, beschwerte sie sich zuerst bei ihrer Mutter, wie langweilig all diese faden Typen doch seien, dann kletterte sie über die Mauer des Anwesens und rannte davon ins lebenslustigere Palm Beach. Doch wie viele andere Vertreter ihrer Generation fühlte sie sich auch von der glitzernden Welt des Glamours angezogen. Als sie später erfuhr, dass das Haus, dem damals ihre Grünzeug-Attacke gegolten hatte, eben jenem Mann gehörte, dessen Geliebte sie war, schien ihr dies wie ein Zeichen. Denn der Platz, den sie in der Gesellschaft einnehmen sollten, war immer zweideutig. Sie war die Geliebte eines mächtigen Mannes, aber nicht seine Frau, genoss einen Luxus, der nicht der ihre war, wurde respektiert und stand doch im Zentrum eines jahrelang andauernden Skandals. Kurz gesagt: Marion entzog sich jeglicher Definition.

Sie selbst entschied sich für ein Leben ohne klare Grenzen, das nicht von den Erwartungen der Umwelt eingeschränkt war, ein freies Leben, das doch Verpflichtungen barg. Locker, geistvoll und ganz auf den Moment gestellt, so wollte sie sein.

Alles, was ihr langweilig schien, stieß bei ihr auf vollkommenes Unverständnis. Da sie sich auch in der Schule nicht fügen konnte, stand sie mehr in der Ecke, als sie in der Bank saß. Selten tritt die Bedeutung dieser Art von Widerstand klarer hervor als in ihrem Leben. Wenn wir den falschen Weg nicht ablehnen, werden wir den richtigen nicht finden. Marion wollte zwar tanzen, doch die Ballettschule war ihr zu trist. Was sie wirklich wollte, war *Showgirl* zu werden. Dieser Wunsch stellte die Geduld ihrer Eltern auf eine harte Probe. Doch obwohl ihre Mutter sich heftig dagegen wehrte, wurde Marion schließlich zu Kosloff's gesandt, der besten Schulen für Mädchen, die als Tänzerin zur Bühne wollten. Mit 13 Jahren war sie schon Mitglied des Ponyballetts und nicht viel später wurde sie ein Ziegfeld-Girl, eine der vielen Revuetänzerinnen, die in der größten Show des Landes auftraten. Dabei kam ihr ihr wohl größtes Talent zugute, das lebhafte Vergnügen an allen Freuden des Lebens.

Hearst, der jede Nacht im Publikum saß, wenn sie in der Revue tanzte, fand sie unwiderstehlich charmant. Er stellte ihr fast ein Jahr lang nach, schickte ihr kleine Präsente, Süßigkeiten, silberne Accessoires, Handschuhe. Er war mehr als dreißig Jahre älter als Davies und kein sehr attraktiver Mann. Rundlich und kahl sieht er auf Fotos neben ihr aus wie ein aufgedunsener lächelnder Geist. Nichtsdestotrotz verliebte sie sich in ihn. Natürlich trug sein gewaltiges Vermögen, mit dem er ihre Karriere förderte, indem er vor ihrem Auftreten seitenweise Anzeigen in den wichtigsten Zeitungen schaltete, nicht wenig zu seiner Anziehungskraft bei. Doch letztlich waren diese Aspekte nebensächlich, da beide in gewisser Weise groß waren – nicht nur physisch, sondern einander auch an Vitalität, Intensität, Intelligenz und Kraft ebenbürtig. Wie Marion konnte auch Randolph Hearst äußerst unorthodox sein, wenn auch auf anderem Gebiet. Wenn sie seinen Zwecken nicht dienlich waren, schob er Konventionen einfach beiseite. Und die Unterschiede zwischen ihnen mögen Marion auch angezogen haben. Er war eine praktische Natur und besser erzogen als sie. Dass er sich um künftigen Profit ebenso kümmerte wie um sein momentanes Vergnügen, bedeutete für sie, dass sie sich sorgenfrei dem Augenblick überlassen konnte. Und da er es mit ihr wirklich aufnehmen konnte, gab seine konventionelle Seite ihr auch Sicherheit, eine stützende Wand, die sie vor ihren allzu spontanen Impulsen zu schützen vermochte.

Eine Geschichte aus der Zeit, als sie seinem Werben gerade erst nachgegeben hatte, mag die vielen Nuancen jenes Begriffes illustrieren, mit dem man gewöhnlich den Mann bezeichnet, der eine Kurtisane finanziell unterstützt: ihren »Gönner«. Eines Abends wollte Marion zu einer Party, die General Vanderbilt für den Prinzen von Wales gab, was Hearst nicht gefiel, weil er fürchtete, dass der Prinz, der ebenso hinter den Showgirls her war wie er, sie ihm vielleicht wegschnappen würde. Also erwarb er bei Cartier einen Ring und ein Armband mit Diamanten und Perlen, um sie zum Zuhausebleiben zu überreden. Marion sagte ja, hatte aber vor, heimlich aus dem Fenster zu steigen und dem Ball trotzdem beizuwohnen. Doch als sie sich aus dem Fenster lehnte, sah sie, dass er unten Detektive aufgestellt hatte, die genau dies verhindern sollten.

Doch auch wenn Hearsts »Beschützerinstinkt« fast väterliche Züge annahm, so war er doch häufig abwesend. In seinen Erinnerungen an die Partys in der Lexington Road 1700 meint Charlie Chaplin, am schönsten sei es dann gewesen, wenn Hearst nicht dabei gewesen sei. Mehrmals die Woche traf sich dort eine Gruppe, zu der unter anderem Chaplin selbst, Rudolfo Valentino, John Barrymore, Mary Pickford, Douglas Fairbanks, Alma Rubens, Harry Crocker und Tom Ince gehörten, um im Pool zu schwimmen, Scharaden aufzuführen, Maskenfeste abzuhalten oder einfach in dem gigantischen Ballsaal zu tanzen, den Hearst an das Haus angebaut hatte. Man gab dort kleine Dinnerpartys und große Soireen mit mehr als hundert geladenen Gästen, darunter nicht nur Schauspieler und Schauspielerinnen, sondern auch Polospieler, Senatoren, Revuetänzer, ausländische Staatsmänner und einfach alle, die sich irgendwie für Marion interessierten.

Eine gelungene Party zu geben verlangt einiges an Kenntnissen und Fertigkeiten. Sehen wir uns Marion Davies in einem ihrer Filme an, so erhalten wir eine Vorstellung davon, wie ihr Erfolgsrezept aussah. Mitte der zwanziger Jahre war sie zur berühmten Schauspielerin aufgestiegen, die für ihre Arbeit fast eine halbe Million Dollar pro Jahr bekam. Als Schauspielerin war sie eigentlich weder besonders gut noch besonders schlecht. Aber sie hatte Charisma. In einem Film mit Bing Crosby lässt sich das sehr schön beobachten. Die beiden singen ein Duett, doch wann immer Bing Crosby allein singt, zieht sie alle Blicke durch ihr strahlendes Lächeln auf sich. Singt oder tanzt sie aber, so schlagen uns ihre Stimme und ihre Art, sich zu bewegen, unweigerlich in ihren Bann. Ihre Gesten wirken wie zufällig – und strahlen doch eine überwältigende Sinnlichkeit aus. Locker, authentisch und fesselnd – so wirkt Marion Davies auf uns.

Doch obwohl sie diese authentische Ausstrahlung besaß, gab es doch Punkte in ihrem Leben, die sie vor der Öffentlichkeit zu verbergen versuchte. Viele Menschen mit Charisma schönen künstlich ihre Vergangenheit, so als könnten sie sich nach Belieben eine Vergangenheit schaffen, die gerade zum Moment passt. Jede gute Gastgeberin braucht diese Loyalität zum Augenblick. Alle anderen Ingredienzen eines gelungenen Festes – ausgefallene Speisen, edle Möbel, Atmosphäre, Kerzenlicht – verblassen neben dieser Fähigkeit der Gastgeberin: jedem Gast, jedem Ereignis, jeder Bemerkung die nötige Aufmerksamkeit zukommen zu lassen und somit das Vergnügen des Einzelnen zu vervielfältigen, indem sie es im Spiegel ihres Bewusstseins vergrößert.

Wohin sie auch geht

Eine Stadt, nein, eine Frau.

William Blake
Jerusalem

Hier liegt das brennende Herz von Paris, der Königsweg
zu mondänen Triumphen, das große Theater der
Ambitionen und der berühmten Lasterhaftigkeit, die das
Goldfieber anzieht und die Verblendeten aus allen vier
Himmelsrichtungen.

Edmondo De Amicis
Studies of Paris

Spaß ist für uns normalerweise nichts, worüber wir groß
nachdenken. Doch so sehr er auch Kind des Augenblicks
sein mag, so durchzieht jedes lustvolle Erlebnis doch auch
ein Hauch Vergangenheit. Sogar die sinnlichsten Vergnügungen haben eine »historische« Patina, die sie vielschichtig macht.
Ob wir nun ein Glas Wein trinken oder einen Krug Bier, ob wir
einen Kaffee mit einem Croissant zum Frühstück nehmen oder
Tee und Porridge, ob wir einen Mantel von Yves-Saint-Laurent
tragen oder Jeans, ob wir in teuren Autos rasen oder auf einem
Surfbrett dahingleiten, ob wir nun diesen oder jenen Teil des
Körpers besonders erotisch finden, all diese Erlebnisse sind
nicht frei von unseren vergangenen Erfahrungen. Zum größten
Teil erfahren wir nämlich, was wir uns wünschen.

Wie in allen Bereichen der Menschheitsgeschichte gibt es
auch in der Geschichte der Lust traditionelle Formen und revolutionäre Neuerungen, einflussreiche Gestalten, freudig
begrüßte Strömungen und Zeiten verstärkter Kreativität. Diese Blütezeiten sind gewöhnlich eng mit einigen wenigen,
meist städtischen Zentren verknüpft, die gleichsam zu Pilger-
orten der neuen Epoche werden. In der zweiten Hälfte des

19. Jahrhunderts entwickelte sich Paris zum Mekka der »Vergnügungsindustrie«. Man reise dorthin, um der Stadt seine Referenz zu erweisen, aber auch, um ihre Geheimnisse mit nach Hause zu entführen. Florenz Ziegfeld junior, der nicht nur die *Ziegfeld Follies* begründete, sondern auch das amerikanische Musical entscheidend prägte, war von den Pariser Music Halls tief beeindruckt. Tatsächlich hatte er die Idee zu den *Ziegfeld Follies,* in denen eine Reihe spärlich bekleideter schöner Frauen auftrat, von den Folies-Bergère abgekupfert. Und er war nicht der Einzige, der sich vom Zauber der Stadt becircen ließ. Wie ihm erging es dem Prince of Wales, dem König von Preußen, Schriftstellern wie Edith Wharton und Henry James, Dramatikern wie Stanford White und Eugene O'Neill – alle zusammen formten sie die aufregende Welt des *Gay Paree.*

Der Name an sich ist schon Programm. Bevor das Wort *gay* zum Synonym für Homosexualität wurde, hatte es eine andere Bedeutung. Vielleicht, weil seine Wurzel im Altfranzösischen auch »zügellos«, »ausschweifend« bedeutet, war es im 19. Jahrhundert Synonym für die Welt der Kurtisanen. Und tatsächlich waren es die *grandes horizontales,* die aus Paris eine ausgelassene Stadt machten. Wenn Paris ein »Fest fürs Leben« war, wie Hemingway dies ausdrückte, dann war die Kurtisane der Star dieses Festes. Wo sie war, herrschte Leben.

Es liegt in der geheimnisvollen Natur der Freude, dass ihre Vitalität sich nicht überall gleichermaßen entfalten kann. Einige Orte waren entschieden lebendiger als andere. Im Herzen von Paris maßen die Schritte der Kurtisanen eine legendäre Vergnügungsmeile ab, die sich zwischen den so genannten *Grands Boulevards* erstreckte. Dort wurde die zutiefst kollektive Natur der Freude offenbar. Der italienische Reisende und Schriftsteller Edmondo De Amicis beschreibt seine Gefühle beim Betreten dieser Glitzerwelt, die am Boulevard Montmartre begann und an der Place Madeleine endete: »Pferde traben in Gruppen vorbei, Menschen in Massen. Fenster, Auslagen, Werbetafeln, Türen, Fassaden, alles hebt sich, weitet sich im silbernen, goldenen Glanz. Alles leuchtet, wetteifert um die höchste Pracht ... die schon an Wahnsinn grenzt.«

Auch er bemerkt, dass der extreme Überfluss eine schon fast religiöse Ehrfurcht einflößt. So lesen wir in seiner Beschreibung der Firmenschilder großer Modehäuser, Kaufhäuser und Restaurants: »Große goldene Inschriften zieren die Fassaden wie Koranverse eine Moschee.« Doch war dies entweder eine sehr junge oder eine sehr alte Religion, eine, die sich der Anbetung des materiellen Lebens verschrieben hatte. »Das Auge«, fügt er hinzu, findet in dieser exzessiven Landschaft »keinen Ort zum Ruhen«. Hier ist alles »voller Stolz und Koketterie, die uns blendet wie funkelndes Licht«, vollkommener Ausdruck »einer großartigen, luxuriösen, sinnlichen Stadt, die nur der Lust und der Schönheit lebt«.

Obwohl der letzte Satz ein wenig übertrieben klingen mag, so stammt die Idee, die darin zum Ausdruck kommt, doch keineswegs von De Amicis selbst. Vielmehr spricht er aus, was sich täglich in den Straßen von Paris ereignete: die spontane Schöpfung einer kurzfristigen Illusion, das selbstverständliche Verschmelzen mit dem Geist des Ortes, dem die Menschen sich nicht nur willig fügten, sondern in den sie aktiv ihr Bestes einfließen ließen. Ein Geist, der die Botschaft zu verkünden schien, dass das Vergnügen für jeden greifbar in der Luft liege und dass es letztlich nur darum gehe, es zu packen. Für wenige Stunden schuf dieses kollektive Einvernehmen der Menschen, die zu Tausenden in Kutschen oder zu Fuß herbeiströmten, an den Cafés vorbeischlenderten, etwas tranken, aßen, tanzten, flirteten, der Musik lauschten oder den deftigen Strophen eines neuen Chansons, eine Welt der Wunder, in der ihre Fantasien und Träume von Lebensfreude Wirklichkeit wurden.

Ein Ritual, dessen Macht noch verstärkt wurde, da es Nacht für Nacht wiederholt wurde. Bestimmte Festgäste gehörten zum Inventar. Sie kamen immer und immer wieder. Man nannte sie *boulevardiers*, wenn es Männer waren, und *demimondaines*, »Halbweltlerinnen«, wenn es sich um Frauen handelte. Von den Abend- bis in die frühen Morgenstunden gehörte das Terrain ihnen. So lenkt eine Kurtisane, die am späten Nachmittag in dieser Gegend ankommt, ihre Schritte vielleicht zunächst in die Nummer 22, Boulevard des Italiens, wo sie durch die besonderen Gästen vorbehaltene Hintertür das Café Tortoni betritt. Dort isst sie mit einem Freund oder Liebhaber zu Abend und lässt sich am Ende das Eis schmecken, für das Tortoni berühmt ist.

Danach macht sie vielleicht einen kurzen Spaziergang durch die Tuilerien und schlendert in der Folge die Arkadengässchen hinauf, die vom Boulevard Montmartre wegführen. Dort ersteht sie ein fabelhaftes Stück Stoff oder zupft ein paar Blumen aus den kunstvollen Arrangements, die wirken wie ein Opfer an die Götter. Funkelnde Steine aus allen Gegenden der Welt liegen vor ihr. Man bietet duftende Essenzen feil, mit Raffinesse aus Lavendel, Rosenblättern, dem Zitronenstrauch und anderen Pflanzen destilliert. Ihre Blicke verfangen sich immer wieder in den schönen Dingen, die sich in den Schaufenstern am Wege reihen.

Dieser kurze, aber eindrucksvolle Abstecher hat sie wohl ein wenig müde gemacht. Lassen wir sie also zum Boulevard des Italiens zurückkehren, wo sie nun am Café de Paris anhält, das dem *Tortoni* gegenüber liegt. Oder an der *Maison Dorée*, genau daneben. Sie weiß genau, dass sie dort um diese Zeit ihre Freunde trifft. Wenn sie mit den *boulevardiers*, Journalisten, Künstlern und anderen Kokotten an einem Tisch sitzt, ergibt sich vielleicht die Möglichkeit, einen neuen »Gönner« kennen zu lernen. Hat sie jedoch schon eine Verabredung für die Nacht, dann ruht sie sich möglicherweise nur aus.

Wenn es früher Herbst ist, was bedeutet, dass die Pariser Saison noch im vollen Schwange und ihrer selbst noch nicht überdrüssig ist, dann mag sie nach der Hitze des Tages eine angenehme Kühle auf der Haut spüren, während rund um sie witzige Bemerkungen fallen, lachende Stimmen sich heben und senken und die Flut der Konversation sie einfach mit sich trägt. Der etwas müde Wellenschlag wiegt sie, sodass sie sich ausruhen und auf die Sturmböen der Nacht vorbereiten kann.

Bald wird sie sich für den großen Auftritt am Abend herrichten. Wenn sie zurückkehrt, ist sie weit eleganter gekleidet als vorher, und sie wird, ganz egal, wo sie lebt, in einer Kutsche kommen. De Amicis beschreibt eben diesen Moment, »in dem all das Leben der Halbwelt sich aus den angrenzenden Straßen plötzlich auf die Grands Boulevards ergießt«, der Duft von Havannazigarren sich mit dem von zarten Blüten, Moschus und Absinth mischt und schwer in der Luft liegt, in dem die Kutschen anhalten, denen »die Kokotten mit ihren langen Schleppen entsteigen und mit der Schnelligkeit von Pfeilen in den Pforten der eleganten Restaurants verschwinden«.

Ob sie nun in der Maison Dorée diniert, im Café de Foy, im Café Anglais, im Maxim's, im Prévost, Marguery, Viel, Le Cardinal, Ledoyen oder im Grand Vefour, das Mahl wird auf jeden Fall luxuriös sein, mit acht oder neun Gängen. Es beginnt mit kleinen, namenlosen Häppchen, gefolgt von einer sahnig-samtigen Suppe, die die Zunge zum Träumen bringt. Dann folgt der Fisch, schließlich der Fleisch-, vielleicht sogar ein Wildgang, und natürlich dazu ein exzellenter Champagner, ein Bordeaux, ein Burgunder oder gar ein Chardonnay. Dann folgt zum Dessert eine Charlotte oder eine *Croustade d'ananas Pompadour*, und am Ende ein köstliches Eis. Natürlich mit einem passenden Digestif – einem Armagnac, Cognac oder feinen Chartreuse. Dabei diniert sie vielleicht oben, in einem *salon particulier*, mit ihrem Liebhaber oder einer kleinen Gruppe. Oder sie speist im *grand salon* unten. In jedem Fall sind beide Örtlichkeiten reich mit Samt und Seidenbrokat dekoriert, mit Fresken und vergoldeten Putten. Der große Salon wird von prächtigen Kandelabern erhellt. In den Séparées hingegen scheint das flackernde Licht kleiner Lampen. Speist sie mit ihrem Liebsten, folgt dem Ganzen vielleicht noch der Gang auf dem Sofa, das in jedem Séparée steht, bevor sie dann zusammen um Mitternacht wieder in die Straßen zurückkehren, die mittlerweile von Gaslaternen und den zahllosen Lichtern der Restaurants und Cafés erleuchtet sind, was die Boulevards vor dem Nachthimmel in ein überraschend strahlendes Licht hüllt.

Im Gegensatz zu den Restaurants, wo die allgemeine Feststimmung ein wenig gedämpft ist, wird in den Straßen ganz offen gefeiert. Ein gewaltiger Abendempfang, der sich ausdehnt, so weit das Auge reicht. Die Dauerparty zieht das Pärchen in einen machtvollen Strom, der sich durch die Lokale wälzt, zum Café de Foy zum Beispiel, das auch spätabends noch geöffnet ist. Oder zu den Champs-Elysées, wo in den *cafés chantants* die Sänger und Sängerinnen ihre Vorstellung geben. Die funkelnden Lichtergirlanden der Cafés sehen unter den Bäumen aus wie eine Kette glitzernder Diamanten. In der anderen Richtung, am Palais Royal, finden sich die Spieltische, um die sich eine erregte Menge sammelt, die die schäbige Umgebung gar nicht zu bemerken scheint, die Risse in den Wänden, die Ölflecken an der Wand, weil alles, was sie interessiert, das Rad ist, das sich in ihrer Mitte dreht.

Vielleicht aber hat unser Paar noch gar nicht zu Abend gegessen, sondern war stattdessen in der Oper oder im Theater. Vor dem Ende des Second Empire waren sie in der Alten Oper an der Rue Pelletier, die mit dem Boulevard des Italiens durch eine überdachte Passage verbunden ist. Um die Jahrhundertwende haben sie wohl eher die Opéra Garnier direkt im Zentrum der Grands Boulevards besucht, dort, wo die Rue de la Paix, der Boulevard des Italiens und der Boulevard des Capucines sich treffen. Zweifellos sind sie dort getrennt angekommen. Sie fährt mit einer Kutsche am Haupteingang vor und mischt sich noch ein wenig unter ihre Freunde im Foyer, bevor sie langsam die breite Treppe aus Marmor und Onyx hinaufsteigt, um sich gebührend bewundern zu lassen.

Die Straßen rund um die Oper bieten dabei alles, was für diesen Auftritt vonnöten ist. Vermutlich stammt ihr Kleid von einem Modeschöpfer aus der Rue de la Paix, dem bekannten Paul Poiret zum Beispiel oder seinem Mentor Charles Worth.

(Ein wenig früher wäre es Mademoiselle Sauvinet am Boulevard des Italiens gewesen.) Ein paar Schritte weiter hätte ihr Gönner auf der Place Vendôme das Diamantarmband gefunden, das er ihr mitbringen wollte, wenn er während des Zwischenakts ihre Loge betritt.

Nach der Oper, die um diese Zeit so hell erleuchtet war, dass sie von innen her zu strahlen schien, überquerte man den Platz und ging ins Café de la Paix mit seinen blassgrünen und goldenen Interieurs, das – wie die Oper – von Charles Garnier entworfen worden war. Es sollte zwar elegant, aber immer noch intim sein, sodass man dort ein spätes Abendessen einnehmen konnte, bevor man sich zu womöglich noch intimeren Stunden ins Grand Hôtel zurückzog.

Danach konnte man immer noch ins Theater gehen, wenn man wollte. Das Angebot war einfach überwältigend. Überall wurden Vorstellungen gegeben. Heute sind die Namen dieser Etablissements Legende: L'Ambigu Comique zum Beispiel, wo der große Frédéric Lemaître auftrat, der selbst aus der plattesten Zeile noch einen Lacher holte; das Théâtre Historique, wo die Premiere von Dumas' *La Reine Margot* stattfand; das Théâtre des Variétés, in dem Hortense Schneider Offenbachs zweideutige Operetten sang, in denen häufig eine Kurtisane die Hauptrolle spielte; dann das Vaudeville, das Gymnase, das Théâtre de la Porte Saint-Martin – jede Nacht füllten die Pariser Bühnen sich mit makabren Morden, Romanzen, Geschichtsdramen, Pantomimen, Clowns, Tänzern und Sängern. Dazu kam noch der Zirkus: der Cirque d'Hiver, der Cirque Olympique, das von den Franconi-Brüdern gegründete Hippodrom, wo Mogador ohne Sattel ritt und die Frascati-Brüder ihre Clownerien zum Besten gaben.

Vielleicht stieg unsere Kurtisane mit ihrem Gönner auch den Hügel von Montmartre hinauf, wo nicht weit vom Moulin Rouge bis in die frühen Morgenstunden hinein Cancan getanzt wurde. Ein wenig weiter östlich fanden sich die Folies-Bergère, wo man auf der Bühne extravagante lebende Bilder bestaunen konnte, während man eine Kleinigkeit aß oder trank. Einige der Vorstellungen wurden Legende. Colette trat dort halb nackt auf. Liane de Pougy, Cléo de Mérode und die Schöne Otero tanzten in den Folies und Émilienne d'Alençon präsentierte dem Publikum ihre rosa Häschen. Am Ende dieser Ära traten dort Künstler auf, die uns heute noch ein Begriff sind: La Mistinguett, Josephine Baker, Maurice Chevalier und Charlie Chaplin.

Doch jede Vorstellung war wohl nur ein Vorspiel zu dem weit größeren Spektakel, das sich auf den Straßen von Paris abspielte. Die Menschenmenge in den Cafés – im Café Turc, im Café Anglais, im Café des Mauresques, im Café Riche, im Napolitain – aß, trank und feierte weiter. Vielleicht aber wanderte sie auch ins Zentrum der Lebensfreude, ins Maxim's, wo man unter dem von Lalique geschaffenen Glasdach den besten Champagner von Paris trank und dann bis in die Morgenstunden hinein zu den Klängen des Hausorchesters tanzte.

In der Belle Époque war das Maxim's Synonym für das elegante Leben des Fin de Siècle. In der Bar namens »Omnibus« trafen sich regelmäßig *demi-mondaines*, Schauspielerinnen, Dandys, *flâneurs* und *boulevardiers*. Hier fand man immer Kurtisanen. Das Maxim's war der Ort, an dem sah und gesehen wurde. Émilienne d'Alençon kam dort vorbei, nach ihrem Auftritt in den Folies-Bergère. Ihre Häschen ließ sie bei Ursula, die sich um die Garderoben der Künstlerinnen kümmerte. Auch Mata Hari und die Schöne Otero kamen. Liane de Pougy traf sich dort mit Cléo de Mérode, der Leo von Belgien ebenfalls den Hof machte. Und er war nicht die einzige königliche Hoheit. Auch der Prince of Wales traf sich dort mit Liane. Und natürlich war dort auch in künstlerischer Hinsicht die Crème de la Crème versammelt, der Dramatiker Feydeau zum Beispiel oder Marcel Proust und Sarah Bernhardt.

Mitunter schlug die Frivolität auch ins Makabre um, so zum Beispiel als Maurice Bertrand vier Sargträger ins Café geleitete, die feierlich einen Totenschrein auf ihren Schultern trugen. Als er diesen öffnete, enthielt er eine Kiste exzellenten

Champagner. Und wenn sich im Laufe der Nacht das Kontingent an verrückten Einfällen allmählich erschöpfte, musste man nur in den Spiegel sehen, um sich im wundervollen Dekor des Art Nouveau von flirtenden, lachenden, scherzenden und amüsiert klatschenden Menschen zu neuen Geistesblitzen animiert zu fühlen.

Die Spiegel füllten den Raum mit geisterhaften Doppelgängern, die der Fantasie der Künstler entsprungen waren. Der Ruf des Maxim's war so legendär, dass er sogar die künstlerische Imagination derer befruchtete, die niemals in Paris gewesen waren: Franz Lehár zum Beispiel, der österreichische Operettenkomponist, siedelte dort einen ganzen Akt der *Lustigen Witwe* an. Sein Lied ist berühmt geworden, weil es den Geist, der im Maxim's herrschte, so vollendet einfängt: »Heut' geh' ich ins Maxim, dort bin ich sehr intim. Ich küsse alle Damen und nenne sie mit Namen.« Und gleichzeitig war seine Operette auch die beste Werbung, denn von nun an zogen Tausende von Besuchern in das Pariser Café.

Überall entlang der Boulevards traf man diese imaginären Gestalten, Kunstwesen aus Fabeln und Legenden, die sich unter die Menge mischten und das Publikum von nah und fern anzogen. So blickt in der Passage des Panoramas Zolas Nana mit uns in die Schaufenster mit dem Modeschmuck. Bei einem Konzert in den Tuilerien treffen wir die Gruppe von Lebemännern, die Manet an eben jenem Ort malte, an dem wir jetzt sitzen. Unsere Erwartungen an den Opernball steigern sich noch, wenn wir das Bild ansehen, in dem er einen Maskenball dort in Szene setzt. Und natürlich begleiten uns die Darstellungen Toulouse-Lautrecs ins Moulin Rouge und in die Folies-Bergère.

Natürlich fühlen wir auch die Imagination der Schriftsteller über unsere Schulter blicken, wenn wir im Foyer der Oper an Balzacs *Glanz und Elend der Kurtisanen* denken. In den Theaterkorridoren treffen wir auf die Studenten Flauberts, die ihre Geliebten in den Zwischenakten in der Loge besuchen. Und immer wieder mischen sich diese schemenhaften Wahrnehmungen in unser Bild dieses Viertels, Daumiers Bild von der obersten Galerie der Oper zum Beispiel, die ironischerweise das »Paradies« genannt wurde. Dort versammelte sich die ärmere Bevölkerung des strahlenden Paris.

Auf den Straßen wird unsere Wahrnehmung beeinflusst von den Bildern, die uns die Künstler hinterlassen haben. Bérauds Bild vom Boulevard Montmartre zum Beispiel. Während Sie zum Café hinüberschlendern, erinnern die Herren in seidenen Hüten Sie vielleicht an Bilder von Caillebotte, so wie die Frauen Ihnen Manets *La Parisienne* ins Gedächtnis rufen. Und wenn wir ein Jahrhundert weitergehen, sehen wir Colettes Chéri, der sich jede Nacht dem Trunk hingibt, weil er um die Kurtisane trauert, die er liebt. Und wenn wir das *Tortoni* betreten, wissen wir, dass Marcel Prousts Romanheld Swann dort verzweifelt nach seiner Odette gesucht hat.

Und während wir noch beobachten, zu Abend essen, trinken oder tanzen, fallen uns neue Geschichten ein. Denn die *boulevardiers* liebten witzige Bemerkungen und erzählten sie nur allzu gern weiter. Früher oder später kommt uns auf jeden Fall zu Ohren, wie Feydeau im Maxim's reagierte, als man ihm einen Hummer mit nur einer Schere serviert hatte. Dem verlegen stotternden Kellner, der erklärte, dass dies immer mal wieder geschehe, weil die Tiere sich im Becken gegenseitig verletzten, erklärte Feydeau kurzerhand, dann solle er diesen Hummer doch wegnehmen und ihm den Sieger des Zweikampfes bringen. Oder die Geschichte, als Caroline Otero ihren Sitz in der Comédie Française für den Zaren von Russland und sein Gefolge räumen musste, worauf sie drohte: »Gut, ich gehe. Aber ich werde nie wieder Kaviar essen!«

Während wir diesen Geschichten lauschen, fotografiert Nadar Sarah Bernhardt, Labiche, Dumas senior und junior sowie die Brüder Goncourt, die in dieser Komödie alle eine bedeutende Rolle spielen. Und wenn über diesen Bildern heute ein Hauch von Traurigkeit liegt, dann mag dies daran liegen, dass mit ihrer Hilfe die Freude zwar über Zeit und Raum hinweg konserviert werden kann, schließlich aber wie jede Spiegelung, die sich zunächst ins Unendliche auszudehnen scheint, aufhören muss. In jeder Freude ruht unentrinnbar auch der Moment, in dem sie zu Ende geht. Denn der Spiegel zeigt uns, wenn wir uns länger darin betrachten, dass es nicht nur Glück gibt auf dieser Welt. Jede Nacht vermehrt dieses dunkle Reich um eine Unzahl neuer Katastrophen.

Der Reichtum, der sich auf den großen Boulevards präsentiert, hat durchaus eine Kehrseite. Niedrige Lebenserwartung, Armut, verstümmelte, gefolterte Körper in Asien und Afrika. Die in den Kolonien gesäte Gewalt fällt auf die Kolonialstaaten zurück. Der Erste Weltkrieg deutet sich an. Bald werden französische Soldaten über diese Straßen ziehen – in die Schlacht. Der Fall Dreyfus mit seinem kaum verhüllten Antisemitismus geht den Schrecken des zweiten Krieges voran, der bald folgen wird. Und der schier unendliche Luxus der Grands Boulevards geht einher mit der schlimmsten Armut nur ein paar Straßen weiter. Viele, die jetzt am großen Wohlstand teilhaben, wissen dies nur allzu gut aus eigener Erfahrung. Und auch dort, wo die Party weitergeht, sterben elegant gekleidete Herren und Damen an ansteckenden Krankheiten, die, Produkt der Armut, am Ende grassieren wie eine Seuche.

Viele kommen auch her, um zu vergessen. Trinken oder Spielen als Flucht in die Dunkelheit des Gedächtnisses. Doch Freude ist nicht von Natur aus ignorant! In jedem Augenblick des Vergnügens weitet der Verstand seine Wahrnehmung aus, nimmt da die schimmernden Glasgewichte in einem Schaufenster auf, dort den Kastanienbaum, der gerade zu blühen anfängt, den durchgescheuerten Kragen des jungen Mannes, der so lustlos auf der anderen Seite der Straße dahinpilgert, oder den verzweifelten Ausdruck auf dem Gesicht einer jungen Prostituierten, die aus einem einschlägig bekannten Café tritt. Manche Menschen beobachten gründlich. Und nichts entgeht ihnen.

Männer, die der Langeweile der besseren Gesellschaft entfliehen wollen, finden diese Gegend reizvoll, weil dort das

Verbotene zu Hause ist. So schreibt Zola sein *J'accuse!*, die Streitschrift zur Verteidigung des von der französischen Regierung zu Unrecht verfolgten Alfred Dreyfus, im Café Durand. An diesen Orten kann man frei über all jene Themen sprechen, die aus dem bürgerlichen Wohnzimmer verbannt sind, also nicht nur über Politik und Krankheiten, sondern auch über so faszinierende Dinge wie Sex und Geld. »Wenn nun statt dieser schäbigen Lumpen der schimmernde Saum eines Brokatrockes um deine Knöchel spielen würde?«, schreibt Baudelaire über ein junges Mädchen, das im Rinnstein bettelt. Die Luft ist erfüllt von verbotenen Realitäten.

Manch einer erfreut sich dabei einer gründlich verzerrten Perspektive wie Zola oder die Brüder Goncourt, die auf moralischem Gebiet für sich Rechte in Anspruch nehmen, die sie Frauen verwehren wollen. Doch dies ist ein Fest wie ein uraltes Karnevalsritual, bei dem die herkömmlichen Grenzen nicht mehr gelten. Jedermann und »jedefrau« wechseln hier die Rollen. Arme Mädchen werden mächtig, wenn reiche Männer um ihre Gunst betteln. Und trotz aller Unterschiede verbindet die Stimmung auf den Grands Boulevards die Menge, wenn während der Dauer dieses Ritus alle Schicksale zu einem zu verschmelzen scheinen. So konnten in der zweiten Hälfte dieses Jahrhunderts ein Herr und seine Mätresse durchaus gemeinsam in die Kirche La Madeleine gehen, in der die Erinnerung an die prunkvolle Trauerfeier für Marie Duplessis noch lebendig war.

Da der Tod auf subtile Weise immer gegenwärtig ist, lassen sich seine Zeichen auch auf den Grands Boulevards entdecken. Denn sogar die frivolsten Selbstdarstellungen verweisen mitunter auf die Unterwelt. Wenn ein Mann zwischen den beiden Weltkriegen seine Geliebte mit in die Folies-Bergère nahm, dann sah er dort vielleicht eine Federkrone um den Kopf der Tänzerin Gaby Deslys oder die diamantenverzierten Fächer, die das Gesicht von Josephine Baker umrahmten und so gut zu den langen, spiralförmigen Diamantohrringen passten, die sie trug. Er sah Federboas von Edmond Guys goldenem Helm hängen oder einen Python am Arm von Mademoiselle Floriane. Auf diese Weise werden im Tempel des Vergnügens die alten Göttinnen Inanna, Isis und Venus angerufen, die nicht nur Liebe symbolisieren, sondern auch die weitaus größeren Mysterien, für welche die Lust nur eine Station auf dem Weg der Erkenntnis ist.

Und doch ist diese Station von ungeheurer Wichtigkeit. Wenn, so De Amicis, der Paris-Besucher von dieser Stadt noch nicht gefesselt ist, so wird er es spätestens sein, wenn er das Terrain der Kurtisanen betritt. Hier kann er sich ganz dem Eindruck überlassen, dass Vergangenheit, Gegenwart und Zukunft eins sind. In dieser Zeit außerhalb der Zeit wird jeder klare Gedanke von einem Strom intensiver Sinneswahrnehmungen, Gerüche, Klänge, Visionen, Geschmäcker usw. unschädlich gemacht. Hier werden der Pilger und Adorant mitgerissen vom großen Ganzen, mitten hinein in die Geschichte des Genießens.

Ihre Schaukel

> Für diesen und jenen Schwung
> geb' ich die Welt, sei's drum!
>
> *Matthew Arnold*
> Westminster Abbey

Wenn in den Folies-Bergère oder den *Ziegfeld-Follies* ein Star wie Josephine Baker auf einer Schaukel auf die Bühne herabschwebte, so ist dieses Bild beileibe nichts Neues. Das Original dieses Auftritts finden wir auf einem Bild aus dem 18. Jahrhundert, das Monsieur de Saint Julien in Auftrag gegeben hat. Es war seine Idee, seine Geliebte auf einer Schaukel darzustellen und sich selbst unten stehend porträtieren zu lassen, wie er ihre Beine bewunderte. Zuerst

187

verlangte Saint Julien vom Maler, Gabriel-François Doyen, den Auftrag genau so auszuführen. Doch Doyen, dem dieser Auftrag zu frivol war, gab ihn an einen jungen, unbekannten Maler weiter, der diesem Sujet offenkundig eine gewisse Begeisterung entgegenbrachte. Als das Bild *Les hasards heureux de l'écarpolette* (Glücksfälle der Schaukel) ausgestellt wurde, verursachte es eine Sensation, und sein Schöpfer, Jean-Honoré Fragonard, war berühmt.

Auf dem Gemälde sind der Herr und die Dame von einer strahlend grünen Landschaft umgeben. Es ist eine ländlichfriedliche Szene. Die Art, wie die Schaukel vom Baum hängt, hat etwas zeitlos Schönes. Der Herr unten ist von einem Kranz von Blüten und Laub umgeben. Obwohl dieser Hintergrund einen ganz eigenen Charakter hat, reiht er sich doch in eine malerische Tradition ein, die Szenen mit Liebespaaren, Kurtisanen oder Göttinnen (meist unbekleidet) in einer ländlichen Kulisse ansiedelt. Diese *fête galante,* wie das Ambiente im Fachausdruck heißt, kennt das zeitgenössische Publikum vielleicht eher aus Manets *Dejeuner sur l'Herbe* (Frühstück im Gras), ein Bild, das seine Zeitgenossen zutiefst schockierte. Dort nämlich werden antike Göttinnen durch nackte Frauen ersetzt, die neben voll angekleideten Herren auf einem Picknicktuch sitzen. Suzanne Valadon trieb später das Sujet noch weiter und stellte Männer und Frauen unbekleidet beim Picknick dar. Leider ist dieses Bild nicht so bekannt wie das Manets.

Mit diesen Beispielen verglichen mag Fragonards Bild geradezu zahm wirken. Es wirkt beinahe sentimental, wenn man sich nicht klarmacht, dass sein eigentliches Thema die Ekstase selbst ist. Die schwungvolle Bewegung der jungen Frau findet ihren Widerhall in der sich aufblähenden rosafarbenen Seide ihres Kleides, von der aus das Licht über sie hinwegwandert, über das Gesicht, die Brüste, um dann auf sein Gesicht zu fallen, das sich ihr zuwendet. Sein leidenschaftlich bewundernder Gesichtsausdruck findet eine Fortsetzung in der Hand, die er zu ihr erhebt, wodurch er sein Gefühl dem

Baum mitteilt, der sich seinerseits mit demselben Entzücken in eine neblige, verblassende Landschaft verliert. Alles ist von dieser strahlenden Freude durchglüht, einem frivolen, aber starken Gefühl, das Landschaft und Liebende zu einem glänzenden Bild verschmelzen lässt.

Natürlich fängt auch dieses Bild nur einen Ausschnitt ein. Die Schaukel wird notwendig wieder zurückschwingen. Obwohl der rosarote Schuh, der über dem Liebenden schwebt, bald in seine Hände fallen wird, kann er den bestrumpften Fuß seiner Dame doch niemals erreichen. Und doch drückt diese Frustration sich nicht im Bild aus. Vielmehr zeigt es die vollkommene Freude, die in diesem Moment herrscht. So werden Schaukel, Rock, Bäume und der verblassende Himmel zur Metapher für die Leidenschaft der sexuellen Liebe, die sich durch unseren Körper bewegt wie eine Welle, uns aus der Reserve lockt und uns mit Kräften vereint, die weit über unseren Verstand hinausgehen, bevor das Pendel wieder zurückschwingt, wie dies bei allen Dingen der Fall ist. Doch wenn Sie in diesem Schwung befangen sind, sind Sie zu glücklich, um sich über das Ende Gedanken zu machen.

Die Verzückung

Die fünfte Station der Verführung

> Das wirkliche Verdienst dieser Augen,
> ihre wahre Originalität,
> lag in diesem Ausdruck konstanter Naivität,
> ununterbrochenen Erstaunens.
>
> *Edmond About*
> Madelon

Alice Ozy war bekannt dafür, dass die großäugige Unschuld ihrer Augen einherging mit einer wohl abgewogenen Dosis an Cleverness und List. Diese Mischung muss ihr einen ganz eigenen Reiz verliehen haben. Der Herzog von Aumale, Sohn des Bürgerkönigs Louis Philippe, war ihr tief ergeben. Sie, die jahrzehntelang die Königin von Paris war, wurde von Edmond About und Théophile Gautier beschrieben, von Chassériau und Doré gemalt und als Skulptur verewigt.

Dabei war ihre Naivität mitunter erschreckend. Als man ihr eines Tages erzählte, in Montmorency sei eine Käsemine entdeckt worden, die den Armen dort Arbeit verschaffen würde, klatschte sie vor Freude in die Hände. Doch ihre geradezu legendäre Leichtgläubig-

Alice Ozy

190

keit hatte nichts mit Dummheit zu tun. Denn statt Diamanten erbat sie von ihren Liebhabern regelmäßig Aktien der Eisenbahngesellschaften, sodass sie bald eine reiche Frau wurde.

Wie bei den meisten Menschen dürften die spezifischen Gründe für ihren Charakter wohl in ihrer Kindheit verborgen liegen. Ihr Vater, ein Juwelier, war nicht gerade arm. Doch sowohl er als auch Alices Mutter hatten immer wieder Liebschaften. Da ihre Eltern sich nicht füreinander interessierten, verloren sie auch bald das Interesse an ihr. Man überließ sie zunächst einer Pflegemutter, bis man, als Alice zehn Jahre alt war, beschloss, dass sie von nun an ihren Lebensunterhalt selbst verdienen sollte. Daher verbrachte sie drei Jahre ihrer Kindheit in den dunklen Räumen einer Näherei, wo sie mit Nadel und Faden elegante Stickereien anfertigte.

Menschen, die man ihrer Kindheit beraubt hat, verlieren häufig die Fähigkeit, zu spielen bzw. Freude am Leben zu finden. Doch genauso oft passiert es, dass solche Menschen ihr Leben lang Kinder bleiben. So als würden sie jeden Moment ihres Lebens aus einem düsteren Gefängnis befreit werden und ihren Spaß an allem und jedem haben, was sich ihren Augen bietet.

Ozys Karriere als Kurtisane begann auf eine für das 19. Jahrhundert typische Weise. Im Alter von 13 Jahren entdeckte der Geschäftsführer ihrer Fabrik, dass sie schön war, und holte sie in den Verkaufsraum. Doch ihr Vorzug machte sie natürlich auch sehr verwundbar. Und so wurde sie kurz darauf vom Eigner der Fabrik »verführt«. Damit war der Heiratsantrag des Landarztes, der ihr kurz zuvor gemacht worden war, hinfällig.

Ihre Probleme waren jedoch nicht von langer Dauer. Sie verliebte sich in den begabten Schauspieler Paul-Ludwig Brindeau und brannte mit ihm durch. Und wie so viele kompromittierte Frauen vor ihr ging auch sie zum Theater. Mit zwanzig Jahren trat sie zum ersten Mal im Théâtre des Variétés auf und verdiente damals schon 1200 Franc im Jahr. Doch auch bei Brindeau sollte sie nicht lange bleiben. Ein

Glücksfall wollte es, dass das Stück, in dem sie auftrat, *Le Chevalier du Guet* (Der Gardeoffizier), im Königspalast in den Tuilerien gespielt werden sollte. Die Vorstellung wurde zu Ehren von Louis Philippes Sohn, des Herzogs von Aumale, gegeben, der sich auf den ersten Blick in Alice verliebte. Da sie sich mit dem Herzog quasi blind verstand und selbst eine eher rastlose Natur war, verließ sie Brindeau, ohne zu zögern. Genauso fraglos wie sie den Herzog später verlassen sollte, der ihr, da er über kein eigenes Einkommen verfügte, wesentlich weniger bieten konnte als ihr nächster Liebhaber, der Graf von Perregaux.

Doch der Herzog trug ihr nichts nach, als sie ihn verließ, was man beiden hoch anrechnen muss. Als sie beide alt wurden, waren sie immer noch befreundet, und er besuchte sie auf ihrem Chateau am Lac Enghien in der Schweiz, wo sie die Räume angeblich mit den Blütenblättern der Rosen füllte, die sie im Garten züchtete. Erinnerte der Duft den Herzog an all die Nächte, die er mit ihr in ihrem Appartement oberhalb der Maison Dorée verbracht hatte? Viele Männer träumten davon, sich ihr in ihrem Bett aus Rosenholz zu nähern, das so reich mit Cupido-Medaillons von Sèvre verziert war und unter Spitzenkissen fast verschwand. Der Frauenheld Victor Hugo war sehr enttäuscht, dass sie ihm zwar ihr Schlafzimmer zeigte, ihn aber nicht zu bleiben bat. In seinem Roman *Madelon* malt Edmont About sich aus, wie sich diese Erfahrung gestaltet haben mag: »Sie zu erblicken war, wie an einem Büschel Heliotrop zu riechen oder in eine besonders köstliche Frucht zu beißen. Man hatte das Gefühl einer vollkommenen, außergewöhnlichen Erfahrung, die einem das Herz übergehen ließ.«

Und als ob dies noch nicht verführerisch genug klänge, fügt er noch hinzu: »Sie ergriff Besitz von einem Mann, wenn sie ihn nur mit den Fingerspitzen berührte.« Doch eben dies führte ja schließlich zum Genuss der Lust – ihre Fingerspitzen, empfindsam und offen, laden ein, berühren, als hätten sie noch nie etwas berührt. Und das Objekt dieser Aufmerksamkeit beginnt, das Berührtwerden als etwas völlig Neues zu erleben.

Man kann sich gut vorstellen, wie sie den Herzog auf diese Weise verführt hat. Ihre Hand, wie sie immer wieder seitlich sein Bein streift, während sie den Boulevard des Italiens hinunterspazieren. Bis sie an ihrem Appartement angekommen sind, hat er alle Sorgen, alle Verantwortung vergessen. Sogar seine Erwartungen an die Stunden, die vor ihnen liegen, lösen sich in Luft auf, sobald ihr Mund sich in seinen schiebt und sie von neuem entdeckt, wie es ist, ihn zu küssen.

Er lässt die Hand über die Rundung ihrer Hüften gleiten, über ihren Bauch, die Kurve ihrer Brüste. Sie genießt diese Berührung mit einem leisen Schrei der Verwunderung, so als sei sie etwas völlig Außergewöhnliches. In ihrer berauschenden Gegenwart fühlt er, wie er sich auflöst, sich ganz ihrer Stimmung hingibt und sich jedem einzelnen Augenblick des Entzückens überlässt.

Grazie

Madame de Pompadour

Ich lernte, dass es keine kleinen Rollen gab.
Es gibt nur große Rollen, der Tänzer macht sie groß.

Judith Jamison
Dancing Spirit

Mit Anmut ausgeführt, nimmt alles, was wir tun, einen Hauch von Größe an. Im Besonderen gilt dies für unsere Bewegungen. Stellen wir uns vor, wie die Schauspielerin und Kurtisane Lanthélme einen Raum betrat. Die legere Haltung, die sie dabei an den Tag legte, wurde schon bald von der Pariser Damenwelt imitiert. Oder denken wir an Marie Taglioni, die erste Ballerina, die den Spitzentanz zeigte. Sie flog über die Bühne der Oper in Paris, als sei sie für ein paar atemberaubende Momente mehr Geist als Fleisch. Oder Vaclav Nijinski, der sprang, einen Augenblick lang hoch in der Luft zu stehen schien, um sich dann graziös wie eine Schlange wieder dem Erdboden zuzuwenden.

Das Wesen der Anmut liegt also in der Bewegung. Arten, sich zu bewegen, gibt es jedoch viele. Denn nicht nur der Tanz verlangt Anmut, auch die Haltung, in der wir etwas schenken, oder die einladende Geste der Gastgeberin, die sich auf ihr Heim überträgt, in das sie – mit Anmut dekoriert – einlädt.

In der Anmut liegt Gnade, eine Qualität, für deren Erfahrung man nicht religiös sein muss. Sogar ein Atheist spürt diesen Hauch des Begnadetseins, wenn er mit einem besonders schönen Anblick konfrontiert ist. Daher ist es kein Wunder, dass die Griechen die Grazie vergöttlicht haben. Und es gibt ihrer nicht eine, sondern drei. Die drei Grazien sind junge Frauen, Zofen der Venus, die mit ihrer Göttin viele Attribute teilen: Schönheit, Freude, die Fähigkeit, Begehren zu erwecken, und eine gewisse Neigung zum Spiel mit dem Glück. Sie, die entweder nackt oder in durchscheinenden

Kleidern dargestellt wurden, halfen zusammen mit den Horen Aphrodite, ihre Kleider zu wechseln, wenn sich die Jahreszeiten änderten. Was unser Thema angeht, so sind die Grazien deshalb so wichtig, weil sie zur Liebe gehören und deren Erfüllung. Fülle und Erfüllung sind ein Aspekt der Venus, der noch aus Zeiten stammt, da sie als Göttin der Fruchtbarkeit verehrt wurde.

Wir sollten daher nicht aus den Augen verlieren, dass die Grazie, wie leicht und schwerelos sie auch erscheinen mag, immer dieses erdhafte Element in sich trägt. Die Anmut macht jede Bewegung weicher, runder, daher ist sie von Natur aus erotisch. So wurde Lanthélmes Art zu gehen als »einschmeichelnd« beschrieben. Und was sich da einschmeichelte, während sie voranschritt – mit locker schwingenden Armen, getragenen Bewegungen, die Schultern nach vorn gebogen, die Brust eingezogen, die Hüften herausgewölbt wie in einer verführerischen Wellenbewegung –, ist offensichtlich: das Begehren. Die Vorstellung von einer Welle, die den eigenen Körper überflutete, wenn die Kurtisane sich an ihn drängte, schlich sich unweigerlich in die Gedanken der Umstehenden, während sie dem Schwung ihrer Hüften mit den Augen folgten. Denn sich der Anmut zu entziehen ist schwierig.

Der Ruf der Wildnis

Die Lust nach Abenteuer, nach einem wilden Leben
war jeder eigen, ganz egal, was sie tat.

Maude Parrish
Music-Hall-Tänzerin

Ich suchte erst gar nicht nach Gold.
Die Männer legten es mir ohnehin zu Füßen,
wenn ihnen mein Tanz gefallen hatte.

Klondike Kate

Sie war für ihre Art zu tanzen berühmt. Zuerst stand sie wie eine Statue ganz still auf der Bühne, in nahezu 200 Meter Gaze gehüllt wie in einen Kokon. Ihr Publikum bestand fast ausschließlich aus Goldgräbern, die nach Dawson kamen, um dort ihr Claim eintragen zu lassen, die Vorräte aufzufüllen und sich eine Nacht lang Luxus und Vergnügen zu gönnen, bevor sie in ihre rauen Camps in den schmutzigen Goldfeldern in den Hügeln zurückkehrten, wo sie sich bis zur Erschöpfung abrackerten, um Gold zu finden. Obwohl ein Mann mit einem guten Claim schnell Millionär werden konnte, war seine Chance doch ziemlich gering. Hier aber, im Palace Grand Theater, fand er für ein paar Dollar Eintritt und ein paar Drinks einen Himmel vor, in dem Kate voller Anmut jede Nacht aus ihrem Gazekokon schlüpfte und dabei 200 Meter durchsichtigen Stoff über die Bühne wirbeln ließ, während sie tanzte.

»Bei ihr vergaß man alles Heimweh, alle Mühen«, sagte ein Mann später einmal über sie. Das leichte, luftige Bild, das sie vermittelte, ließ die dunklen Minen in Vergessenheit geraten, in denen die schmerzenden Körper schufteten. Was sie den Goldgräbern bot, war nicht nur purer Striptease. Obwohl der Besitzer des Revuetheaters sie – wie ihr Publikum – sehr attraktiv fand, hatte er sie nicht deshalb eingestellt, sondern weil sie eine außergewöhnliche Show bot. Sie hatte, wie er sagte, »französisches Flair«.

Sie besaß das Talent, die Fantasie zu wecken. Vielleicht finden wir die Wurzeln dafür in ihrer Kindheit. Obwohl sie bescheidenen Verhältnissen entstammte – ihre Mutter war Kellnerin, ihr Vater Beamter im Telegrafenamt der Eisenbahn –, wuchs sie doch in einer Atmosphäre heran, die in ihr Träume von einem besseren Leben weckte. Diesen Zug zum »Höheren« teilte sie mit ihrer Mutter. Diese war schon einmal verheiratet gewesen, als sie sich nach fünf Jahren von Kates Vater trennte und ihren Anwalt heiratete. Dieser Mann wurde bald zum erfolgreichen Richter, und die Familie zog um von Oswego in Kansas nach Spokane im Staat Washington. Dort lernte Kate ein anderes Leben kennen, das voller Luxus war. Leider dauerte dieser Traum nicht lange. Ihr Stiefvater verlor bald all sein Geld und starb weniger als ein Jahr danach. Kate und ihre Mutter waren also wieder arm.

Sie wählte ihren Beruf nicht freiwillig. Um ihre Mutter vor einer Arbeit als Fabriknäherin zu bewahren, begann Kate, sich selbst nach einem Broterwerb umzusehen. Doch alles, was sie fand, war ein Job als Revuetänzerin in einem Etablissement auf Coney Island in New York. Damals war sie erst 16 Jahre alt. Anfangs achtete ihre Mutter noch auf sie, vor allem, wenn sie von den Shows zurückkam. Doch als Kate nach Spokane zurückkehrte und dort in einem anderen Club zu arbeiten begann, gehörte es mit zu ihren Aufgaben, den Kunden nach der Vorstellung noch ein wenig das Geld aus der Tasche zu ziehen. Dort war es auch, wo sie zum ersten Mal vom Goldrausch am Klondike hörte, kurz nachdem sie ihre Mutter in den Westen geholt hatte, damit sie einander näher waren. Nachdem 68 Goldgräber in San Francisco ankamen und Gold im Wert von 1,5 Millionen Dollar mit sich trugen, druckte der *Seattle Post Intelligencer* eine Klondike-Sonderausgabe mit der Schlagzeile »Eine Tonne Gold!« und verteilte sie an Zeitschriften im ganzen Land. Tausende von Menschen, unter ihnen die Frau, die bald als Klondike Kate berühmt werden sollte, machten sich auf an den Yukon.

Anfangs mied sie die Saloons noch, in denen Frauen mit den Kunden »nach oben« gingen. Doch als sie erst einmal berühmt war und »oben« ein eigenes Zimmer hatte, verachtete sie den Reichtum nicht, der sich auf diese Weise machen ließ. Und wie alle Showgirls in den Saloons des Nordwestens setzte sie sich auch nach der Vorstellung mit den Goldgräbern zusammen, um etwas zu trinken. Auch hier gehörte sie zu den Beliebtesten, weil sie für ihr verständnisvolles Zuhören fast genauso berühmt war wie für ihren graziösen Tanz. Ihren Biografen zufolge verbrachte sie »viele schlaflose Nächte, weil sie sich über irgendein Raubein Gedanken machte, das gerade Pech hatte«. Manchmal streckte sie den Jungs sogar Geld für ihr Claim vor.

Hier sollten wir uns in Erinnerung rufen, dass es die drei Grazien sind, die die Gabe des Segens spenden. Und wie sie selbst, so ist auch der Strom des Lebens und der Geschenke, die es uns macht, in ständigem Fließen begriffen. Was sie geben, kehrt zu ihnen zurück. Wie ein junger Goldgräber namens Ed Lucas erzählt, lag in Kates Natur eine Großzügigkeit, die zur Nachahmung anregte. Eines Tages, so Lucas, griff er in die Tasche, um ihr die Nuggets zu zeigen, für die er so hart gearbeitet hatte, und plötzlich ertappte er sich dabei, wie er ihr eines anbot, ohne dies eigentlich beabsichtigt zu haben. Sie nahm das größte. Während ihres ersten Jahres in Dawson sammelte sie die unglaubliche Summe von 30 000 Dollar an, für damalige Verhältnisse ein kleines Vermögen.

Ein Grund für ihre Beliebtheit war wohl, dass sie den Goldgräbern sehr ähnlich war. Wie diese hatte sie harte Zeiten hinter sich. Wie diese liebte sie das berauschende Klima am Klondike. Da sie nach Dawson kam, bevor es dort eine Eisenbahnlinie gab, war sie noch mit dem Boot die fünf Stromschnellen heraufgefahren. Weil der Fluss aber für »Damen« als zu gefährlich galt, war es weiblichen Fahrgästen verboten, auf diesem Weg nach Dawson zu gelangen. Also kleidete sie sich, um der kanadischen Polizei zu entgehen, wie ein Mann und sprang, als das Boot ablegte, ins Wasser. Man fischte sie heraus, und sie machte, was sie später die »wohl aufregendste Reise meines Lebens« nennen sollte. Sie war schon als Mädchen ein Wildfang gewesen, war mit den Hunden über die weiten Schneefelder in Kansas gelaufen und im Sommer ohne Sattel über die Wiesen geritten.

Ihr berühmter »Flammentanz« lässt vermuten, dass Kate noch etwas anderes mit den Goldgräbern gemein hatte. Die freudige Erregung, die am Yukon herrschte, war sicher nicht nur auf die Gier nach Gold zurückzuführen. Sie war subtiler, wenn auch ebenso machtvoll wie diese. Gold ist ein altes alchemistisches Symbol. Sein Glanz und die harte Arbeit, die es braucht, um es aus dem Gestein zu lösen, machen Gold nicht nur zum Symbol für alles »Höhere«, sondern auch für den Prozess der Selbst-Transformation. Und tatsächlich ist der Wunsch nach Reichtum auch der Wunsch nach einer Metamorphose. Sobald wir reich sind, so glauben wir, wird sich alles verwandeln. So geht am Ende auch in unserem Geist die Sonne auf.

Dies war die Vision, die Kate in den trinkenden Goldgräbern erweckte, die müde von der Arbeit waren, aber glücklich, endlich in der Stadt zu sein. Während sie beobachteten, wie sie sich langsam aus ihrem Kokon schälte, wobei die Gaze sie umhüllte wie ein Paar Flügel, hatten sie das Gefühl, die göttliche Gnade selbst komme in Gestalt dieses Fleisch gewordenen Geistes auf sie herab, erhebe sie in die Lüfte und lasse sie an den Weihen der Wandlung teilhaben.

Die Ekstasen des Erhabenen

Von der Bühne zum Publikum ... von den Beinen der
Tänzerinnen hin zu den Operngläsern der Herren verliefen un-
sichtbare Fäden, die ein dichtes Netzwerk von Verführung und
Hingabe bildeten.

Edmond und Jules de Goncourt
Journal

Spätestens seit dem 14. Jahrhundert versuchte man in
Frankreich, sich im Tanz der Schwerkraft zu entziehen
und in die Lüfte zu erheben. Gezierte Damen und Herren
tanzten auf Zehenspitzen, Balletteusen schwangen sich zu
Pirouetten auf, Loie Fuller warf, wie Klondike Kate, ein wol-
kengleiches Gewand in die Luft, um – wie es die Sehnsucht
aller Tänzer ist – den Eindruck zu erwecken, sie fliege.

Die magische Wirkung dieses Nach-oben-Strebens geht
aber noch viel tiefer, denn sie gibt dem Zuschauer nicht nur
das Gefühl, die Gesetze der Schwerkraft seien aufgehoben.
Schwebt eine Tänzerin dergestalt empor und wird Teil des
ätherischen Reiches, verschmilzt sie geradezu mit dem Himmel über ihr und wird selbst zum Symbol. Loie Fuller, die
man einmal mit himmlischer Metaphorik beschrieb als »Sonne in einem Regen von Sternen«, machte auf den symbolisti-
schen Dichter Mallarmé den Eindruck, sie sei weniger eine
Frau, denn pure Kraft, die »mit ihrem Körper [...] ein Gedicht
schafft, das ohne jedes schreibende Instrument entsteht«.

Obwohl anmutige Bewegungen immer schon mit Licht assoziiert wurden, findet die Vorstellung von der Tänzerin als
Verkörperung der Reinheit ihren höchsten Ausdruck bei Marie Taglioni. Sie wurde berühmt als Sylphe im romantischen
Ballett *Die Sylphiden*. Kurz nach der Premiere an der Pariser
Oper ließen alle Frauen, die in Paris auf sich hielten, ihr Haar
so legen, wie Marie es bei den Vorstellungen trug. Diese Mode nannte man sogar nach dem Ballett *à la Sylphide*. Die Geschichte dieses Musikstücks, das im für den französischen

Geist so geheimnisvollen Schottland mit seinen Nebeln angesiedelt war, traf den Nerv der Zeitgenossen. Dem Helden, der gemütlich vor dem Herdfeuer sitzt, nähert sich ein weiblicher Luftgeist, eine Sylphide, die sich in ihn verliebt hat. Anfangs widersteht er ihr noch, doch am Ende wird er der Frau, der er versprochen ist, untreu und folgt der Sylphide in den Wald. Das Ende ist leicht zu erraten, denn wie vielen romantischen Zaubermärchen, so ist auch diesem kein gutes Ende beschieden. Seine Leidenschaft beschwört letztlich nur Unglück herauf. Auf seinem Weg in den Wald trifft er eine Hexe, die ihm einen Schal schenkt, mit der er den Luftgeist fest halten kann. Doch der Schal ist verflucht. Sobald er ihn seiner Geliebten um den Hals legt, löst sie sich auf. Um seine Tragödie vollkommen zu machen, erklingen, während sie stirbt, aus der Ferne die Hochzeitsglocken. Seine frühere Verlobte heiratet seinen besten Freund. Also hat er nicht nur eine Geliebte, sondern die Liebe selbst verloren.

Die Rolle war für Taglioni wie geschaffen. Sie war die perfekte Verkörperung eines Luftgeistes, der sich hoch in den Äther erhebt. Sie war berühmt dafür, dass sie ihren Bewegungen einen Anflug von himmlischer Leichtigkeit verlieh. Lincoln Kirstein, der große Ballettmäzen, berichtet uns, sie habe beim Tanzen gewirkt, als sei sie umgeben von »einer Hülle feengleicher Ferne und keuscher Verheißung«. Dass sie auf Spitze tanzte, verstärkte diesen Effekt noch. Obwohl der Spitzentanz schon vorher auf die Bühne gebracht worden war, war es Taglioni, die ihm seine stille und graziöse Anmutung gab. Vorher war dem Spitzentanz mit seiner athletischen Qualität eine gewisse Lautstärke eigen gewesen. Und stille Bewegung war etwas, was die Romantik liebte. Taglionis Lehrer, der große Coulon, schuf den so genannten *style romantique*, was bedeutet, dass er einen Weg fand, die eher geräuschvollen Pirouetten und Sprünge seiner Zeit zu dämpfen, indem er den Tanzschuh des 18. Jahrhunderts durch Ballettschuhe aus Satin ersetzte. Taglioni trug dazu noch das Tutu, das Ballettröcken, das in seiner seidigen Transparenz den

Eindruck des Ätherischen noch verstärkte. In ihrem Tanz schuf Taglioni ein Bild der Reinheit, das lange Zeit unerreicht bleiben sollte.

Und doch kann nichts auf Erden sich je von seinen Ursprüngen lösen. Denn ihre beeindruckenden Höhenflüge, die federgleiche Zartheit ihres Aufkommens auf der Erde waren alles andere als Illusion. Sie rührten vielmehr von einer nur allzu gründlichen Vertrautheit mit der Schwerkraft her. Taglioni kam aus einer Familie, die schon seit drei Generationen Tänzer hervorbrachte, und wurde von Kindesbeinen an von ihrem Vater trainiert. Allen Berichten zufolge kannte er mit der Kleinen keine Gnade. Er selbst war einst der beste Tanzsolist Italiens gewesen. Nun leitete er Ballettaufführungen in allen großen Städten Europas und war besessen davon, dass seine Tochter in seine Fußstapfen treten sollte. Denn das, was sie so leicht erscheinen ließ, war letztendlich harte Arbeit. Sie tanzte und übte sechs Stunden täglich, wobei sie manchmal in der Mitte der Proben vor Erschöpfung zusammenbrach. Dann nahm ihre Mutter sich ihrer an, steckte sie in die Badewanne, verpasste ihr frische Kleider und schickte sie zurück zu ihren Übungen. Ihr Vater soll einmal gesagt haben: »Wenn ich meine Tochter je tanzen höre, bringe ich sie um.« Diese Leichtigkeit, diese Grazie aber erforderten eine Muskelkraft, die sich mit dem Bild femininer Zartheit, das Taglioni bot, so gar nicht in Einklang bringen lässt.

Aber im Leben ist alles aufs Innigste mit seinem Gegenteil verknüpft. Schwerkraft und Grazie sind daher weniger Gegenspieler als vielmehr Liebende. Und Zartheit ist keine absolute Eigenschaft, sondern nur ein Moment eines Kontinuums, das auch Stärke und Mut besitzen muss, wenn es überleben will. Zu jener Zeit, als das romantische Ballett modern war, riskierten die Tänzerinnen, die in ihren ätherischen Spitzenröckchen über die Bühne wirbelten, noch ihr Leben. Mehr als eine von ihnen starb an den Verbrennungen, die sie sich holten, wenn ihre leicht entflammbaren Kostüme zu nah an die Gaslampen gerieten, mit denen die Bühne an den Seiten erhellt wurde. Taglionis Schülerin, Emily Livry, die sie selbst unterrichtet hatte, um sie als ihre Nachfolgerin aufzubauen, starb auf eben diese Weise.

Dies war die dunkle Seite der Leichtigkeit. Und auch die Keuschheit, die Taglioni ausstrahlte, hatte ihre Kehrseite. Dass die Tänzerin Fanny Elssler, die bald Taglionis erbittertste Rivalin werden sollte, das Publikum mit außergewöhnlich sinnlichen Bewegungen fesselte, war nur eine Facette derselben. Denn während Taglioni ihren Zuschauern innige Seufzer entlockte, spielten sich hinter der Bühne Szenen derberer Art ab. Um das Interesse am Ballett wachzuhalten und somit leichter Geldmittel dafür aufzutreiben, erlaubte der Direktor der Pariser Oper, Dr. Veron, dass eine handverlesene Gruppe von Männern sich im *foyer de la danse* aufhielt, wo die Tänzerinnen sich aufwärmten, übten und nach ihrem Auftritt häufig noch blieben. Die Herren erklommen eine Treppe links von der Bühne und gaben einem Assistenten ihre Namen. Dieser kontrollierte, ob sie zu der Liste der Auserwählten gehörten, und ließ sie dann ein. Dort konnten sie die Tänzerinnen dann nach Lust und Laune beobachten, was natürlich weniger Liebe zum Tanz als Neugier auf gewisse anatomische Details, vor allem der Beine, verriet. Nach der Vorstellung verließen viele dieser Herren das Theater mit einer der Tänzerinnen, die den Augen ihrer Mutter entschlüpft war. Oder sie verhandelten mit der Mutter über einen guten Preis für die Nacht.

Wie bei den Schauspielerinnen war auch bei den Tänzerinnen das Salär schmal. Sie verdienten zwar mehr als die *grisettes*, konnten davon jedoch nur einen sehr bescheidenen Lebensunterhalt fristen. Wenn die betreffende Dame kein Star war, blieb nach Abzug der regulären Kosten kaum etwas übrig, um die Mutter zu unterstützen oder für die Zeit nach ihrer Bühnenkarriere zu sparen. Gerade beim Tanz kommt dieser Augenblick früh. Daher wurden Tänzerinnen – wie Schauspielerinnen – häufig zu Kurtisanen. Die Gewohnheit, sich eine Tänzerin als Geliebte zu halten, war im

19. Jahrhundert so verbreitet, dass sich im Französischen sogar ein Ausdruck dafür herausbildete. »Il a sa danseuse« (»Er hat seine Tänzerin«) ist heute noch das Synonym für »Er hat eine Geliebte«. Aristokraten und Unternehmer, Künstler und Schriftsteller, ja sogar Staatsmänner hatten einen Hang zu Tänzerinnen. Napoleon III., der Herrscher des Second Empire, war so häufig hinter der Bühne, dass er dort einen eigenen Raum hatte. Und Baron Haussmann, der Architekt, den Napoleon damit beauftragt hatte, Paris neu zu gestalten, hielt die Tänzerin Francine Cellier aus, die sich – wann immer sie zusammen ausgingen – kleiden musste, als wäre sie seine Tochter, um einen Skandal zu vermeiden. Der amerikanische Maler James Whistler hatte eine Tänzerin mit Namen Finette zur Geliebten. Andere wie Cléo de Mérode heimsten als Kurtisanen mehr Ruhm ein denn als Tänzerinnen. Einige wenige aber wie Lolotte, die spätere Comtesse d'Hérouville, waren nur kurz Kokotten, bevor sie in die Aristokratie aufstiegen.

Es liegt eine gewisse Ironie in der Tatsache, dass das Bild einer Frau, die mehr Geist als Fleisch zu sein scheint, sexuelle Lust hervorzurufen vermag. Doch der scheinbare Widerspruch ist nicht neu. Die Idee der weiblichen Unberührtheit hatte schon seit Jahrhunderten einen erotischen Unterton. Junge Mädchen, die man in Bordellen als Jungfrau verkauft, erzielen meist einen höheren Preis als erfahrene Frauen. Der Mann begehrt nicht nur die Unschuld, sondern auch die geistige Erneuerung, die in diesem Kontakt mit einem unberührten Körper liegt. Auch finden die beiden Extreme, Lust und Keuschheit, wieder zueinander. Logischerweise impliziert das eine immer auch das andere. Weder Lust noch Keuschheit kann ohne Rückgriff auf den jeweiligen Gegenpart definiert werden. Und so können sie auch nicht getrennt voneinander erfahren werden. Um Keuschheit zu bewahren, muss man sich immer vor der Lust in Acht nehmen. Lust ist die notwendige Besessenheit der Keuschen. Jemand, der so ganz dem geistfreien Begehren hinterherjagt, wird letztendlich immer nach Keuschheit verlangen, da sie die Leerstelle füllt, die sein seelenloses Drängen offen lässt. In einer Welt, in der Körper und Geist als Gegensätze erlebt werden, kommt die Suche nach einem erfüllten erotischen Leben dem Wandeln am Rande des Abgrundes gleich. Dasselbe nahezu unmögliche Unterfangen unternimmt die Tänzerin im Ballett. Sie müht sich, sich graziös über den Boden zu erheben, die Zehen schmerzhaft verbogen, sodass sie auf Spitze steht. Dieses zitternde Bild spiegelt beides wieder: die Möglichkeit der Ekstase und die Verwundbarkeit der Befriedigung.

Der Faun

Ich war arm. Ich verdiente nur 65 Rubel im Monat ...
nicht genug, um mich und meine Mutter zu ernähren.

Vaslav Nijinski
Notebook on Life

Seinen Körper als Gegenleistung für finanzielle oder soziale Vorteile anzubieten war unter jungen Schauspielern und Schauspielerinnen, Balletttänzern oder Sängerinnen durchaus nicht unüblich.

Peter Ostwald
Vaslav Nijinski

Obwohl Nijinski wohl kaum je als Kurtisane bezeichnet wurde, weist seine Biografie viele Züge auf, die denen einer großen Kokotte ähneln. Er war der Geliebte mehrerer älterer, reicher und mächtiger Männer. Sie bezahlten seine Rechnungen. Durch den Kontakt mit ihnen erhielt er überhaupt erst eine Art höherer Bildung und wurde in die Gesellschaft eingeführt. Am Ende schließlich wurde er vom Publikum als begehrenswertes Wesen gefeiert wie eine der *grandes horizontales*.

Seinen ersten Gönner, Fürst Pawel Lwow, lernte Nijinski bereits kurz nach seinem Abschluss an der Kaiserlichen Ballettschule in St. Petersburg kennen, als er dort noch im Ballett des Marijinski-Theaters auftrat. Wie in Paris war es auch in Russland üblich, sich unter den unterbezahlten Tänzern und Tänzerinnen des Balletts eine Geliebte oder einen Geliebten auszuwählen. Und Nijinski war mit seiner innovativen Art, bestimmte Rollen zu tanzen, auf dem besten Weg, zur Sensation zu werden. Lwow kleidete den Jungen neu ein, steckte ihn in eine elegante Wohnung und nahm ihn zu Festlichkeiten oder in Cafés mit. Dort lernte er einflussreiche Menschen kennen, und dort fand er auch neue Gönner, unter anderem einen polnischen Grafen, an den der Tänzer sich deshalb so deutlich erinnerte, weil er ihm sein erstes Klavier gekauft hatte. In diesen Kreisen lernte er auch seinen berühmtesten Liebhaber kennen, Sergej Pawlowitsch Diaghilew.

Diaghilew stellte eine Balletttruppe zusammen, mit der er in Paris auftreten wollte. Nijinski wurde beides zugleich: sein Schützling und sein Geliebter. Diaghilew unterstützte ihn, stellte sicher, dass er immer gut angezogen war, sagte ihm, was er lesen sollte, nahm ihn mit ins Museum, zeigte ihm dort die Gemälde, die er selbst bewunderte, und stellte ihn einer Reihe berühmter Freunde vor, darunter auch Jean Cocteau und Marcel Proust. Natürlich wurde Nijinski auch der Star der Balletttruppe. Mit der Musik von Igor Strawinski, der Choreografie von Michail Fokin und Nijinski als Tänzer schuf die Ballets Russes genannte Compagnie einen Stil, der nicht nur das Ballett als solches, sondern auch alle anderen Künste für immer revolutionierte.

Da er in denselben Umständen lebte, die zur Herausbildung der galanten Welt geführt hatten, war Nijinski auch in den Tugenden der großen Kurtisanen bewandert. Als Tänzer und Choreograf verfügte er über ein erstaunliches Timing. Seine erotische Ausstrahlung ist uns von Fotografien her bekannt. Seine Art, sich zu bewegen, war für die damalige Zeit so gewagt, dass er mehr als einen Skandal auslöste. Obwohl er eigentlich als ausdrucksschwach galt, war seine Choreografie unendlich kreativ. Er fand Vergnügen an seiner Kunst. Und während sein Charme nicht gerade Bewunderung erregte, galt er doch allgemein als anmutig.

Ob man ihn nun mit den großen Kurtisanen vergleichen will oder nicht, Nijinski verfügte auf jeden Fall über dieselbe Anmut wie diese. Denn so wie eine gewisse natürliche Grazie sämtliche »klassischen« Bewegungen auszeichnet, ist sie doch auch unabdingbare Voraussetzung für Innovationen auf dem Gebiet des Tanzes. Da diese wiederum unsere Vorstellung von Grazie verändern, könnte man sagen, dass diese Kunst sich ständig selbst gebiert. Auch wenn dies, da die Grazie keine Befähigung per se ist, niemals eine jungfräuliche Geburt sein kann. Grazie ist – wie das Vergnügen selbst – immer an bestimmte kulturelle Leitmotive gebunden. Wenn eine Kultur sich ändert, so wandeln sich auch unsere Vorstellungen von Anmut.

Auch die Kultur ist kein unabhängiges Phänomen, sondern wird ihrerseits von der Geschichte beeinflusst. Tanz ist Politik auf der Ebene des Körpers. So ist es zum Beispiel auffällig, dass sich mit der Französischen Revolution auch die steifen Posen des Balletts änderten und lockereren, fließenderen Formen Platz machten. Doch natürlich gilt auch der Umkehrschluss. Sehr häufig drücken sich im Tanz anstehende soziale Veränderungen aus. Als Nijinski seine Pariser Zuschauer mit einem Sprung erstaunte, der ihn sekundenlang in die Luft bannte, bevor er in den Kulissen verschwand, verstanden diese da wohl, dass die erstaunliche Leistung, der sie eben beigewohnt hatten, ein Symbol für die Zukunft war, die unsichtbar, aber bereits greifbar vor ihnen lag? Für eine Stimmung, die zwar schon fühlbar war, trotzdem aber noch keinen fassbareren Ausdruck fand?

Diese Umwälzungen kündigten sich auch in anderen Formen des Tanzes an. Ein Attribut der drei Grazien, die Unverhülltheit des Körpers, sorgte dafür, dass antike Anmut ganz Paris erfüllte: Lanthélmes Nonchalance, Isadora Duncans fließender Schritt, La Goulues Cancan, Oteros spanischer Tanz, ein Hüftschwung, ein erhobenes Bein. Paris erfand ein neues Alphabet erotischer Bewegung. Und als Nijinski mehr und mehr seinen ganz persönlichen Intentionen folgte, wurde dieses Fanal nur noch deutlicher sichtbar.

Mit dem Ballett, das er nach Debussys *Nachmittag eines Fauns* choreografierte, stellte er die Aufnahmebereitschaft seines Publikums auf eine harte Probe. Die Musik war nach einem Gedicht von Mallarmé entstanden, das seinerseits mit allen Konventionen gebrochen hatte, indem es einen Akt der Masturbation beschrieb. Doch wo Mallarmé dieses Ereignis in subtilen Anspielungen darstellte, zog Nijinski schockierende Direktheit vor. Der erste Teil des Balletts, obschon sehr innovativ, ging noch an. Nijinski, der eine Perücke mit goldenen Locken und ebensolche Hörner trug, trat mit einer Flöte und einem Büschel Trauben auf. Er tanzte die Rolle des Fauns, der – von einer Gruppe Nymphen beim Baden erregt – diesen erfolglos hinterherjagt. Der zweite Teil des Balletts allerdings ging nicht mehr ganz so konform mit der klassischen Mythologie. Nijinski lag auf einem Schal, den er einer der Nymphen geraubt hatte, und stieß sein Becken in den Stoff, während sein Körper von einem Zittern erschüttert wurde, das einem Orgasmus ähnelte.

Dabei brach der Künstler nicht nur das Tabu der allzu freien Darstellung männlicher Sexualität. Er setzte sich auch über die strikte Kleiderordnung hinweg, die Männer von Frauen trennt. Sein Körper mit den kräftigen Schenkeln, der enormen Körperkraft und den großen, dunklen Augen vereinte in sich Züge von Androgynie. So erschienen seine Bewegungen als herausfordernde Mischung weiblicher und männlicher Züge: hier ein gewaltiger Sprung, dort das kokette Nach-hinten-Werfen des Kopfes, hier ein wildes Knurren, da das schlangengleiche Sich-Winden auf der Bühne. Diese Zwitterhaftigkeit wurde von den Rollen, die er spielte, noch unterstrichen. Häufig stellte er Sklaven dar, die ihren Herrn oder ihre Herrin liebten, so im *Pavillon d'Armide*, in *Kleopatra* und *Scheherazade*.

Auch hier gab er sich abwechselnd dominant und unterwürfig, wild und nachgiebig.

Dass die Art, wie er tanzte, auch etwas mit seinem Lebensstil zu tun hatte, entging seinem Publikum nicht. Es interessierte sich sehr für die Liebesgeschichte zwischen dem Tänzer und seinem Meister. Cocteau hat die beiden Männer gezeichnet, wie sie miteinander spazieren gingen. Diaghilew hat dabei seinen Arm um die Schultern des Jüngeren gelegt, wie um ihn für sich zu beanspruchen. Das allein erklärt schon die Ambivalenz von Nijinskis Gefühlen. Er fühlte sich eingesperrt, ja überwältigt von der Kontrolle des älteren Mannes, der nicht nur sein Liebhaber war, sondern auch seine Karriere plante und seine Rechnungen bezahlte. Schließlich befreite Nijinski sich aus diesem Joch, aber nur, um eine reiche Frau zu heiraten, die wiederum für ihn sorgte.

So lässt die Rolle, die er am Ende seiner Karriere für sich selbst schrieb, vermuten, dass sich darin sein eigentliches Dilemma spiegelt. In *Papillons de la Nuit* (Schmetterlinge der Nacht) erzählt Nijinski die Geschichte einer Kurtisane, die einst sehr schön gewesen war. Nun aber war sie »eine unbezähmbare Seele im Geschäft um die Liebe, sie verkaufte Mädchen an Jungs, die Jugend ans Alter, Frauen an Frauen, Männer an Männer«. Dieses Ballett wurde nie aufgeführt, doch wäre es zweifelsohne faszinierend gewesen, ein Thema auf der Bühne zu sehen, welches das Publikum in dieser Deutlichkeit wohl lieber vermieden hätte. Und trotzdem können wir uns vorstellen, welch eigenartige Schönheit Nijinski dem Ganzen verliehen hätte.

Und ist nicht genau dies die Aufgabe der Grazie? Schwierige Umstände, widersprüchliche Anforderungen, ambivalente Gefühle, schmerzhafte Wahrnehmungen in die Schönheit eines Tanzes zu kleiden, der uns den Atem raubt und uns eine neue Richtung zeigt. So werden wir Zeuge einer Entwicklung, die wir noch nicht ganz verstehen, wodurch wir einen riesigen Schritt vorwärts machen, einen gefährlichen Schritt, weil er seine Wurzeln in der Fantasie hat.

Ihr anmutiger Knicks

Ein König ohne Zerstreuung
ist ein unglücklicher Mensch.

Blaise Pascal

Die Geschichte ist auch heute noch bekannt. Lange bevor sie König Ludwig persönlich kennen lernte, fuhr sie am Rand des königlichen Waldes entlang, um ihn bei der Jagd zu beobachten. Man erzählt, dass sie eine äußerst anmutige Figur abgab, ganz in Pink gekleidet, die Kutsche in passendem Blau gehalten. Der König konnte gar nicht anders. Er musste sie einfach bemerken. Vor allem weil sie auf dem Kutschbock genauso geschickt war wie beim Reiten. Als sie längst seine Mätresse war, begleitete die Marquise den König auf die Jagd, wo man sie wegen ihrer Geschicklichkeit als Reiterin bewunderte.

Dabei war Madame keineswegs als Marquise geboren. Es war der König, der ihr diesen Titel – zusammen mit einem Wappen und diversen Ländereien – verlieh. Dass sie eine Bürgerliche war, hätte ihrem Aufstieg zur *maîtresse en titre* vielleicht im Weg stehen können, erwies sich allerdings nicht als allzu großes Hindernis. Ihr Vater, François Poisson, war Verwalter bei den Gebrüdern Paris gewesen, auf deren Schultern damals die Wirtschaft Frankreichs und die Finanzierung des Königshofes ruhten. Trotzdem war nie jemand von ihrer Familie am Hof von Ludwig XV. empfangen worden. Von einigen wenigen Künstlern und anderen berühmten Mitgliedern der Gesellschaft abgesehen war dieses Privileg dem Adel vorbehalten.

Trotz all dieser Hindernisse träumte Jeanne-Antoinette Poisson, wie sie damals noch hieß, schon in jungen Jahren davon, diese Stellung zu erringen. Sie wollte schon die Geliebte des Königs werden, als sie noch gar nicht richtig wusste, was dieses Wort eigentlich bedeutete. Als Jeanne neun Jahre alt war, brachte ihre Mutter sie zu einem Wahrsager, der die Zukunft der Kleinen vorhersagen sollte. Die Kunde, dass Jeanne eines Tages die Mätresse des Königs werden würde, beeindruckte die ganze Familie sichtlich, denn danach gab man ihr den Spitznamen *Reinette*, »kleine Königin«.

Alle, die dabei waren, als Madame de Pompadour in Versailles zum ersten Mal dem König vorgestellt wurde, sagten übereinstimmend, dass ihr Hofknicks makellos gewesen sei. Uns mag dies von geringer Bedeutung, ja nachgerade belanglos erscheinen, doch im Versailles des 18. Jahrhunderts, wo das Regelwerk des Hofzeremoniells ebenso endlos wie undurchschaubar war, herrschten andere Sitten. Jede Bewegung bei Hofe war vorgeschrieben. Die eigentliche Bedeutung hinter der Etikette war im Laufe der Zeiten jedoch weitgehend in Vergessenheit geraten. So war genauestens vorgeschrieben, wie man sich erheben bzw. setzen musste. Das Protokoll legte fest, wer auf einem Stuhl sitzen durfte bzw. wer einen Stuhl mit Lehne bekam, wer ein Kissen mit in die Kapelle bringen durfte und wo genau er es hinzulegen hatte. Die Kissen von Mitgliedern der königlichen Familie durften gerade liegen, die der Herzöge hingegen mussten diagonal platziert werden. Damen bei Hofe hatten eine ganz besondere Art des Gehens. Sie machten unter ihren weiten Röcken viele kleine Schritte, was aussah, als würden sie dahingleiten. Wie eine Frau begrüßt wurde, ob mit einer Bewegung der Schulter oder mit einem kleinen Knicks, zeigte exakt, aus welcher Familie sie stammte, ob sie sich gut verheiratet hatte, ja sogar, ob sie einen guten Koch in ihren Diensten hatte. Ohne jede erkennbare Logik wurden bestimmte Worte als vulgär gebrandmarkt. So wurde zum Beispiel *présent* dem Wort *cadeau* vorgezogen, obwohl letztlich beides nur »Geschenk« bedeutet. Auch Regenschirme durften nur von Personen bestimmten Ranges getragen werden. Und ganz egal, welches Unglück gerade geschehen war, bei Hofe, das heißt zumindest in den öffentlichen Räumen, war nur ein fröhliches Lächeln zugelassen.

Tatsächlich war die Trennung zwischen privatem und öffentlichem Raum so eindeutig und unumstößlich wie die zwischen

Bühne und Garderobe. Dies führte zur Herausbildung eines seltsamen Doppellebens, in dessen Rahmen viele alltägliche Verrichtungen zweimal getätigt wurden, einmal für die Öffentlichkeit und einmal dann wirklich. So ging der König beispielsweise zweimal zu Bett, einmal sozusagen offiziell, bei der *coucher* genannten Prozedur im öffentlichen Schlafzimmer, wo er nie wirklich schlief (der Kamin zog nicht richtig und überhaupt war ihm der Raum zu öffentlich). Nachdem man ihm die Stiefel ausgezogen hatte, eine Aufgabe, die nur eine Person königlichen Geblütes erfüllen durfte, reichte man ihm sein Nachtgewand, und er tat so, als lege er sich schlafen. Doch sobald seine Höflinge den Raum verlassen hatten, erhob er sich wieder, legte das offizielle Nachthemd ab, zog seine Stiefel wieder an und verließ manchmal sogar den Palast, um sich in Versailles oder Paris auf die Suche nach ein wenig Abwechslung zu machen. Erst danach zog er sich in seine privaten Schlafräume zurück oder in die seiner Mätresse.

Ähnliches geschah am Morgen. Der König stand früh auf und arbeitete ein paar Stunden lang völlig allein. Er machte sogar selbst Feuer, um seine Dienerschaft nicht zu wecken. Später unterzog er sich erneut einem öffentlichen Ritual, dem *levée*, indem er in den Raum zurückkehrte, in dem er angeblich geschlafen hatte. Dort gab er das berühmte Kleidungsstück dem vom Glück begünstigten Höfling zurück, der es ihm hatte reichen dürfen.

Auch die Vorstellung der Pompadour am Hof von Versailles hatte mehr symbolischen Charakter. Der König kannte sie bereits recht gut. Er hatte sie bereits auf der Jagd bemerkt, war aber zu scheu gewesen, sie anzusprechen. (Hin und wieder hatte er ihr Wildbret ins Haus geschickt.) Er traf sie zum ersten Mal auf einem besonders eleganten Kostümball zur Hochzeit des Thronfolgers. Da Ludwigs letzte Mätresse gestorben war, versuchte mehr als eine Frau auf dem Ball, seine Aufmerksamkeit zu erregen, was nicht so einfach war, weil er als Eibe verkleidet ging und nicht der Einzige in diesem Kostüm war. Niemand weiß genau, wann die Eibe sich wieder in einen König verwandelte, doch plötzlich sahen ihn alle neben der Pompadour, die sich als Göttin Diana verkleidet hatte und ebenfalls keine Maske mehr trug. Später am Abend besuchte die Pompadour ein anderes Fest im Hôtel de Ville von Paris, und der König folgte ihr, als er sich seiner Pflichten entledigt hatte. Schließlich nahm er sie mit in seine privaten Räume, wo sie gemeinsam speisten, um dann die Nacht miteinander zu verbringen.

Als sie dem König vorgestellt wurde, war die Pompadour schon mehrere Monate lang seine Geliebte. Tatsächlich hatte man sie schon seit mehreren Tagen in den Räumen über seinen Privatgemächern untergebracht, die mit diesen durch eine Treppe verbunden waren. Nach dem, was man sich über den sexuellen Appetit des Königs erzählte, musste Jeanne seit ihrer Ankunft diese Treppe schon mehrmals hinabgestiegen sein.

Trotzdem war diese Zeremonie für sie eine Herausforderung. Bereits ein kurzer Hofknicks war schwierig für eine Frau, die in der bei Hofe üblichen Aufmachung zu erscheinen hatte. Jeanne aber musste drei hintereinander machen. Und wenn der König sie entließ, was laut Protokoll mit einem kühlen Nicken zu geschehen hatte, musste sie sich – nach hinten gehend – aus seinem Blickfeld entfernen, was auf Grund der langen Schleppe, die sie laut höfischer Kleiderordnung zu tragen hatte, ebenfalls nicht ganz einfach zu bewerkstelligen war. Sie musste dieses Prachtstück nämlich mit dem Fuß aus dem Weg schaffen, bevor sie den ersten Schritt nach hinten tat. Wunderbarerweise führte sie all diese schwierigen Manöver mit makelloser Anmut aus, die ihr rundherum Bewunderung eintrug.

Obwohl dazu natürlich auch ein gewisses Talent gehört, war offenkundig, dass sie im richtigen Verhalten unterrichtet worden war. Um ihre Vorstellung in Versailles vorzubereiten, hatte Ludwig ihr zwei vertrauenswürdige Höflinge geschickt, die ihr das höfische Protokoll beibrachten, all die Regeln, Gesten, Phrasen, vorgefertigten Antworten, für deren Beherrschung sie fast drei Monate brauchte. Entschlüpfte dem König wohl ein kleines Lächeln, als er Abbé Bernis, einen Geistlichen, zum

Lehrer seiner Mätresse bestimmte? Ludwig hatte nicht nur eine bekannte Schwäche für Scherze, sein ganzer Humor lag genau auf dieser Linie. So las er einer seiner früheren Mätressen, Mademoiselle de Mailly, einmal eine Predigt über die Keuschheit vor. Bernis besprach sich mit einem anderen Kleriker, bevor er die heikle Aufgabe akzeptierte, doch da er die beiden einander ja nicht vorgestellt hatte, fühlte er sich für ihre Verbindung offenkundig nicht verantwortlich und nahm an. Er verbrachte drei Monate mit seinem Schützling und blieb sein ganzes Leben lang mit der Pompadour befreundet.

Obwohl die Audienz beim König ein Erfolg war, war damit die Prüfung noch keineswegs zu Ende. Ihre sozialen Fähigkeiten wurden noch auf eine harte Probe gestellt, als man sie unmittelbar darauf der Königin vorstellte. Zu diesem Zweck musste sie den großen Audienzsaal verlassen, das Vorzimmer durchqueren, das man *Oeil de Boeuf*, Ochsenauge, nannte, und schließlich die Räume der Königin betreten. Auf diesem ganzen Weg folgte ihr die Menge und gab sich hemmungslos ihrer Lieblingsbeschäftigung, dem Gaffen, hin. Neben dem Spiel, der Jagd, den diversen romantischen Beziehungen und offiziellen Ereignissen wie Bällen und Ähnlichem war der Klatsch nämlich der liebste Zeitvertreib der Höflinge. Alle, auch die Königin, wussten, dass diese junge Dame die Geliebte des Königs war. Und da sie auch noch eine Bürgerliche war, erhoffte man sich eine wirkliche Fehlleistung, an die man sich noch nach Jahren würde erinnern können.

Der Adel verachtete nämlich einerseits das Bürgertum, andererseits fühlte er sich von dieser stets mächtiger werdenden Klasse auch bedroht. Das Bürgertum sammelte immer mehr Reichtümer an, während der Adel, der gezwungen war, seinen Reichtum bei Hofe auszugeben, seine Landgüter verkommen ließ. Gleichzeitig galten Menschen, die nicht mit einem Titel zur Welt gekommen waren, als unterlegen. Einige Höflinge betrachteten es als deutlichen Affront, dass zum ersten Mal in der Geschichte des französischen Königtums ein Mitglied des Bürgertums zur *maîtresse en titre* aufgestiegen war, zur offiziellen

Mätresse des Königs. Es gab auf diesem Empfang Menschen, die sich von ihrem natürlichen Charme sofort auf ihre Seite ziehen ließen, doch auch solche, die – wie der Duc de Richelieu – ewig ihre Feinde bleiben sollten. Dabei mag des Herzogs unversöhnliche Haltung auch daher rühren, dass seine eigene Abkunft nicht so ganz königlich war. Er hatte den Titel nämlich nicht von seinem Vater, sondern von seinem Onkel geerbt, weshalb man ihm vorwarf, sein Blut sei nicht ganz rein. Da man somit seine eigene Legitimität anzweifelte, warf er sich fürderhin zum Wächter adliger Reinblütigkeit auf.

Ihre erste Begegnung mit der Königin meisterte die Pompadour mit einiger Bravour, lediglich ein winziger Lapsus unterlief ihr. Als sie sich bückte, um den Saum des königlichen Kleides zu küssen, verlor sie ein Armband. Doch die Königin schien ihr dies nicht übel zu nehmen. Statt sie mit einem knappen Kompliment über ihr Kleid abzuspeisen, wie man es von ihr erwartete hatte, erkundigte sie sich nach einem gemeinsamen Bekannten, einem der wenigen Adligen, welche die Familie Poisson kannte. Die frisch gekürte Marquise, die sofort erkannte, wie großzügig diese königliche Geste war, versicherte der Königin voller Wärme, wie sehr sie wünsche, ihr zu gefallen. Dies war zwar ein kleiner Stilbruch, weil sie dadurch gegen das ungeschriebene Gebot verstieß, niemals Gefühle zu zeigen, doch die Königin zeigte sich angetan.

Pompadour war nicht nur in der Lage, ihre eigene Verwandlung von der Bürgerstochter in die Favoritin des Königs mit Anmut voranzutreiben, sie führte auch einen weniger förmlichen Stil in Versailles ein und kann so als Symbol für die bevorstehenden Veränderungen betrachtet werden, die innerhalb der nächsten Jahrzehnte die französische Gesellschaft erschüttern sollten. Dass sie hin und wieder Gefühle zeigte, offen war, laut sprach und lachte, ohne dabei auf die richtigen Ausdrücke zu achten, widersprach allem, was in Versailles bis dahin üblich gewesen war. Dort betrug man sich weit gemäßigter. Die Damen kicherten nur oder dämpften zumindest ihr Lachen, und Gefühle mussten eh unterdrückt werden, auch positive

Empfindungen wie Freude. Kein Wunder also, dass hierin das Zentrum für Intrigen aller Art lag. Das Ränkespiel um bessere Positionen, das so häufig um Monarchen und mächtige Persönlichkeiten herumgesponnen wird, wurde umso erbitterter ausgetragen, da Ärger bei Hofe niemals direkt geäußert werden durfte. Das soziale Leben bestand somit in erster Linie aus Andeutungen, schneidenden Bemerkungen, verhaltenem Lob, abfälligen Gesten und indirekten Angriffen aller Art.

Vermutlich gefiel Jeanne dem König gerade deshalb. Sie lachte häufig, war kaum berechnend und konnte sich plötzlich und voller Enthusiasmus für eine Sache einsetzen. All dies musste dem König vorkommen wie eine Brise frischen Windes. Der Maler François Boucher hielt diesen jugendlichen Überschwang in seinen Gemälden fest. In Porträt um Porträt fing er den Geist ein, der ihre rosenfarbenen Wangen belebte. In Farben, die leuchtend und sanft zugleich wirken, scheinen ihre Gewänder nicht einfach herabzufallen, sondern sich zu kräuseln. Diese lebhafte Energie durchströmt alles, was sie umgibt: den Brokatvorhang, die gemusterte Ecke eines Sofas, ein elegant geschwungenes Tischchen, eine Schreibfeder, eine von goldenen Girlanden umschlungene Uhr, ein Döschen voller Rouge, die Rose an ihrem Mieder, den Rosenbusch hinter ihr, die Statue einer Mutter mit ihrem Kind, eine Zitrone oder eine Buche. Auf allen Bildern, die sie zeigen, begegnet unser Auge einem fröhlichen Überschwang.

Dass Boucher die Pompadour bereits gemalt hatte, als sie noch ein Kind war, nimmt nicht Wunder. Sie war ein hervorragendes Modell. Zwischen ihrer Art, sich zu geben, und seiner Art zu sehen schien es eine Art inneren Rapport zu geben. Beide bevorzugten sie dieselben hellen Pastellfarben, beide liebten sie Blumen. Sie war eine leidenschaftliche Gärtnerin, er schmückte Stoffe, Wandteppiche und Vasen mit Blütenformen. Und was noch wichtiger ist: Sie gehörten derselben Zeit an, am Übergang von der alten Ordnung zur neuen: Die Monarchie sollte bald schon stürzen, das Bürgertum den Platz des Adels einnehmen.

In ihrem Leben und seiner Kunst spiegeln sich – vor dem Hintergrund der sie einenden Schönheit – dieselben widersprüchlichen Züge. Sowohl die Mätresse als auch der Maler erscheinen uns heute als frivol, doch taten beide letztlich nichts anderes, als eine besondere Form der Anmut zu schaffen, die ihnen erlaubte, einen Konflikt zu leben, an dem sie andernfalls wohl zerbrochen wären. Mit seinem einzigartigen Stil bannte Boucher sowohl die großen mythologischen Szenen auf die Leinwand, die noch zur alten Ordnung gehörten, als auch die neuen, zarten Landschaften des bürgerlichen Arkadienideals, die bereits eine radikale Wandlung der Werte ahnen lassen. Madame Etioles (so hieß die Marquise, bevor der König ihrem Mann befahl, sich von ihr zu trennen) unterhielt als jung verheiratete Frau einen eigenen Salon, in dem sich die Denker ihrer Zeit trafen, unter ihnen auch der berühmte Voltaire. Die Ideale, die später zur Revolution führen sollten, vertrat sie sogar noch kurze Zeit, nachdem sie als offizielle Mätresse bei Hofe eingeführt worden war. Ebenso wie sie weiterhin als Mäzenin für Voltaire auftrat. Ihre leichte, anpassungsfähige Art ließ sie diese Vorstellungen auch wieder aufgeben, die bei Hofe – verständlicherweise – nicht so populär waren wie in Paris.

Doch brach sie nicht ganz mit ihrer Vergangenheit. Sie hielt sich zwar generell an das Protokoll, doch die elegante Kälte der Hofdamen übernahm sie nie. So wie Boucher immer wieder ganz intime Szenen malte, so behielt auch sie im Umgang mit allen, die ihr nahe standen, also auch mit dem König, einen freundschaftlichen Ton bei, der als zutiefst bürgerlich galt. Eines der schönsten Porträts, das uns von ihr überliefert ist (gemalt von Alexandre Roslin), zeigt sie beim privaten Zusammensein mit ihrem Bruder, dem Marquis de Marigny. Beide tragen reich bestickte Seidengewänder, sie in Rosa und Weiß, er in Rot und Gold. Beiden Gesichtern ist das gleiche schelmische Lächeln zu Eigen, so als hätte man die Geschwister gerade bei einem Spiel ertappt. Marigny hatte seinen Titel vom Vater geerbt (der ihn aus recht offensichtlichen Gründen vom König selbst verliehen bekommen hatte). Auf dem Bild hält er ein Architekturmodell und einen Kompass in der Hand. Seine Schwester trägt ein Kästchen mit Juwelen. Obwohl dieses Architekturmodell vermutlich für ein Bauprojekt steht, das die beiden zusammen planten, mutet die ganze Szene – mit dem spitzbübischen Gesichtsausdruck der beiden und dem bereits benutzten Teeservice auf dem Tischchen zwischen ihnen – auf fast moderne Weise ungezwungen an.

Diese Aura von Gelöstheit, die die Marquise verbreitete, muss für Ludwig XV. geradezu Balsam für die Seele gewesen sein. Er, der für einen König ein recht privates Leben führte, hatte seine ganze Familie im Laufe einer einzigen Woche verloren. Mutter, Vater und Bruder starben kurz nacheinander an Diphtherie. Es heißt, er sei nur deshalb mit dem Leben davongekommen, weil seine Amme ein ebenso tiefes wie begründetes Misstrauen gegen Ärzte hegte und nicht erlaubte, dass diese ihn traktierten. Doch ohne Mutter oder Vater, die ihm Schutz hätten bieten können, am Hofe seines Großvaters, des Sonnenkönigs Ludwig XIV., aufzuwachsen war vermutlich ebenfalls nicht leicht. Die Situation verschlimmerte sich noch, als Ludwig XIV. starb. Man munkelte, Ludwigs Großonkel Phillipe von Orléans, Herzog von Chartres, der bis zur Volljährigkeit Ludwigs als Regent eingesetzt worden war, wolle den Jungen vergiften lassen, um selbst König werden zu können. Obwohl diese Gerüchte nicht der Wahrheit entsprachen – der Regent verhielt sich Ludwig gegenüber immer liebevoll, und dieser hing sehr an seinem Großonkel –, so war der Junge doch von Menschen umgeben, die einen solchen Anschlag für möglich hielten und ihm rieten, noch misstrauischer zu sein, als dies bei Hofe ohnehin üblich war.

Und dann kam Madame de Pompadour, die ihn anbetete und ihm sein Herz gestohlen hatte. Die vertraulichere Umgangsformen pflegte, als man dies in Versailles je für möglich gehalten hatte. So waren die anderen Mitglieder des Hofes schockiert von den Spitznamen, die sie den Mitgliedern ihrer Familie gab. Ludwig aber lachte, als er zum ersten Mal hörte, wie sie ihren Bruder *frérot*, Brüderchen, nannte. Und bald erfand auch er Spitznamen für seine Töchter. Madame Adelaide zum Beispiel nannte er *locque*, »Fetzen«, und Madame Victoire *coche*, »Kutsche«.

Hätte Pompadour sich den Wünschen des Königs gefügt, wenn er sie weniger familiär gewollt hätte? Schließlich wollte sie ihm vor allem gefallen. Doch diese Frage kann wohl kaum beantwortet werden, und dies aus dem einfachen Grund, weil wir nicht wissen können, wie sich die Beziehung zwischen zwei Menschen, die – wie Ludwig und die Pompadour – füreinander geschaffen sind, letztlich gestaltet. Denn in diesem Fall stellen die Fehler des einen eine glückliche Fügung dar, welche die Bedürfnisse des anderen erfüllt. Dann ist schon die bloße Präsenz des Partners ein Geschenk. Und Pompadour, die ihrem Geliebten mehr als nur die Freuden des Fleisches schenken wollte, stellte sich auf die Bedürfnisse des Königs vollkommen ein, erkannte sie noch, ehe er selbst wusste, was ihm fehlte.

So beobachtete sie beispielsweise sorgfältig seine Gesichtsfarbe. Wenn sein Gesicht mürrisch und gelb wurde, wusste sie, dass er sich langweilte. Langeweile war für ihn tatsächlich ein erschütterndes Gefühl. Da er jahrelang von hochherrschaftlichen Ammen erzogen worden war, brachte er Langeweile unweigerlich mit dem Gefühl des Verlassenseins in Verbindung, das wiederum in seinem Fall auch ein Moment der Gefahr in sich barg. Wann immer also Madame de Pompadour eine Veränderung am königlichen Teint bemerkte, gab sie sich die größte Mühe, ihn zu unterhalten. Auch auf dem Gebiet des Zeitvertreibs deckten sich die Neigungen der beiden Liebenden. Sie war sehr belesen und liebte Theater, Kunst und Architektur. Obwohl Ludwig ihr Interesse für die Literatur nicht teilte, profitierte er doch massiv von ihrem literarischen Wissen. In ihrer Bibliothek fanden sich Geschichtsbücher ebenso wie die Schriften Voltaires und die Dramen Racines. Sie las die zensierten Passagen aus der Post der Höflinge ebenso wie die Polizeiberichte, die in etwa die Funktion moderner Boulevardzeitungen erfüllten. Nach ihrem Tod verkaufte ihr Bruder ihre gesamte Bibliothek, die sich auf 3525 Bände belief. (Er behielt nur eines zurück, ein Buch über die Kurtisanen von Paris, das von einer ebensolchen geschrieben worden war: *Représentations de M. le Lt. Général de Police de Paris sur les Courtisanes à la Mode et les Demoiselles de Bon Ton.*) Aus bestimmten Theaterstücken konnte sie ganze Passagen auswendig rezitieren. Auch Stellen aus den weniger anspruchsvollen Komödien wusste sie mit Witz darzustellen. Sie war bekannt dafür, dass sie die Menschen zum Lachen bringen konnte.

Auch diese Kunst erfordert eine gewisse Anmut, ein gewisses Geschick, da man dabei leicht jemandem zu nahe treten kann. Und es braucht die der Grazie innewohnende Großherzigkeit, denn witzige Bemerkungen, die nicht schaden wollen, werden normalerweise eher akzeptiert, da sie die richtige Balance aus Offenheit und Freundlichkeit besitzen. Die Kunst liegt darin, die Wahrheit zu sagen, ohne verletzend zu sein bzw. tiefe Wunden zu schlagen.

Was uns wieder ins Gedächtnis ruft, dass die Pompadour ja nicht immer witzig sein durfte. Da Ludwig in seiner Jugend so tragische Verluste erlitten hatte, litt er unter depressiven Verstimmungen. In diesen Phasen, die bereits durch eine winzige Kleinigkeit ausgelöst werden konnten, dachte er unausgesetzt über den Tod nach. Einmal bekam er einen solchen Schub, als er vom Fenster der königlichen Kutsche aus einen Friedhof sah. Wir dürfen wohl annehmen, dass die Pompadour versucht hat, ihn aufzumuntern, da wir wissen, dass er ihr schließlich verbot, ihn in so einer Stimmung zum Lachen bringen zu wollen. Sicher war es hart für eine Frau wie sie, deren Natur das Geben war, dass ihr Geliebter seine düsteren Stimmungen für sich behalten wollte. Doch offensichtlich war sie auch dazu in der Lage.

Ihre eigene Großzügigkeit, die sie ja vor allem auf den König richtete, erklärt vielleicht, weshalb der König ihr bereitwilliger seine Börse öffnete als jedem anderen Menschen an seinem Hof. Ihre Gegengaben wiederum waren mehr als nur symbolisch. Letztlich verstand sie ihn nicht nur besser als jeder andere, sie wusste auch, wie sie zu seinem Amüsement beitragen konnte. So organisierte sie mit den Männern und Frauen des Hofes 122 Theateraufführungen von 61 verschiedenen Stücken. Und da sie selbst an der Comédie Française Schauspielunterricht genommen hatte, spielte sie häufig die weibliche Hauptrolle, einmal sogar die männliche. Als sie den Prinzen in *Le Prince de Noisy* spielte, sprang Ludwig nach der Vorstellung auf die Bühne und sagte vor aller Ohren zu ihr: »Ihr seid die bewundernswerteste Frau Frankreichs.«

Wegen ihrer Erfolge als Schauspielerin plante man, in Versailles ein Theater zu bauen. Obwohl es erst nach ihrem Tod fertig gestellt wurde, trafen sie und der König sich doch immer wieder mit dem Architekten Gabriel, um die Einzelheiten des Baus mit ihm zu diskutieren. Denn eines der Dinge, die den König von seinen »gelben« Stimmungen abhielten, war die Architektur. Er liebte es, Gebäude entstehen zu sehen und Säle im Palast immer und immer neu auszuschmücken. Dieses Interesse zeigte sich schon sehr früh und hing vielleicht ebenfalls mit seinen frühen Verlusten zusammen. Kurz nachdem der Junge seine gesamte Familie verloren hatte, verlegte sein Vormund, der Herzog von Chartres, den Sitz der Regierung nach Paris in den Palast an den Jardins des Tuileries. Als der Hof nach Versailles zurückkehrte, war Ludwig bereits 14 Jahre alt und brachte Tage damit zu, über das Gelände zu wandern, die wunderbare Architektur und die Gärten von Lenôtre zu bewundern. Die Geschichte überliefert uns hier die Legende, dass der junge König stundenlang im Spiegelsaal lag und seinen Blick an die wunderbare Decke richtete.

Ludwig und die Marquise wanderten regelmäßig von einem königlichen Palast zum anderen und besuchten auch immer wieder die Häuser, die die Pompadour im Laufe ihres Lebens erwarb. Ludwig hatte ihr nicht nur die Überwachung der ständigen Umbauarbeiten in Versailles übertragen, sondern auch die Renovierung von Fontainebleau, Choisy und Marly. Natürlich brachte sie auch viel Zeit mit der Ausgestaltung ihrer eigenen Häuser zu: die Hermitage in Versailles, ihr Haus in Crécy, ein anderes Haus mit Namen Montretout, ein drittes, das La Celle hieß. Dazu gehörten außerdem noch die Stadtpaläste Province, Bellevue und das Hôtel d'Evreux, das später einmal zum Elysée-Palast, dem Sitz des französischen Staatspräsidenten, werden sollte. Sie richtete jedes Haus mit großer Liebe ein, sorgte dafür, dass fünfzig Orangenbäumchen gepflanzt wurden oder dass sich der Maler Loo um die Dekoration kümmerte. In Bellevue schmückte eine Serie von Gemälden von Boucher, die durch eine von Verberckt gearbeitete Holzgirlande miteinander verbunden waren, einen Raum. Die Wände waren in Weiß und Gold gehalten, häufig von Emaillearbeiten in hellem Pastell geschmückt. In all ihren Häusern fanden sich außerdem selbst ausgewählte ungewöhnliche Dekorationsobjekte: eine vergoldete Laterne aus Vincennes-Porzellan, Tafeln von Tamariskenholz, Kerzenleuchter aus Dresden, ein Taubenschlag auf einer Säule. Diese Inventarliste ließe sich noch beliebig verlängern. Nach dem Tod der Marquise brauchten die Nachlassverwalter mehr als ein Jahr, um ihren Besitz zu erfassen.

Das Volk aber klagte über die ungeheuren Kosten, die die Mätresse dem Staat verursachte. Und nicht nur das Volk. Verschiedene Minister machten sich zum Sprachrohr dieser Unzufriedenheit und trugen sie bei Hofe vor, vor allem Maurepas, der die Niederlage seiner Marine darauf zurückführte, dass zu viele Luxusgüter gekauft worden waren, statt das Geld in Kriegsschiffe zu investieren. Doch der gewaltige Appetit der Marquise ging mehr auf Ludwigs ständiges Verlangen nach Abwechslung zurück, und so ging die intensive Bautätigkeit weiter.

Für das, was aus dieser Zeit der Dekadenz noch übrig ist, können wir nur dankbar sein, denn wir sind die legitimen Erben. Unter dem Patronat der Pompadour entspann sich ein reges künstlerisches Treiben. Sie unterstützte die Künste auf großzügige Weise, setzte Voltaire eine Pension aus, die sie auch dann nicht strich, als er sie und den König zu kritisieren begann. Sie unterstützte Crébillon, während er an einem Stück schrieb, sorgte dafür, dass es an der Comédie Française aufgeführt wurde und – was noch mehr ist – dass es zum Erfolg wurde. Als sie starb, besaß sie Hunderte von Gemälden, die sie alle käuflich erworben hatte, was viele Mitglieder des Adels nicht von sich behaupten konnten. Vielleicht erwarb sie in der Zeit, als ihr Vater außer Landes war und sie mit ihrer Mutter in Armut leben musste, ein Gespür für die materiellen Bedürfnisse der Künstlerschaft, das Menschen meist fehlt, die Zeit ihres Lebens nur den Überfluss kannten.

In dieser Hinsicht vereinigt sie auf sich gleich zwei Tugenden der Grazien: die Fähigkeit der Musen, Künstler zu hohen Werken zu inspirieren, und die Großzügigkeit, sie bei deren Ausführung zu unterstützen. So stellte sie beispielsweise sicher, dass ihr Hofmaler, Boucher, nicht nur ein eigenes Haus und ein gutes Auskommen hatte. Sie gab ihm viele Aufträge und gewann ihm durch die Gunst, die sie ihm erwies, eine Menge anderer Kunden. So errichtete der König auf ihr Betreiben hin eine Porzellanmanufaktur in Sèvres, für die Boucher viele Vorlagen lieferte. Mit Hilfe ihres Bruders Marigny, der durch ihren Einfluss beim König zum Obersten Baumeister aufgestiegen und dadurch auch für die Ausschmückung der öffentlichen Bauten zuständig war, sorgte sie dafür, dass Boucher zum künstlerischen Leiter der Gobelinmanufakturen ernannt wurde.

Zusammen mit ihrem Bruder prägte sie das Pariser Stadtbild, wie wir es heute kennen. Ohne den Louvre, die Ecole Militaire auf dem Champ de Mars, das von Soufflot erbaute Pantheon oder die von Gabriel entworfene Place de la Concorde wäre die Stadt wohl kaum dieselbe. Und obwohl sie noch vor seiner Fertigstellung starb, bescherte sie uns doch eines der schönsten Gebäude in Versailles, das Petit Trianon.

Im Licht dieser Hinterlassenschaft wird erkennbar, dass Pompadour ihren Liebhaber wohl nur deshalb so gut verstand, weil sie ein grundsätzliches Verständnis der menschlichen Natur entwickelt hatte. Einer Natur, die ihr Erbe voller Freude antritt, weil sie nicht nur nach Brot, sondern auch nach der Anmut der Rosen hungert.

Befriedigung

Die sechste Station der Verführung

Heute ist er mal richtig gut bei Kasse. Er hat sich ein eigenes Zimmer genommen, mit einer klauenfüßigen Badewanne. Nun kann er baden, so viel er will, bevor er das Hemd anzieht, das er sich gegen gutes Geld hat waschen und stärken lassen, und die neuen Lederschuhe und den Anzug, den er sich in San Francisco gekauft hat. Er will gut aussehen, wenn er ins Palace Grand Theater geht. Von dieser Nacht hat er monatelang geträumt, eigentlich seit er seinen Claim hat. Obwohl er sie schon hundertmal gesehen hat, will er zu Kates Show nicht zu spät kommen. Und trotzdem bleibt er noch kurz stehen und macht sich die Fingernägel sauber, weil er ein wenig Schmutz darunter bemerkt hat, bevor er sich ins Theater aufmacht. Sie hat sich zwar noch nie über sein grobes Äußeres beschwert, wenn er vom Goldwaschen kam und sich mit ihr auf einen Drink in die Bar gesetzt hat, doch heute, da er mit ihr nach oben will, ist das etwas anderes.

Er freut sich auf die Show. Dann hat er etwas, wovon er träumen kann, während er auf das private Finale wartet. Und doch lässt er sich nicht täuschen. Sie weiß sicher schon eine ganze Weile, wie er zu ihr steht, und so lieb sie auch zu ihm ist, wenn er mit seinen Problemen zu ihr kommt, so ist ihm doch klar, dass sie einen anderen hat, einen feineren als ihn, der besser zu ihr passt. Und als er ihren anmutigen Tanz beobachtet, all die weiße Gaze, die um sie herumwirbelt, ist seine Sehnsucht eine andere geworden, denn sein Wunsch wird bald in Erfüllung gehen.

Scheu steht er dann ganz hinten, bis er sie nicken sieht. Dann sieht er auf die goldene Uhr, die er erst kürzlich gekauft hat, und wartet genau 15 Minuten, wie sie es ihm gesagt hat, bevor er die Treppen zu ihrem Allerheiligsten hinaufsteigt. Der Raum ist genauso, wie er ihn erwartet hat, nur dass er jetzt Wirklichkeit ist. Er kann alles anfassen, riechen, schmecken. Es ist sogar noch besser als in seinen Träumen. Die Wände sind ganz rot und golden. Die rot glänzende Bettdecke passt perfekt dazu, und auch die anderen Dinge, die Bilderrahmen, Vasen, der satinbezogene Sessel, alles zeugt von ihrem guten Geschmack, etwas, das er selbst eines Tages gern besitzen möchte. Auch ihre Art, ihn zu sich zu winken, hat etwas Feines an sich. Er fühlt sich wohl dabei und hat trotzdem das Gefühl, über den Dingen zu schweben.

Tief ist seine Befriedigung, als er sieht, wie sie langsam ihr hübsches Kleid an den Bettpfosten hängt. Während er sich allmählich auf sie zubewegt, wandern seine Augen über die edle Wäsche, die sie trägt und die wohl aus Frankreich kommt. Alles Feine in diesem Raum scheint sich in ihrem Körper zu konzentrieren, in dem Gefühl, das ihre Haut auf seiner auslöst. Und sie überrascht ihn noch in anderen Dingen. Dabei hätte er sich denken können, dass sie auch darin begabt war. Schließlich, so sagte er sich später, als er sich das Ereignis wieder und wieder durch den Kopf gehen ließ, schließlich musste eine Person, die es schaffte, zweihundert Meter Gaze über sich schweben zu lassen, auch andere Dinge aufsteigen lassen können. Sie würde sogar die Schwerkraft selbst austricksen, dachte er. Aber es war nicht nur die pure Mechanik ihres Tuns, die ihn faszinierte. Er

Klondike Kate

227

hatte jetzt alles, was er sich wünschte, auch wenn er vorher gar nicht gewusst hatte, dass er sich danach sehnte. Es lag nicht nur daran, dass sie ihn glücklich gemacht hatte. Er lachte, weil er sich leichter fühlte als Luft. Dabei gab sie ihm noch ein Geschenk der besonderen Art mit auf den Weg. So als hätte sie durch einen Blick tief ins Zentrum seines Seins die Goldader gefunden, die dort verborgen lag.

Charme

Sarah Bernhardt

Die wildesten Männer geben die
niedlichsten Haustierchen ab.

Mae West
Belle of the Nineties (1934)

Diese Tugend hat etwas Rätselhaftes an sich. Charme ist,
wie das Konversationslexikon erklärt, die Gabe zu gefallen, eine Definition, die uns recht einfach erscheinen
mag, solange wir uns nicht fragen, worin denn nun das Wesen des Charmes liegt. Doch genau diese Aura des Geheimnisvollen macht die siebte Kurtisanentugend für uns so reizvoll. Dem Charme wohnt eine Art Zauber inne. Im Englischen wird das Wort auch für ein Amulett benutzt, einen
Talisman, dem magische Kräfte innewohnen. Und für be-
schwörende Gesänge, mit denen man einen Zauber wirkt.
Wenn wir von einem Mann sagen, dass er dem Zauber einer
Dame erlegen ist, dann steckt darin beides: dass er von ihr bezaubert ist und dass ein von ihr gewirkter Zauber ihn seines
Willens beraubt hat. Und wie meistens im Leben treffen beide
Erklärungen zu.

Einer charmanten Frau gegenüber lassen wir unsere
Schutzschilde fallen. Es scheint plötzlich, als habe unser Körper ein Eigenleben. Vielleicht fühlen wir eine gewisse Wärme,
ein Prickeln, das Körper und Seele gleichermaßen belebt, als
wären wir neugeboren. Kein Wunder also, dass wir weniger
auf der Hut sind als üblich. Wir offenbaren ihr, was wir einem
anderen Menschen niemals sagen würden. Wir lachen über
etwas, was wir sonst nicht lustig gefunden hätten. Mit einem
Mal stellen wir fest, dass wir zu Ansichten nicken, die wir ansonsten wohl als zu gewagt von uns gewiesen hätten. Und
die ganze Zeit über fühlen wir uns irgendwie leicht, fließend.
Da ist nichts Festes mehr an uns. Sind wir in ihren Händen zu
Wachs geworden? Selbst wenn dem so wäre, ist dieser Zustand doch viel zu reizvoll, um sich jetzt deswegen den Kopf

zu zerbrechen. Ganz im Gegenteil: Wir sind mehr als glücklich, wenn wir so viel Zeit wie irgend möglich in diesen Händen verbringen können.

Dass trotz aller Vorurteile und Hindernisse, die dem weiblichen Geschlecht gewöhnlich das Leben erschweren, der Charme so viele Frauen zum Triumph führte, ist für Männer seit Jahrhunderten eine Gefährdung. Daher wurde die Bezauberung durch die Frau häufig mit einer schicksalhaften Bedrohung assoziiert. Es ist ein Treppenwitz der Geschichte, dass diese Vorstellung den Frauen mehr Schaden zugefügt hat als je der weibliche Zauber der Männerwelt. Als man Frauen noch der Hexerei anklagte und auf dem Scheiterhaufen verbrannte, war es nur logisch, dass die Reize der Kurtisanen ebenfalls mit Zauberkraft in Verbindung gebracht wurden. Als Thomas Coryat den Venedig-Reisenden Anfang des 17. Jahrhunderts warnte, er möge »seine Ohren wappnen gegen den verführerischen Zauber ihrer so vernünftig klingenden Vorschläge«, da sprach er nicht im metaphorischen Sinn. So wie die Inquisition den Hexen vorwarf, in den Herren ungekannte Lüste zu erwecken, so warf sie den Kurtisanen häufig vor, ihre Erfolge mit zauberischen Mitteln zu erzielen. Sogar die allseits respektierte Veronica Franco wurde der Hexerei angeklagt, auch wenn man sie am Ende des Prozesses freisprach.

Kein Wunder, dass die Welt der Kurtisanen, in der Sexualität und Magie sich auf so wunderbare Weise vereinen, zum Schlachtfeld wird. Die Fronten lassen sich bis ins alte Griechenland zurückverfolgen, wo man den Kurtisanen häufig magische Kräfte zuschrieb. Wie die Hexen, die die Bühne der Geschichte erst später betraten, mischten auch die Hetären Kräuterarzneien, waren Heilkünstlerinnen und Hebammen. Einige Forscher nehmen sogar an, dass diese Frauen die Männer durch den Akt der Liebe in die Mysterien der Venus einführten. Mysterien, die vielfach zu unvorhersehbaren Umwälzungen im Leben führten.

Die Offenbarung

Die Geschichte hat Hypereides zum Anwalt derer erklärt, die die Grenzen des Verstandes ausloten. Obwohl seine Argumente, mit denen er Phryne, die Hetäre, verteidigte, brillant waren, wusste er doch, dass all seine Überzeugungskraft nicht ausreichen würde, um den Fall zu gewinnen. Hören wir die Anklage, so wird dies nur zu verständlich. Phryne, die nicht nur Kurtisane war, sondern auch Priesterin der Aphrodite, wurde beschuldigt, einen neuen Gott proklamiert zu haben, ein Akt der Imagination, der für Sterbliche absolut tabu war.

Um das Klima, in dem dieser Prozess stattfand, besser nachvollziehen zu können, müssen wir uns in eine Zeit zurückversetzen, in der Religion und Staat eins waren. Die Verehrung der Götter stand im Mittelpunkt des sozialen Lebens. Unter solchen Umständen konnte die Einsetzung eines neuen Gottes die feinen Fäden reißen lassen, die den Zusammenhalt der Gemeinschaft sicherten. Außerdem würde die Einführung einer Gottheit dem Schöpfer derselben eine enorme Macht verleihen.

Weder Beschuldigte noch Anwalt konnten die konkreten Fakten der Anklage leugnen. Phryne hatte in der Tat eine neue Gottheit eingeführt. Der Verteidigung stand nur eine Erfolg versprechende Strategie offen: beweisen, dass Phryne das Recht hatte, dies zu tun. Hypereides baute seine Verteidigung auf folgende Argumentation auf: Durch Phryne habe Aphrodite selbst gesprochen, die ihren Willen durch ihre Priesterin offenbar gemacht habe. Doch das Argument schien bei Gericht wenig zu verfangen.

Mit Rhetorik war hier nichts zu gewinnen, denn in Glaubensfragen kämpft die Logik auf verlorenem Posten. Religion, Traum, Gebet, Vision, Leidenschaft und Ekstase fallen nicht in die Domäne der Vernunft, sondern sind Gegenstand individueller Erfahrung. Daher kleidet Religion ihre Inhalte so häufig in Bilder und symbolische Akte: So wird bei der Kommunion metaphorisch der Leib Christi verzehrt, beim Pessachfest das ungesäuerte Brot zerkleinert und selbst der Islam kennt zahllose Rituale und symbolische Handlungen. Wenn sie lebendig bleiben soll, muss die Religion sowohl den Geist als auch die Seele der Menschen nähren.

Hypereides, der in einer religiösen Kultur groß geworden war, wusste, dass er das Gericht nur mit einem Akt religiöser Offenbarung überzeugen konnte. Also bat er Phryne im Zeugenstand, ihre Kleider abzulegen. Und seine Rechnung ging auf. Von ihrem Anblick geblendet, beschlossen die Richter, dass solche Schönheit nur von der Göttin selbst verliehen worden sein konnte und sprachen sie frei.

Die prosaischere Interpretation unseres Jahrhunderts könnte behaupten, Hypereides habe auf den sexuellen Appetit der Richter spekuliert. So gesehen hätte Phrynes Erscheinung die Urteilsfähigkeit der Herren unterminiert. Doch eine solche Betrachtungsweise übersieht, dass die Urteilsbegründung an sich ja völlig schlüssig war. Sehen wir Aphrodite als archetypische Verkörperung der erotischen Liebe, dann bedeutet dies nur, dass diese ungeheure Macht auch vor den Toren des Gerichtshofes nicht Halt machte. Die verminderte Urteilsfähigkeit der Richter ließe sich dann auch so interpretieren: Während sie glaubten, objektiv das Idealbild reiner Schönheit zu betrachten, als sie Phrynes Körper studierten, waren sie tatsächlich ihrem Zauber schutzlos ausgeliefert.

Um zu verstehen, was dort wirklich geschah, müssen wir uns vor Augen führen, dass es zwei Formen der Nacktheit gibt, die sich grundlegend unterscheiden. Da ist zum einen die plakative Nacktheit, die den Körper zum Objekt macht. Dieser Nacktheit begegnet uns mittlerweile fast an jeder Straßenecke, sodass wir die zweite Spielart, in der der Körper Subjekt, also sich seiner selbst bewusst ist, fast völlig vergessen haben.

Selbstreflexion ist ein Bedürfnis, das der Körper ebenso kennt wie die Seele. Tänzer, Heiler und alle Heiligen wissen, dass die elementarsten körperlichen Prozesse zum Leben erwachen, wenn wir ihnen unsere Aufmerksamkeit zuwenden – die Atmung, die winzigen Bewegungen der Augen, die Drehung eines Fußes im Sprung. Da sie eine Kurtisane war, hatte Phryne ein stark sensibilisiertes Körperbewusstsein. Dass sie mit ihrem körperlichen Selbst völlig in Einklang stand, zeigte sich schon daran, wie sie durch den Raum ging, die Beine, Hüften, Schultern bewegte, in denen sich die Weisheit ihres Körpers spiegelte. Sogar als sie still an ihrem Platz bei Gericht saß, strahlte ihr Fleisch eine subtile, harmonische Bewegung aus, die nicht nur in den Muskeln, den Knochen und der Haut zu stecken schien, sondern von den einzelnen Atomen ihres Leibes ausging. Ein alchemistischer Tanz, so im Takt mit der Essenz ihres Lebens, dass jene, die Zeuge wurden, eine leichte Trance befiel.

Dies war eine Kunst, die sie vollendet beherrschte. Als Priesterin der Aphrodite wusste sie Männer in Trance zu versetzen. Ja, sie war berühmt dafür, dass sie ihren Körper zu diesem Zweck einsetzte. Einmal im Jahr tauchte sie im Meer unter, an der Stelle, an der Aphrodite ihm entstiegen sein soll. Das Bild Phrynes, die sich aus den Wellen erhob, flößte jenen, die in ihrem Tempel beteten, Ehrfurcht ein. Dabei war sie keineswegs nackt, doch das nasse Tuch klebte so eng an ihrer Haut, dass sogar die feinsten Bewegungen sichtbar wurden.

Hier wird die Metapher, das sprachliche Bild, das die Wirklichkeit verhüllen und dadurch umso deutlicher zeigen soll, Fleisch. Denn genau dies ist die eigentliche Natur der Metapher. Wenn Sappho von den purpurnen Roben der Liebe spricht, dann werden die üppige Farbe und der glatte Stoff für uns ebenso fühlbar, als lägen sie vor uns. Und das Vergnügen, das wir dabei empfinden, ist ebenso wirklich, als würden wir realen Stoff berühren. Dass sie die wahre Bedeutung verhüllt präsentiert, vertieft das Vergnügen nur. Dasselbe geschah, wenn Phryne aus dem Meer stieg. Ihre Schönheit, die

Vitalität ihres Körpers, die sie umfließenden Wellen ließen an die Schönheit, das Leben, das Meer schlechthin denken, an unseren wasserdurchfluteten Körper, die inneren Ströme der Träume.

Und da ist noch etwas anderes. Die Metapher ist ein sprachlicher Kunstgriff, der Verbindungen erzeugt. Sie zeigt, wie ein Ding sich in einem anderen widerspiegelt, dort sein Echo findet. Dies eröffnet uns eine besondere sinnliche Einsicht: das Wissen, dass wir alle Teil desselben Leibes sind. Diese spirituelle Lektion ist letztlich erotischer Natur und gehört daher in den Bereich jener Göttin, die man mitunter auch Aphrodite, die Kurtisane, nannte. Unter ihren zahlreichen Attributen findet sich eine goldene Kette, mit der sie die Liebenden verbindet und alles Leben vereint. In diesem erhabenen Licht betrachtet, erscheint uns die Argumentation des Hypereides, Phryne habe nur auf Aphrodites Geheiß gehandelt, als sie den neuen Gott schuf, noch einleuchtender, vor allem angesichts der Tatsache, dass der neue Gott eine Gottheit des Teilens war.

Das Gericht stimmte Hypereides zu und sprach Phryne von allen Anklagepunkten frei. So endet die Geschichte, und so würde auch unser Bericht enden, hätten wir uns hier nicht zur Aufgabe gestellt, die Natur des weiblichen Zaubers zu erforschen. Um aber zu verstehen, wie machtvoll Phrynes Erscheinung wirkte, müssen wir uns vor Augen führen, in welchem Zwiespalt die Richter bei diesem Prozess tatsächlich steckten. Denn sogar wenn Phryne nur dem Willen der Aphrodite gehorcht hatte, so hatte doch eine Sterbliche einen Unsterblichen geschaffen, was im Denken der damaligen Zeit einfach unmöglich erschien, weil für die Sterblichkeit in der Welt der Götter kein Platz ist. Der Glanz des Unendlichen wäre damit auf immer erloschen.

Doch vielleicht war Phrynes Anblick imstande, diesen kulturellen Hintergrund in den Richtern außer Kraft zu setzen und sie mit einer älteren, nicht mehr bewusst erinnerten Weisheit in Kontakt zu bringen, die dennoch dem Reich der

Aphrodite angehört, ihren ursprünglichen Formen als Ischtar oder Astarte. Damals glaubte man, dass Ewigkeit aus der Sterblichkeit geboren würde, in einem endlosen Kreislauf des Lebens, in den wir alle verstrickt sind.

Als habe sie am Ende beweisen wollen, dass die Richter Recht gehabt hatten, erlangte Phryne Unsterblichkeit in anderer Form, denn die berühmteste Skulptur ihres Liebhabers Praxiteles wurde nach ihrem Bild geschaffen. Und Zeitzeugen behaupten, dass er, der als der größte Bildhauer seiner Zeit galt, ihr Wesen vollendet eingefangen habe. Obwohl wir seine knidische Aphrodite nicht mehr bewundern können, weil sie verloren gegangen ist, so können wir doch nachvollziehen, welch ungeheure Schönheit diese Statue ausgestrahlt haben muss, da sie auf Jahrhunderte hinaus zum klassischen Modell des antiken weiblichen Aktes, vor allem der Venus-Darstellung in der Skulptur, wurde. So tritt uns Phrynes Körper heute noch entgegen, wenn wir uns mit den Darstellungen der Aphrodite beschäftigen, und weiht uns ein in die Geheimnisse dieser Göttin.

Auf den ersten Blick bezaubert

Der König war beim ersten Blick in dieses lieblich lächelnde Gesicht bezaubert, das so einzigartig rein und unschuldig erschien. All ihre schlechten Erfahrungen hatten darauf nicht die geringste Spur hinterlassen.

Joan Haslip
Madame Du Barry

Dass Madame Du Barry unter einem glücklichen Stern geboren war, ist unbestreitbar, obwohl dies zu Anfang ihres Lebens keineswegs so schien. Jeanne Du Barry, wie man sie später nannte, war mit dem geschlagen, was das 18. Jahrhundert eine »niedrige Geburt« nannte. Sie stand weit unter der Pompadour, da ihre Familie weder reich war noch zum respektableren Teil des Bürgertums gehörte. Ein Hauch von Adel fand sich allerdings auch in ihrer Abstammung. Bevor er ihre Großmutter kennen lernte, war Jeannes Großvater, Fabien Bécu, mit einer Gräfin verheiratet gewesen. Doch als sie ihn ehelichte, verlor die Dame ihren Anspruch auf ihre Adelsprivilegien, da er ein Bürgerlicher war. Trotz seines bürgerlichen Standes schaffte Bécu es ohne Schwierigkeiten, all ihr Geld durchzubringen. Als sie dann bereits in jungen Jahren starb, musste er wieder als Koch arbeiten. Bei seiner Tätigkeit als Küchenchef in einem Schloss lernte er Jeannes Großmutter kennen, eine Kammerzofe.

Jeannes späteres Schicksal ließ sich allenfalls dort erahnen, wo ihr Vater, der ja kurzfristig ein besseres Leben gekannt hatte, auf gutes Benehmen Wert legte. Diesen Zug zum Höheren vererbte er – zusammen mit seinem guten Aussehen – seiner Tochter Anne, Jeannes Mutter. Auch sie hätte wohl eine Anstellung im Haushalt eines Edelmannes erhalten, wäre sie von weniger rebellischer Natur gewesen. Doch sie zog ihre Unabhängigkeit vor und nahm dafür ein weniger bequemes Leben in Kauf. Zu Anfang aber spielte ihr das Schicksal übel mit. Als sie mit Jeanne schwanger wurde, arbeitete sie als Näherin in Vaucouleurs, einer Stadt an der Grenze zu Lothringen. Ein gut aussehender Mönch, Bruder Angelus, hatte sie verführt. Er wurde ihretwegen aus dem Orden verstoßen und nach Paris geschickt, sodass Anne mit ihrer Tochter allein in Vaucouleurs zurückblieb.

Obwohl zu jener Zeit alles, was irgendwie schief gehen konnte, auch tatsächlich fehlschlug, nahm Jeannes Leben eine glückliche Wendung, als sie vier Jahre alt war. Zu dieser Zeit brachte ihre Mutter ein zweites Kind von einem anderen Mann zur Welt, und dieser verließ sie nicht. Monsieur Billard-Dumonceaux, ein Mann, der als Zahlmeister von Paris ein geregeltes Einkommen hatte und auch sonst nicht ohne Vermögen und Einfluss war. Da er gleichzeitig als Kontrolleur der Armee-Intendanturen fungierte, brachte den kleinen Haushalt nach Paris. Einige Monate lang brachte er Anne und ihre beiden Kinder separat unter, doch als der kleine Junge, dessen Vater er war, starb, holte er sie und das Mädchen in sein großes, luxuriöses Haus.

Was sich dort für ihre Mutter als Belastung erwies, stellte sich für Jeanne geradezu als Glücksfall heraus. Dumonceaux hatte nämlich bereits eine Geliebte, die mit ihm zusammenlebte. Dass diese Frau eine berühmte italienische Kurtisane war, war für die vierjährige Jeanne damals wohl kaum von Bedeutung. Wir allerdings sehen darin einen Wink des Schicksals. Madame Frédérique war in der galanten Welt wohl bekannt. Jeanne aber lernte sie als Francesca kennen und lieben.

Und Francesca erwiderte die Zuneigung des kleinen Mädchens. Oft wurde Jeanne in ihr Zimmer geholt, das ihr mit den violett bezogenen Sesseln, den Bettdecken aus Taft und den duftenden Kissen ebenso verführerisch wie verschwenderisch vorgekommen sein musste. Jeanne liebte Francescas Toilettengegenstände, die vergoldeten Handspiegel und Bürsten, die Parfümflaschen, die Roben, die Juwelen. Und Francesca kleidete das kleine Mädchen gern ein. Wie, wissen wir nicht, doch kommen uns dabei hübsche Kleidchen aus Samt und Spitzen in den Sinn. Francesca brachte ihr das Tanzen bei, sodass sie häufig die ins Haus kommenden Gäste unterhielt. Und Dumonceaux, dessen Kunstgeschmack ein wenig protzig war, malte die Kleine als Nymphe in der Manier Bouchers.

Zwei Jahre lang war Jeanne der bewunderte Mittelpunkt dieses ungewöhnlichen Haushalts. Doch wieder schlug ihr das Schicksal ein Schnippchen. Anne Bécu wurde von ihrer Familie immer und immer wieder ermahnt, ein respektableres Leben zu führen, und gab schließlich nach. Sie heiratete einen einfachen Mann, der eine kleine Rente hatte und für sie sorgen konnte. Jeder Widerstand gegen diese auf den ersten Blick unvorteilhafte Heirat wurde im Keim erstickt, da Dumonceaux ihm eine lukrative Stellung bei der Armee-Intendantur auf Korsika besorgte. Im selben Jahr bat Francesca, die ihren Einfluss auf die Kleine vielleicht nicht gebrochen sehen wollte, Dumonceaux, das Kind in eine Klosterschule zu schicken. Dort, in St. Aure, bereitete man Mädchen aus ehrbaren Familien auf untergeordnete Stellungen im Haushalt vor. Der Wechsel muss nicht leicht gewesen sein. Die romantische Atmosphäre, an die die kleine Jeanne so sehr gewöhnt war, fehlte hier völlig. Man nahm ihr die hübschen Kleider, ersetzte sie durch eine schlichte Uniform und einen schwarzen Schleier, der das von Francesca so sehr bewunderte goldene Haar vollkommen verdeckte. Doch das Kind hatte ein sonniges Gemüt. Außerdem hatte die prekäre Situation ihrer Kindheit sie gelehrt, sich den unterschiedlichsten Umständen anpassen zu können. Sie ordnete sich all den neuen Regeln unter, die sie sich aneignen musste, lernte den Katechismus auswendig, betete fleißig und stand während der Messe an den richtigen Stellen auf. All dies mit einer fröhlichen Unbekümmertheit, die das Entzücken der Mutter Oberin erregte.

Den Verlauf eines Lebens bestimmt gewöhnlich nicht nur der Gang der äußeren Ereignisse, denn jeder Mensch kann auf seine Lebensumstände so oder so reagieren. Jeannes Charakter aber zeichnete sich schon zu Beginn ihres neunjährigen Aufenthaltes im Konvent ab. So sollte sie für den Rest ihres Lebens nicht nur wegen ihrer Schönheit, sondern vor allem wegen ihres Charmes gerühmt werden. Das Wunderbare dieser Tugend lässt sich bei ihr schon in jungen Jahren beobachten, die ihr einerseits Anerkennung brachten, sie andererseits aber mit ständig wechselnden Lebensumständen Bekanntschaft machen ließen. So lernte sie schon als junges Mädchen, wie man dem Schicksal effektiv begegnen, ja es sogar lenken konnte. Was sie mit dieser ihr verliehenen Gabe anfangen sollte, blieb jedoch ganz allein ihr überlassen.

Als Jeanne den Konvent mit 15 Jahren verließ, nahm ihr Leben rasch eine unerwartete Wendung. Sie war überglücklich, Francesca wiederzusehen. Diese war jedoch weniger begeistert von der Konkurrenz einer so hübschen und jungen Frau.

Jeanne war mit einem Mal zu ihrer Rivalin geworden. Daher konnte sie von nun an weder auf die Hilfe von Dumonceaux noch auf die seiner Mätresse rechnen. Daher war Jeanne gezwungen, sich Arbeit zu suchen. Ihre Tante kannte einen Friseur, der einen weiblichen Lehrling suchte, also schien – zumindest für die erste Zeit – das Problem ihres Unterkommens gelöst. Leider – und nur allzu vorhersehbar – verliebten die beiden sich ineinander. Sie zogen zusammen, doch die Mutter des jungen Mannes hatte für ihn eine bessere Partie in Aussicht. Also drohte sie Jeanne, sie anzuzeigen, damit man sie in die Salpêtrière schickte, ein Gefängnis für Prostituierte.

Um zu verhindern, dass ihre Tochter ins Gefängnis kam, erhob Anne vor Gericht Klage gegen den Friseur, weil er eine Minderjährige verführt hatte. Und hier kam zum ersten Mal die Tugend zum Tragen, die Jeanne später das Herz des Königs von Frankreich einbrachte. Sie schien vollkommen unschuldig, so unschuldig, dass die Richter nicht glauben konnten, dass sie mehr war als nur das Opfer der Verführungskünste eines verantwortungslosen jungen Mannes. Da er nicht ins Gefängnis kommen wollte, musste ihr Liebhaber nach London fliehen.

In der Folge wurde sie Gesellschaftsdame bei der reichen Witwe eines Steuereintreibers. Diese Episode ihres Lebens endete, weil sie in dem Haushalt zur Ursache allzu vieler Intrigen wurde: Die beiden verheirateten Söhne der Witwe waren ebenso hinter ihr her wie eine der Schwiegertöchter der alten Dame, was Jeanne nun so gar nicht interessierte.

Aufgrund des Skandals entließ man sie. Doch sie ging nicht mit leeren Händen. Unter den vielen reichen Männern, die Jeanne im Haushalt der Witwe kennen gelernt hatte, war einer, dem ein Laden für Luxusartikel in Paris gehörte. Dieser war so berühmt, dass er zum täglichen Treffpunkt von Libertins und Kurtisanen wurde. So war sie also für kurze Zeit in Labilles *Á La Toilette* angestellt, einem glamourösen Ort, in dem sich eine berauschende Mischung verschiedenster Menschen einfand – adlige Damen, Offiziere, Edelmänner, Höflinge,

Kurtisanen –, um dort bemalte Fächer und Federn, Bänder, Hüte und Degenbänder zu kaufen, mit denen man die Waffe an der Hüfte befestigte. Doch auch dies sollte nur eine Station auf dem Weg zu einem Ziel sein, das damals noch völlig unwahrscheinlich erschien. Groß und blond, mit mandelförmigen blauen Augen und einem vollendeten Teint war Jeanne die Attraktion unter den *grisettes*, die für Labille arbeiteten und die ihre Gunst häufig für ein kleines Geschenk an die Klientel dieses Ladens vergaben, reiche Bankbesitzer, Händler und Regierungsbeamte. Eine Zeit lang hatte Jeanne verschiedene Liebhaber, aber obwohl man ihr ein Haus und einen eigenen Laden anbot, band sie sich an keinen von ihnen.

Doch dieser Entschluss kam ins Wanken, als sie bei einer Feier zur Aufstellung einer Statue von Ludwig XV. den Grafen Jean Du Barry kennen lernte. Dieser trug zwar einen Titel und hatte auch ein ordentliches Auskommen und einen Landsitz in Toulouse geerbt, doch weil er in erheblichem Maß über seine Verhältnisse lebte, war von seinem Erbe bald nichts mehr übrig als Schulden. An diesem Punkt verließ er seine Frau und seinen kleinen Sohn, um seine Kontakte zu reichen Männern zu pflegen, und kam schließlich nach Paris. Doch trotz seiner guten Verbindungen erhielt er keinen Diplomatenposten, wie er gehofft hatte. Also versuchte er auf anderem Wege, sein Glück zu machen. Selbst mit außergewöhnlichem Charme begabt, arrangierte er für die Herren der besten Familien Frankreichs Damenbekanntschaften. Er war immer auf der Suche nach *grisettes*, Verkäuferinnen und Schauspielerinnen, und brachte so Adlige mit ihren künftigen Mätressen zusammen.

Zu Anfang behielt er Jeanne für sich. Sie konnte zu ihm ziehen, weil er ihrer Mutter eine gewisse Geldsumme bezahlte. Jeanne selbst war begeistert von dem Luxus, mit dem er sie umgab, während er das Mädchen nur für sich beanspruchte. Doch dass er mit ihr andere Pläne hatte, war wohl von Anfang an klar, denn er begann fast sofort, sie auf ihr Debüt in der besseren Gesellschaft vorzubereiten. Dabei kamen ihr der elegante Akzent, den sie in St. Aure gelernt hatte, die Erziehung, die sie bei den Schwestern genossen hatte (sie las Shakespeare und war mit den griechischen und römischen Klassikern vertraut) sowie der Sinn für Mode, den sie bei Labille geschult hatte, bald zugute. Du Barry aber brachte ihr eine gewisse Weltläufigkeit bei. Dann präsentierte er sie in der Oper als seine Mätresse, nahm sie in einer eleganten Kutsche mit auf Bälle und andere Festlichkeiten, wo sie mit Aristokraten, Dichtern und Musikern zusammentraf. Wie so viele Kurtisanen vor ihr wurde sie nicht nur in aristokratischem Auftreten ausgebildet, sondern auch in erotischen Belangen.

Von den vielen Männern, an die Du Barry Jeannes Gunst verkaufte, war der wichtigste wohl der Duc de Richelieu. Sobald sie des Königs Mätresse war, blieb er ihr treuer Verbündeter bis zu seinem Tod. Ironischerweise war es aber gerade bei einem Treffen mit dem Mann, der später bei Hofe ihr erbittertster Feind sein würde, dass sie – fast zufällig – zum ersten Mal dem König unter die Augen kam. (Und ihr Zauber war so groß, dass dieser eine Augenblick genügte.)

Du Barry, der immer noch auf einen Diplomatenposten hoffte und der festen Ansicht war, Choiseul, der Außenminister, würde Jeanne genauso wenig widerstehen können wie alle anderen, schickte sie als Bittstellerin nach Versailles. Doch Choiseul fühlte sich von ihr nicht angezogen. »Sie war ganz und gar nicht nach meinem Geschmack«, schrieb er später. Da er Du Barry ohnehin nicht traute, schickte er Jeanne unverrichteter Dinge weg.

Enttäuscht wie sie war, beschloss Jeanne, dass zumindest die Reise nicht umsonst gewesen sein sollte. Der König würde bald von der Messe kommen und sich folglich zum Essen begeben. Wie alle Bewohner von Paris wusste sie, dass dies vor Publikum geschah. Also ging sie zum Palast und schob sich irgendwie in die erste Reihe der Menge, die dort versammelt war, um den König zu sehen.

So oft stand dort eine Menschenmenge, dass es uns nicht weiter verwundert hätte, wenn der König Jeanne gar nicht bemerkt hätte. Doch Jeanne war – und das ist nun wieder eine bloße Annahme unsererseits – wahrscheinlich nicht nur im übertragenen Sinne anziehend, sondern auch ganz konkret in der Lage, Blicke auf sich zu ziehen. So absurd dies klingen mag: Menschen, die über einen gewissen Zauber verfügen, sind fähig, die Aufmerksamkeit derer zu erwecken, für die sie sich interessieren. Doch woran auch immer es gelegen haben mag, Ludwig wendete sich Jeanne zu und war sofort von dem beeindruckt, was viele Menschen, die sie gekannt haben, als bezwingende Ausstrahlung beschreiben.

Drei Jahrhunderte später fragen wir uns, was an ihr den König so angezogen haben mag, dass er sich von ihr so tief berührt fühlte. Natürlich war Jeanne außergewöhnlich schön, doch das waren viele Frauen in seiner Umgebung. Wie sein Urgroßvater, der Sonnenkönig, war Ludwig für seine Amouren berühmt. Seine *maîtresse en titre*, wer auch immer diese Rolle gerade spielte, liebte er am Tag mindestens zweimal. Hin und wieder verbrachte er die Nacht bei der Königin und daneben hatte er noch andere, flüchtigere Verhältnisse. Die Pompadour, die selbst von zarter Gesundheit war und sich von seinem Appetit überfordert fühlte, richtete noch zu ihren Lebzeiten ein Bordell für diese Lieben ein, um ihn vor Skandalen zu bewahren. Dieses Haus nannte man *Le Parc aux Cerfs*, den »Hirschpark«. Sein Diener Lebel suchte schöne Frauen aus dem Volk aus, die dort untergebracht wurden, während sie auf die königliche Visite warteten.

Obwohl er Jeanne nicht dorthin bringen ließ, muss sein Diener wohl gedacht haben, dass er genau dies vorhabe, als der König ihn bat, diese Dame zu ihm zu bringen. Schließlich war sie die natürliche Tochter einer Näherin aus der Provinz und darüber hinaus noch eine Prostituierte, die bei dem berüchtigten Jean Du Barry lebte. Als sie als Ludwigs *maîtresse en titre* nach Versailles kam, löste dies keinen geringen Skandal aus. Lebel versuchte, den König über Jeannes Vergangenheit zu informieren, doch dieser war so verschossen in sie, dass er alle Warnungen in den Wind schlug.

Seine Leidenschaft lässt sich vielleicht erklären, wenn wir uns ansehen, was er dem Herzog von Richelieu sagte: »Sie ist die einzige Frau, die mich befriedigen kann.« Natürlich ist dies noch nicht der Weisheit letzter Schluss. Es zeigt uns lediglich an, wo seine Passion ihre Wurzeln hat. Was genau es war, was er brauchte und sie ihm geben konnte, bleibt nach wie vor ein Geheimnis. Wir wissen, dass Jeanne im Bett geschickt war. Doch für einen König, der in allem das Beste gewöhnt war, ist pure Technik wohl kaum ausreichend. Kann es, wenn es um Erotik geht, etwas Schlimmeres geben als klinische Manipulationen? Schließlich begehrte er nicht nur ihren Körper. Lange noch, nachdem sie bereits in den Palast gezogen war, empfand er ein fast unstillbares Verlangen nach ihrer Gesellschaft. Natürlich war der König auch einsam. Die Königin, die er zwar geliebt hatte, die sein sexuelles Verlangen aber jahrelang nicht hatte befriedigen können, war gestorben. Die Pompadour, seine enge Freundin, starb ebenfalls, wenn auch Jahre, nachdem sie aufgehört hatte, seine Mätresse zu sein. Und trotzdem waren da unzählige Höflinge, Männer und Frauen, die glücklich gewesen wären, hätten sie ihn begleiten dürfen.

Da Liebe immer ein Geheimnis ist, wäre es vermessen, zu glauben, jemand könne verstehen, was diese beiden wirklich verband. Wenn wir hier eine Hypothese wagen, dann nur deshalb, weil der Moment, in dem Ludwigs Blick auf sie fiel, für die Nachwelt so eindringlich festgehalten wurde. Wenn es nicht Liebe auf den ersten Blick war, dann enthielt dieser Blick zumindest eine starke Ahnung dessen, was da kommen würde. Müssten wir diese Szene malen, so würden wir uns vermutlich auf Jeannes Lächeln konzentrieren. Ludwig war erstaunt, dass sie ihm überhaupt zugelächelt hatte, denn eigentlich war dies recht verwegen.

Doch wenn es darum geht, die Mächtigen zu beeinflussen, ist Charme wohl ein noch besseres Mittel als pure Keckheit. Und Jeannes Lächeln galt als außergewöhnlich bezaubernd. Wenn sie lächelte, so vermittelte sie den Eindruck vollkommener, ja fast jungfräulicher Unschuld. Doch kann es nicht nur Unschuld gewesen sein, was den König anzog. Denn wenn sie einerseits frisch, unberührt, rein wirkte, so unternahm sie doch andererseits keinen Versuch, ihr Wissen zu verbergen. Sexuelle Erfahrung zeigt sich ja nicht nur im Bett, sondern auch in der Art und Weise, wie eine Frau auftritt, im Ausdruck ihrer Augen, in ihrer Gestik. Jeannes beträchtliches Wissen um alles, was mit fleischlichen Genüssen zu tun hatte, muss noch in der kleinsten Bewegung sichtbar gewesen sein, sogar im Lächeln, das ihr Gesicht überzog.

Diese Mischung aus Unschuld und Erfahrung wirkt bereits in unserer Zeit verblüffend, vor fast 300 Jahren muss sie ein Wunder gewesen sein. Doch wenn wir uns ihre ungewöhnliche Kindheit vor Augen führen, ist sie nicht mehr ganz so unerklärlich. Da ist zum einen die Tatsache, dass ihr Vater ein Mönch war. Im Alter von vier Jahren zog sie mit ihrer Mutter in das Haus von deren Liebhaber, in dem dieser mit seiner ersten Mätresse, einer Kurtisane, zusammenlebte. Und erneut zeigt sich diese Verbindung, wenn wir bedenken, dass es Francesca, die Kurtisane, war, die Jeanne in die Klosterschule schickte. Kurz nachdem sie diese Klosterschule verlassen hatte aber, stimmte ihre eigene Mutter einer Liaison mit Jean Du Barry zu, der die Gunst ihrer Tochter an die vornehmsten Herren der Gesellschaft verkaufte.

Die Kehrseite der noblen Gesellschaft kannte Jeanne nicht nur, sie war damit so vertraut, dass sie in dieser Hinsicht wohl nichts so schnell erschüttern konnte. Daher nahm sie auch ihre Vergangenheit relativ gelassen hin. In gewisser Weise war sie schamlos. Weder ihre Herkunft noch die Lebensumstände ihrer Kindheit oder irgendetwas, was sie später getan hatte, um ihr Überleben sicherzustellen, machten sie verlegen. Sie betrachtete alles, was in ihrem Leben geschehen war, als normal.

Dass sie im Konvent mehr als einmal Dinge vernommen haben musste, die ihr verdeutlichten, wie sehr die Gesellschaft die Lebensweise Francescas und die ihrer Mutter ablehnte, brachte sie von ihren Überzeugungen offensichtlich nicht ab.

Ganz im Gegenteil: Sie entwickelte dadurch ein gutes Gespür für die Vielschichtigkeit des Lebens, das ihr später sehr nützlich war. Sobald sie nämlich auf Widersprüche stieß, akzeptierte sie diese als Teil der natürlichen Ordnung der Dinge, statt sich lange mit ihnen aufzuhalten. Was in der Kirche gesagt und getan wurde, musste nicht unbedingt auch außerhalb der Kirche richtig sein. Zu dieser Haltung trug vielleicht auch bei, dass ihr Vater, als Jeanne eine junge Frau war, ins Priesteramt zurückgekehrt war und den Damen der höheren Gesellschaft in Saint Eustache die Kommunion reichte.

Die Fähigkeit, Konflikte einfach zu ignorieren, war es wohl, die sie so anpassungsfähig machte. Sie glich sich der Sprache und den Verhaltensregeln in Versailles viel müheloser an als die Pompadour. So sorgte Ludwig schließlich dafür, dass Jean Du Barrys Bruder sie ehelichte. Auf uns wirkt diese Maßnahme befremdlich, doch wir müssen bedenken, dass die Ehe sie zu einem respektablen Mitglied der Gesellschaft machte und dass sie als Gräfin nun problemlos Zutritt bei Hofe erhielt. Der König entwarf sogar ein Wappen für sie. Und bald lebte sie in den früheren Räumen des Thronfolgers, die direkt über denen des Königs lagen.

Wie bei der Pompadour so harrten die Höfling auch bei Madame Du Barry darauf, dass sie einen entscheidenden Fehler beginge, doch der König verliebte sich nur immer stärker in sie. Und wenn unsere Annahme stimmt, dann ist dies auch leicht zu verstehen. Litt Ludwig tatsächlich, wie er dies gegenüber dem Herzog von Richelieu andeutete, im Alter an einer sexuellen Störung, dann schenkte Jeanne ihm genau das, was er brauchte, also nicht nur Technik, sondern ihre sorglose, unbekümmerte Art. Dass sie keine Scham kannte, muss seine Schuldgefühle enorm erleichtert haben. Tatsächlich hatte Ludwig ja eine streng religiöse Erziehung genossen. Außerdem war er sich sehr wohl der Tatsache bewusst, dass viele Menschen am Hof und außerhalb sein Leben mit einer Mätresse verurteilten. Diese Schuldgefühle könnten eine befriedigende Sexualität im Alter durchaus verhindert haben.

Obwohl – oder vielleicht gerade wegen – Ludwigs offenkundiger Zufriedenheit mit diesem Leben setzten sich die Angriffe fort. Die Bürger von Paris erregten sich über die Unsummen, die Ludwig für seine Geliebte ausgab. Immer häufiger zirkulierten Spottverse über sie, die sie als Schlampe diffamierten. Jeanne musste sich verteidigen und griff, wie die anderen Mitglieder des Hofes, ebenfalls zum Mittel der Intrige. Denn sie hatte dort ja nicht nur Feinde. Auch hier war es ihr Lächeln, das sie jedermann gleichermaßen zuteil werden ließ, das ihr viele Freunde gewann. Der Journalist Brissot de Warville zum Beispiel erzählt folgende Geschichte: Eines Tages wollte er den großen Denker Voltaire interviewen und traf auf den Stufen seines Hauses Madame Du Barry. Da sie ihm zulächelte, erlaubte er sich, sie zu fragen, ob Voltaire denn Besucher empfange. »Sehr wenige«, antwortete sie, aber sie nahm ihn sofort beim Arm und begleitete ihn ins Haus, wo sie ihn dem Dichter vorstellte.

Sie, die als Geliebte des mächtigsten Mannes in Frankreich begonnen hatte, wurde schließlich selbst zur mächtigen Frau. Zum Beispiel war sie es, die den Brief geschrieben hatte, in dem Ludwig seinen Bruder, den König von Spanien, bat, wegen der Falklandinseln keinen Krieg mit England zu riskieren. Sogar mit ihrem Erzfeind Choiseul wurde sie schließlich fertig. Ludwig entließ ihn als Minister und verbannte ihn in die Provinz. Auf Jeannes Drängen ernannte er ihren Freund, Duc d'Aiguillon, zum neuen Außenminister. Und natürlich nutzte sie diese gute Verbindung aus, um die Botschafter Frankreichs in Abstimmung mit ihm zu ernennen. Der Baron de Breteuil, den Jeanne nicht mochte, weil er sich ihr gegenüber herablassend verhalten hatte, wurde von seinem Posten als Botschafter in Wien abberufen und durch den unfähigen Louis de Rohan ersetzt, der zu den Bewunderern der Gräfin gehörte. Auf dem Höhepunkt ihrer Macht war ihr Salon von Bittstellern überfüllt. Die Steuereinnehmer legten ihr ihre Probleme dar, Diplomaten und Höflinge baten sie um ihre Meinung zu diesem oder jenem Thema.

Viele Männer hätten sich von diesen Fähigkeiten ihrer Geliebten bedroht gefühlt. Ludwig aber wünschte nur, immer mehr Zeit in ihrer Nähe zu verbringen. Und tatsächlich mag eine Frau, die von Kindesbeinen an sich der Wirkung ihrer Schönheit und Anmut immer bewusst war, die Probleme eines Königs, der ständig von kritiklosen Bewunderern umgeben war, besser verstanden haben als andere. Dass die Liebenden diese Erfahrung miteinander teilten, ist vielleicht mit ein Grund für die starke Anziehung, die zwischen ihnen herrschte. Der Charme der Kurtisanen wurde und wird immer wieder als gefährliche Kraft bezeichnet. Leider spricht man nur sehr selten, wenn überhaupt je, darüber, wie anziehend ein mächtiger Mann gerade diese Machtfülle finden muss.

Eine verhängnisvolle Affäre

> Nur der Schatten eines Königs
> bin ich noch.
>
> *Ludwig I. von Bayern*

Häufig gleichen die Leidenschaften der Mächtigen einer Wetterfahne, die uns anzeigt, wie das politische Klima sich verändert. Als die Monarchie in Europa zusehends an Ansehen verlor, wurden die Affären zwischen Königen und ihren Geliebten immer stürmischer. Fast genau hundert Jahre, nachdem Ludwig XV. von Frankreich den Reizen der Jeanne Bécu erlag, verliebte sich Ludwig I. von Bayern unsterblich in eine Kurtisane. Die Affäre Lola Montez erschütterte das bayerische Königreich dermaßen, dass die Kurtisane am Ende des Landes verwiesen wurde und der König seine Krone aufgeben musste.

Wo Madame Du Barry anpassungsfähig gewesen war, erwies sich Lola Montez als einfallsreich und fantasievoll. So behauptete sie beispielsweise, die Tochter eines gewissen Don Carlos zu sein, eines spanischen Aristokraten, der einer edlen Sache wegen umgekommen sei. Doch war dies nur ein Teil der kunstvoll gesponnenen Fabel, die sie um ihre Person ersann. Tatsächlich hatte sie in Irland das Licht der Welt erblickt – und zwar unter dem bürgerlichen Namen Elizabeth Rosanne Gilbert. Ihre Mutter Eliza war das natürliche Kind eines Landadligen aus der Grafschaft und seiner Geliebten. Als sie Lolas Vater, Edward Gilbert, einen Fähnrich der Armee, kennen lernte, arbeitete sie als Näherin.

Doch wie so häufig lag auch in dieser erfundenen Geschichte ein Körnchen Wahrheit. Als sie nur zwei Jahre alt war, beantragte Elizabeths Vater erfolgreich seine Versetzung nach Bengalen in Indien, wo sie drei Jahre lang in einem üppigen, tropischen Ambiente aufwuchs. Und sie sah ihren Vater tatsächlich sterben. Wenige Wochen, nachdem die Familie in Indien angekommen war, erlag Gilbert der Cholera.

Mutter und Tochter blieben in Indien, und innerhalb eines Jahres verehelichte Eliza sich erneut. Dieses Mal heiratete sie einen Offizier namens Craigie. Lolas neuer Stiefvater kümmerte sich viel mehr um sie als ihre eigene Mutter. Trotzdem fühlte sie sich vernachlässigt. Wenn Craigie auf einer Mission unterwegs war, überließ man die Kleine fast vollständig ihrer indischen Kinderfrau, die sie verwöhnte, indem sie sie zweimal am Tag im Fluss baden und ansonsten barfuß durchs Dorf laufen ließ. Später erzählte sie gern, dass sie fasziniert gewesen sei von den exotischen Vögeln, den Affen, den Tänzern und den heiligen Männern des Dorfes. Waren es die Erinnerungen an diese südlichen Gefilde, die sie schließlich dazu brachten, in Spanien den Flamenco zu erlernen?

Was uns plötzlich oder gewaltsam genommen wird, hat gewöhnlich noch jahrelang einen starken Einfluss auf uns, vor allem, wenn wir auf etwas verzichten müssen, was wir zutiefst geliebt haben. Als das Mädchen fünf Jahre alt war, schickte Craigie, der Angst hatte, dass Lola zum Wildfang werden könnte, sie nach England, wo sie eine »ordentliche Erziehung« erhalten sollte. Von diesem Moment an ging alles sehr schnell. Man vertraute sie einem Freund Craigies an,

Lieutenant Colonel Innes, der mit seiner Familie gerade in sein Heimatland zurückkehrte, und schon war sie auf dem Weg nach England. Der Schock muss tief gegangen sein. Mit einem Mal fehlten ihr nicht nur Mutter und Vater, auch die Kinderfrau, die Düfte, die Blumen, der Fluss, in dem sie täglich badete, das aufregende Gefühl des Barfußlaufens, die warme Luft, in der sie sich unbekümmert draußen bewegen konnte, all das war plötzlich verschwunden. Und die Innes waren nicht nur Fremde für sie, sondern auch völlig anders geartet als sie selbst. Je kälter es wurde, je weiter das Schiff sich von allem wegbewegte, was sie gekannt hatte, desto stürmischer wurde das Temperament des Kindes. Für den Rest ihres Lebens sollte sie für die heftigen Wutanfälle bekannt sein, die schon die geringste Kleinigkeit auslösen konnte.

Sie sah ihre Mutter erst im Alter von 15 Jahren wieder. Zweifellos herrschte in ihrem Leben das Gefühl der Unsicherheit vor. So lebte sie vier Jahre lang mit den Eltern von Craigie in einem kleinen, schottischen Dorf, wo ihr Benehmen schlicht als exotisch galt. Mit zehn Jahren zog sie dann erneut um. Craigies Schwester und deren Mann nahmen sie mit nach England, wo sie ein Jahr lang bei ihnen lebte. Danach zog sie ein paar Monate lang zu Craigies Vorgesetztem, Major Sir Jasper Nicolls, der dem Offizier versprochen hatte, für seine Tochter eine gute Schule zu finden. Elizabeths Temperamentsausbrüche wurden von der Tatsache, dass Sir Jasper seinem eigensinnigen Schützling keinerlei Verständnis entgegenbrachte, sicher noch verschärft. Schon damals hieß es, sie habe einen »eisernen Willen«. Mit elf Jahren endlich schickte man sie in ein Internat, das die Schwestern Aldrigde in Bath führten.

Die Schule war ausgezeichnet. Tatsächlich hatte der Major seine Pflicht mehr als erfüllt, doch das Mädchen fühlte sich verlassener denn je. Sir Jasper, der ihre Mutter noch weniger mochte als deren Tochter, hatte sich ständig darüber beschwert, dass Mrs. Craigie die Briefe, die er wegen der Erziehung ihrer Tochter an sie schrieb, entweder gar nicht oder viel zu spät beantwortete. Allein diese Tatsache muss in Elizabeth schon das Gefühl erzeugt haben, dass sie ihrer Mutter nicht besonders am Herzen lag. Doch dies hielt sie nicht davon ab, Sehnsucht nach ihrer Familie zu empfinden. Als Elizabeth 15 wurde und ins heiratsfähige Alter kam, machte Mrs. Craigie sich endlich nach England auf, weil sie die Aufgabe, einen passenden Ehemann zu finden, nun doch keinem anderen überlassen konnte.

Doch die so lang ersehnte Begegnung zwischen Mutter und Tochter hatte nicht den erwünschten Effekt. Nach so langer Zeit kannte Elizabeth ihre Mutter kaum noch. Sie beschrieb diese erste Begegnung so: Als sie im Überschwang der Gefühle die Arme um ihre Mutter schlang, entzog sich Mrs. Craigie ihr mit der Bemerkung: »Mein Kind, dein Haar ist wirklich schrecklich frisiert.« Die Szene passt zu dem, was Lola Montez später noch über ihre Mutter zu berichten wusste, nämlich dass sie eine eitle und selbstbezogene Frau gewesen sei, die Feste und Bälle mehr als alles andere liebte und sich mehr um ihr Aussehen als um ihre Tochter gekümmert hatte.

Lola zufolge hatten die Craigies schon einen Ehemann für sie ausgewählt. War er wirklich um die Sechzig, wie sie später erzählte? Wie bei vielen Kurtisanen kann man Lolas Memoiren nicht immer ganz vertrauen, denn die Fähigkeit, Fakten zu verdrehen, um eine gute Geschichte daraus zu machen, gehört schließlich mit zu den Kurtisanentugenden. Andererseits ist dies auch nicht so unwahrscheinlich, denn zu jener Zeit wurden sehr viele solcher Ehen geschlossen. Es ist nicht viel Fantasie nötig, um sich vorzustellen, dass sie, die ihr Leben lang von einer Familie zur anderen geschickt worden war, sich gegen die Aussicht, den Rest ihrer Jahre mit einem Mann zu verbringen, den sie nicht einmal kannte, mit aller Leidenschaft wehrte.

Wo Jeanne Du Barry anpassungsfähig war, war Elizabeth hartnäckig. Sie selbst berichtet, dass ihre indische Kinderfrau sie zu sehr verwöhnt habe. Doch die Nachgiebigkeit, die angeblich zu ihrem Temperament beigetragen haben sollte, war dafür wohl weniger verantwortlich als die Tatsache, dass die Frau, die sie erziehen sollte, eigentlich ihre Dienerin war. Außerdem musste sie ja eine Möglichkeit finden, mit der Vernachlässigung durch ihre Eltern und dem konstanten Wechsel in ihrem Leben umzugehen. Die Einsamkeit des Ungeliebtseins ist wohl eines der Fundamente ihrer Entschlossenheit. Zur selben Zeit entwickelte sie aber auch einen anderen Zug ihres Charakters, der vielleicht ebenso Frucht ihrer Einsamkeit war. Für eine junge Frau ihrer Zeit hatte sie einen ausgesprochen unabhängigen Geist, der von ihrer für ihr Geschlecht ungewöhnlichen Erziehung noch gefördert wurde. Sie lernte nicht nur zu tanzen und zu sticken, sondern studierte darüber hinaus auch noch Geschichte und Literatur. Daher ist anzunehmen, dass sie das, was sie gelernt hatte, auch anwenden wollte, obwohl dies dem Verhalten einer Dame eigentlich nicht entsprach.

Kurz gesagt, sie passte nicht recht in die Rolle, die ihre Mutter ihr zugedacht hatte. Wie das kleine Mädchen, das zu viel von der Welt gesehen hatte, um noch in die enge Vorstellungswelt eines schottischen Dorfes zu passen, war ihre Persönlichkeit nun zu stark, um die sanftmütige Braut zu spielen. Wie das Ganze enden würde, war nur allzu vorhersagbar. Elizabeth war eine Schönheit – groß und gertenschlank, mit riesigen blauen Augen und einer Wolke rabenschwarzen Haares. Ein Leutnant, den ihre Mutter auf der Reise nach England kennen gelernt hatte, begann, sich für sie zu interessieren, und bald schon brannten die beiden miteinander durch.

Die Craigies waren darüber so entsetzt, dass sie anfangs den Kontakt zu ihrer Tochter völlig abbrachen. Thomas James, der Mann, den sie geheiratet hatte, war völlig mittellos. Für Elizabeth war diese Ehe, vom ersten Liebessturm einmal abgesehen, wahrscheinlich nur ein Weg, mehr Freiheit zu erlangen. Immerhin hatte sie dadurch die Pläne ihrer Eltern durchkreuzt. Und sie war ihnen endlich entkommen. Aber natürlich dauerte es nicht lange, bis ihr Gemahl sie spüren ließ, dass er jetzt die Zügel in der Hand hatte. Die beiden kehrten nach Indien zurück und auf der langen Reise flussaufwärts zu dem Ort, wo er stationiert war, vertrieb er sich die Zeit damit, ein Tagebuch zu führen, in dem er all ihre Fehler als Eheweib fein säuberlich notierte. Die Ehe hielt nicht lange.

Nach ihrer Trennung wäre sie wohl gern in Indien geblieben, doch ihr Stiefvater und der ihr nun feindlich gesinnte Ehemann beschlossen, dass dies nicht passend sei. Man zwang sie, nach Schottland zurückzukehren, wo sie bei Craigies Bruder hätte leben sollen. Doch (und auch dies scheint uns nicht verwunderlich) sie kam dort niemals an. Zum Entsetzen aller Passagiere nahm sie sich auf dem Schiff einen Liebhaber, George Lennox. Sobald das Schiff in London anlegte, verbrachte sie die Nacht mit ihm in einem Hotel. Und ein paar Tage später mietete sie eine Suite in der Bel Etage eines Hauses in der Ryder Street, in einem der schicksten Viertel der Stadt. Die Affäre dauerte mehrere Monate.

Lennox führte sie in die High Society Londons ein, wo sie eine gute Figur machte. Dies war das Leben, von dem sie immer geträumt hatte. Das Paar besuchte zusammen einige Festlichkeiten und ließ sich in den Theatern der Stadt blicken. Doch diese glücklichen Tage sollten schnell ein Ende finden. Ihr Ehemann hörte von ihrer Untreue, die Affäre mit Lennox ging vorüber, und Elizabeths Welt brach in sich zusammen. Rachsüchtig zerrte James sie und Lennox vor Gericht und beschuldigte die beiden des Ehebruchs. Ohne eigene Mittel, mit ruiniertem Ruf waren Elizabeths Chancen auf eine bessere Zukunft auf null gesunken. Auch die Möglichkeit, bei Craigies Bruder zu leben, war ihr nun versagt, obwohl sie dies tatsächlich versuchte. Es sah so aus, als hätte sie keinerlei Möglichkeiten.

Doch für Menschen von außergewöhnlichem Charme gelten die üblichen Gesetze häufig nicht. Aus dieser scheinbar unüberwindlichen Sackgasse ging Elizabeth Gilbert James als eine andere hervor. Sie beschloss, ihr Leben vollkommen zu verändern und Künstlerin zu werden. Da sie beim Tanz in der Schule einiges Talent gezeigt hatte, beschloss sie, Tänzerin zu werden. Aber welche Art von Tanz sollte sie erlernen? Für das Ballett war es mittlerweile zu spät, sie war zu alt. Vielleicht waren es die unbewussten Erinnerungen an warme Tage unter südlicher Sonne, die sie dazu brachten, sich für den spanischen Tanz zu entscheiden, der auf den Bühnen Europas eine gewisse Popularität erlangt hatte, seit Fanny Elssler und Marie Taglioni ihn bekannt gemacht hatten. Dies sollte nun ihr neues Leben werden.

Sie ging nach Cádiz, um dort Bolero und Chacucha zu lernen. Als sie nach London zurückkkam, hatte sie sich eine neue Identität erfunden. Sie stellte sich allen, die sie dort kennen lernte, als Lola Dolores de Porris y Montez vor, Tochter einer spanischen Adelsfamilie, die durch die Karlisten-Kriege ins Exil gezwungen worden war. Ihre neue Identität erwies sich gleich in mehrerlei Hinsicht als praktisch. Da sie noch unbekannt war, war ein spanischer Name an den Londoner Theaterkassen natürlich weit zugkräftiger als ein irischer. Außerdem war sie dadurch auch ihrer Vergangenheit entronnen, oder zumindest musste sie so gedacht haben. Die Demütigung, in aller Öffentlichkeit als Ehebrecherin hingestellt zu werden, und die damit verbundene Ächtung schienen sich mit dem Namen Lola Montez in Luft aufzulösen.

Doch bekam sie nur eine Gnadenfrist, die Vergangenheit verfolgte sie weiterhin. Ihr Debüt am Her Majesty's Theatre, Londons prestigeträchtigster Bühne, war triumphal. Obwohl sie als Tänzerin nicht sonderlich geschickt war, hatte sie doch eine Ausstrahlung, die ihr Publikum sofort in Bann schlug, als sie mit der Spitzenmantille bekleidet über die Bühne stolzierte. Unglücklicherweise wurde sie von einigen Männern erkannt, die sie noch am Arm von Lennox als Elizabeth James kennen gelernt hatten. Und diese informierten sofort den Manager des Theaters. Damit aber war nicht nur ihr Engagement am Her Majesty's Theatre beendet, sondern ihr Schicksal war von neuem Gegenstand öffentlicher Diskussion, bis sie sich endlich entschloss, England zu verlassen und ihr Glück auf dem Kontinent zu versuchen.

Nun begab sie sich auf eine Reise, die viele Stationen hatte, viele Vorstellungen sah und ebenso viele Skandale. Sie hatte verschiedene Liebhaber, unter anderem eine kurze Affäre mit dem Komponisten Franz Liszt, die sie schließlich nach Bayern brachte. In Berlin, wo sie mehrfach auftrat und sehr unterschiedliche Kritiken erhielt, wurde sie auch zu einem privaten Fest eingeladen, das der König von Preußen für den Zaren von Russland gab. Was danach geschah, war wohl ein erster Vorgeschmack auf kommende Ereignisse. Am nächsten Tag fand eine Parade zu Ehren des Zaren statt. Lola kam auf einem Pferd an und versuchte, in den abgesperrten Bereich einzudringen, der den königlichen und adligen Familien vorbehalten war. Vermutlich dachte sie, dass sie als angeblich adlige Lola Montez ein Recht habe, dort zu sitzen. Als ein preußischer Polizist ihr befahl, das Areal zu verlassen, weigerte sie sich. Daraufhin fasste er ihre Zügel, und sie zog ihm eins mit der Reitpeitsche über. Dies war das erste Mal, dass die Presse über Lolas ungezügeltes Temperament berichtete. In der Folge zwang man sie, die Stadt zu verlassen.

Würde sich ihr Temperament ähnlich entwickelt haben, wenn das Leben anders mit ihr umgegangen wäre? Natürlich lässt sich dies nicht mit Sicherheit sagen. Doch wir sind versucht anzunehmen, dass eine weitere Erfahrung, die sie in Paris machte, ihren Zorn noch vertiefte. Auch in Paris erhielt sie gemischte Kritiken, wurde jedoch von einigen Mitgliedern der *demi-monde* freundlich aufgenommen, unter anderem vom jüngeren Alexandre Dumas. Auch der Schriftsteller Théophile Gautier, der ihr anfangs skeptisch gegenüberstand, verwandelte sich bald in einen begeisterten Fan. So startete sie eine recht viel versprechende Karriere auf den Bühnen der Seine-Stadt. Und sie verliebte sich neu. Der Auserwählte, Alexandre Dujarier, war ein gut aussehender Kreole, charmant, als Journalist respektiert und außerdem Herausgeber der einflussreichen Zeitschrift *La Presse*, die in Pariser Literatenkreisen durchaus etwas galt. Und was noch mehr war: Er erwiderte ihre Liebe leidenschaftlich. Als seine Geliebte begleitete Lola ihn ins Restaurant, ins Café, in die Oper und empfing seine Freunde als Gäste. Einmal mehr hatte sie es geschafft, das Leben zu führen, das ihr vorschwebte.

Und wie sie es schon einmal erlebt hatte, wurde die Ruhe dieser Zeit schnell wieder zerstört. Eines Nachts kehrte Dujarier nicht heim. Am Morgen erhielt sie eine Botschaft: Wenn ihm etwas zustieße, so wolle er sie wissen lassen, dass er sie liebe. Da war er schon zu einem Duell in den Bois de Boulogne aufgebrochen, und Lola wusste, dass er für solche Dinge schlecht gerüstet war. Sie konnte sehr viel besser schießen als er. Vergeblich suchte sie nach ihm, um ihm beizustehen. Schließlich kehrte sie nach Hause zurück und wartete. Irgendwann hielt eine Kutsche unter ihrem Fenster. Sie ging hinunter, öffnete den Wagenschlag und sein lebloser, tödlich verwundeter Körper fiel ihr entgegen.

Dieser zweite Todesfall, den sie erlebte, musste sie an den Tod ihres leiblichen Vaters erinnert haben. Eine Zeit lang war Lola vor Kummer wie gelähmt. Und doch konnte sie es sich nicht leisten, allzu lange zu trauern. Ihr Engagement am Théâtre de la Porte Saint-Martin, das Dujarier ihr noch besorgt hatte, wurde abgesagt. Und vielleicht konnte sie ihren Gefühlen auch nicht erlauben, ihr Selbstbild zu erschüttern, sie, da sie sich gern als unverwundbar darstellte. Nach dem Prozess gegen Dujariers Mörder, bei dem sie selbst einem strengen Verhör unterzogen wurde, machte Lola Montez sich wieder auf die Reise.

Eigentlich war sie auf dem Weg nach Wien, als sie in München Halt machte. Als sie um eine Audienz beim bayerischen König nachsuchte, um mit ihm einen eventuellen Auftritt am Münchner Hoftheater zu besprechen, verließ sie sich ganz auf ihre mittlerweile legendäre Fähigkeit, mächtige Männer zu verzaubern. König Ludwig hatte sich nämlich das letzte Wort in allen künstlerischen Belangen seiner Hauptstadt vorbehalten. Doch obwohl er ein großer Bewunderer weiblicher

Schönheit war, fand der König Lola bei ihrem ersten Treffen zwar attraktiv, war von ihr aber nicht sonderlich beeindruckt. Da sie ihren Willen durchsetzen wollte, zeigte sie sich ihm unterwürfig und schmeichlerisch. Ludwig aber fand erst Interesse an ihr, als er über sie Erkundigungen einholen ließ und feststellte, dass sie in mehreren Ländern Schwierigkeiten gemacht hatte. So sollte sie einem Mann, der ihr unwillkommene Anträge gemacht hatte, ein Glas auf dem Kopf zerschmettert haben. Einem Polizeioffizier hatte sie offensichtlich die Reitgerte über das Gesicht gezogen und vor Publikum anstößige Gesten gemacht, als sie ausgepfiffen wurde. Vollkommen bezaubert war er, nachdem er sie tanzen gesehen hatte, weil sich erst im Tanz ihr stolzer Geist zeigte.

Ihre Wildheit, ihr Starrsinn, ihr stürmisches Naturell, ja sogar ihre unkontrollierten Wutausbrüche waren Züge, die sie mit dem Bayernkönig teilte. Er war als Monarch beliebt und hatte einiges zuwege gebracht. So hatte er unnötige Staatsausgaben gekürzt, in München eine große Universität gegründet sowie die königliche Bibliothek. Außerdem förderte er den Handel, wo er nur konnte. Doch er hatte auch eine weniger gemütvolle Seite. Er war schwerhörig, verstand häufig falsch, was man zu ihm sagte, und wurde sehr schnell wütend, wenn er das Gefühl hatte, man sei ihm gegenüber nicht loyal. Und dieses Gefühl überkam ihn des Öfteren. Wie Lola erwartete er, Verrat zu finden, wo keiner war. Und wie sie beharrte er noch starrsinniger auf seinem Willen, wenn er auf Widerspruch stieß. Nicht zufällig brüstete er sich immer wieder mit seinem »eisernen Willen«.

Die natürliche Sympathie, die die beiden füreinander empfinden mussten, wurde wohl noch dadurch verstärkt, dass man beiden einen erheblichen Charme nachsagte. Lolas Anmut zog Ludwig ohne Zweifel allein deshalb an, weil Charme an sich schon Macht bedeutet. Da sie selbst daran gewöhnt war, Macht über andere auszuüben, konnte sie die Einsamkeit des Monarchen besser nachfühlen als jeder andere. Und noch etwas anderes muss die beiden miteinander verbunden haben, denn auch die Monarchie beruht, wie das Kurtisanentum, auf der Begeisterung, die man in anderen Menschen erweckt.

Mit einer Macht ausgestattet, die er nicht durch Wahl erlangt hat, sondern die ihm verliehen wurde, muss der Monarch seine Untertanen ständig davon überzeugen, dass er das Recht besitzt, über sie zu herrschen. Dies geschieht zum Teil über Rituale der Herrschaft, die die Beherrschten einlullen. Der königliche Pomp ist wie ein Zauber, der die Untertanen in Bann schlägt. Unter seinem Einfluss übertragen die Einwohner eines Staates ihre Macht dem Herrscher, der seine Machtausübung wiederum als gottgewollt ausgibt, wozu Abstammung oder bestimmte »Zeichen« (zum Beispiel Verlautbarungen vornehm gewandeter Herren von tadelloser Haltung) als Beweis herangezogen werden. Der absoluteste aller Herrscher, Ludwig XIV. von Frankreich, war sich wie kein anderer der Bedeutung von Ritualen und Zeremonien bewusst. Aus diesem Grund hielt er in Versailles so viele prächtige Feste ab. Statt sich um ihre Güter zu kümmern, mussten Adlige, die seine Vorherrschaft anderenfalls vielleicht bestritten hätten, miteinander um Einladungen zu diesen glanzvollen Ereignissen kämpfen und ruinierten sich dafür beinahe. Goldene Paläste, Fanfaren und Verbeugungen, königliche Gewänder, Krone und Zepter (die an Hut und Zauberstab der Magier erinnern) sowie die zahllosen Riten, die des Monarchen Tag bestimmten, trugen dazu bei, dass das Volk die Macht des Königs für legitim erachtete.

Doch ein Rätsel bleibt. Wie kommt es, dass ein so mächtiger König wie Ludwig I. von Bayern zuließ, dass seine Liaison mit einer Kurtisane seine Herrschaft gefährdete? Um auf diese Frage eine Antwort zu geben, müssen wir versuchen, diese besondere Anziehungskraft, die die beiden Liebenden verband, vor dem zeitlichen Hintergrund ihrer Beziehung zu verstehen. Dieselben Qualitäten, die den König an Lola so faszinierten, schockierten die Bürger Bayerns derart, dass es am Ende zu Unruhen kam, bis sie schließlich das Land verlassen musste. Dass sie alle Regeln brach, die die Ordnung der Gesellschaft sicherten, dass sie sich nicht wie eine Dame benahm, sondern wie ein Mann, brachte die Menge gegen sie auf. So ging sie zum Beispiel ohne Begleitung aus oder – was noch schlimmer war – mit attraktiven, jungen Männern, die sie in ihrer Wohnung und später in dem Haus empfing, das Ludwig für sie erworben hatte. Lola hatte keinen Funken Bescheidenheit an sich. Sie prahlte häufig mit ihren Verbindungen zum König und verlangte Privilegien, die einer königlichen Mätresse ihrer Ansicht nach zustanden. Arrogant trug sie die kostbaren Juwelen zur Schau, die Ludwig ihr geschenkt hatte. Tatsächlich benahm sie sich nicht nur wie eine Adlige, sie tat manchmal so, als sei sie die Königin. So stand sie zum Beispiel nicht auf, wenn er in der Oper ihre Loge betrat. Und dann war da noch ihr ungezügeltes Temperament. Sie schrie die Leute an, verteilte Ohrfeigen oder Hiebe mit der Reitpeitsche, und als das Volk sich unter ihren Räumen versammelte, um gegen ihren weiteren Aufenthalt in Bayern zu protestieren, gestikulierte sie wütend zur Menge hinab.

Ihr Verhalten verrät alle Merkmale einer selbstzerstörerischen Psychose. Dem Verlust, den sie in Paris erlitten hatte und der ihr den ihres Vaters noch einmal vor Augen führte, begegnete sie, indem sie sich in eine Festung einschloss, die ihrer Ansicht nach uneinnehmbar sein musste. Interessanterweise weist auch ihr Verhalten in eine damals noch undenkbare Zukunft voraus, in der Frauen ganz selbstverständlich die Rechte der Männer für sich beanspruchen können. Und auch die Unterschiede zwischen Bürgertum und Aristokratie verwischten sich hundert Jahre später vollkommen.

Doch im Jahr 1846 waren sie noch absolut gültig. Ludwigs Fall begann vermutlich, als er Lolas ständigen Bitten nachgab, sie zur Gräfin zu machen. Dieser Bruch des Protokolls erboste die braven Münchner. Auf den ersten Blick scheint dies ein Widerspruch zu den demokratischen Bestrebungen zu sein, die sich damals schon abzuzeichnen begannen. Doch auf emotionaler Ebene ergibt dies durchaus einen Sinn. Auch vorher schon hatten Bürgerliche Titel verliehen bekommen, doch Lola hielt sich eben nicht an die Regeln. Und daher machte ihre Erhebung in den Adelsstand die Fadenscheinigkeit sichtbar, die dem Königtum von Gottes Gnaden zugrunde lag. Der Nimbus der königlichen Macht hatte einen Sprung erhalten. War Ludwigs Recht auf die Herrschaft einst absolut gewesen, weil durch göttliche Macht verliehen, so war eben dieser göttliche Glanz jetzt abhanden gekommen. Die willkürliche Ernennung Lolas ließ Ludwigs Krone selbst willkürlich erscheinen, und dies bedeutete, dass man sie ihm auch wegnehmen konnte.

Hier mögen wir einwenden, dass Ludwig XV. von Frankreich zwei bürgerliche Mätressen nahm und trotzdem seine Krone nicht verlor. Doch hier vergessen wir, dass auch damit ein gewisser Desillusionierungsprozess einherging, der zwar nicht den König selbst traf, aber seinen Sohn, nachdem dieser ihm auf den Thron gefolgt war. Ludwig XVI. bezahlte die Kapriolen seines Vaters mit dem Kopf. Natürlich gab es dafür auch noch andere Gründe. Geschichte ist selten so eindimensional. Um den Kurtisanen gegenüber fair zu sein, die die Bevölkerung zur Zielscheibe erkoren hatte, sollten wir nicht unerwähnt lassen, dass es für das Volk natürlich einfacher war, sich gegen die Favoritinnen zu erheben als gegen den König selbst.

Die Ironie des Schicksals wollte es, dass Marie Antoinette, die Madame Du Barry immer abgelehnt hatte und selbst ein Musterbeispiel an Keuschheit und ehelicher Treue war, vom Pariser Mob ebenfalls als Hure beschimpft wurde, obwohl sie dies ganz sicher nicht war. Am Ende ereilte Marie Antoinette und Madame Du Barry dasselbe Schicksal. Sie wurden auf der Place de la Concorde hingerichtet, die unter Mithilfe von Madame Pompadour geplant worden war. Die Statue von Ludwig XV., die die Pompadour in Auftrag gegeben hatte, wurde von ihrem Sockel gezerrt, damit dort die Guillotine aufgestellt werden konnte.

Doch wir wollen unsere Ausführungen über den Charme nicht mit solch düsteren Tönen beenden. Denn schließlich waren Ludwig XV. von Frankreich und Ludwig I. von Bayern einem gemeinsamen Zauber erlegen. Sie fühlten sich von bürgerlichen Frauen angezogen und überschritten die Grenzen ihres Standes, weil etwas sie in Bann schlug, dessen Reiz wir heute noch spüren. Der Zauber des frischen Winds und der neuen Ideen, die das Schicksal so schnell verändern können, wenn der Sirenenruf des Wandels uns erreicht.

Die Unsichtbaren

> Meine gesamte Existenz war illegal.
>
> *Quentin Crisp*
> The Naked Civil Servant

Für die Öffentlichkeit existierten sie einfach nicht. In dieser Hinsicht war man sich in den Südstaaten des 19. Jahrhunderts einig: So etwas wie ein Viertelblut gab es nicht. Da ein Gespräch über diese Kinder zwangsläufig auch an ihre Herkunft rührte, wurden sie in der »besseren« Gesellschaft nie erwähnt. Denn ihre bloße Existenz bewies, was die Plantagenaristokratie von Georgia, Alabama und New Orleans strikt leugnete: dass es Verbindungen zwischen Herren und Sklaven gab, dass zwischen ihnen so etwas wie Liebe oder Begehren existieren konnte, was der herrschenden Ordnung widersprach. Und natürlich drückte sich darin noch ein anderes Phänomen aus: der Missbrauch der Macht durch weiße Männer oder die Tatsache, dass Sklavenbesitzer ihren Frauen untreu waren und Sklavinnen vergewaltigten.

Die Kinder aus solchen Verbindungen stellten daher ein gesellschaftliches Tabu dar. Trotz dieser Politik des Totschweigens bildete sich, getrieben von der menschlichen Sucht nach Kategorisierung, eine Nomenklatur heraus, die Mischlingskinder nach ihren Anteilen an »schwarzem« Blut benannte:

261

War ein Elternteil schwarz, sprach man von Mulatten, war es einer der Großeltern, hieß man sie Viertelblut, hatten sie einen schwarzen Urgroßvater bzw. eine schwarze Urgroßmutter, bezeichnete man sie als Achtelblut. Dies schuf eine Hierarchie, an deren Ende als krönender Abschluss auch der letzte Hauch von Skandal wieder getilgt war.

Doch auch hier erfuhren die ursprünglich diskriminierend gemeinten Einteilungen bald eine Umwertung, wie dies mit dem Vokabular des Unrechts häufiger geschieht. Den Wörtern »Mulattin«, »Viertel-« bzw. »Achtelblut« wohnte schnell eine eigene Faszination inne. Allein sie auszusprechen schien verwegen. Denn dass sie mit einer durchweg verbotenen Welt assoziiert waren, gab ihnen eine Macht, der sich diese Gesellschaft nicht mehr entziehen konnte. Hierin zeigt sich eine gewisse ausgleichende Gerechtigkeit der Sprache.

Dieselben Wörter, die Kinder in die Unsichtbarkeit verbannten, sie auf immer mit dem Kainsmal der Schande zeichneten, öffneten diesen Kindern gleichzeitig ein Schlupfloch, das ihnen einen gewissen Schutz vor den Vorurteilen der Umwelt bot. In New Orleans zum Beispiel wurde zeitgleich mit den Bällen der Debütantinnen, also der jungen Frauen aus gutem Haus, die in die Gesellschaft eingeführt wurden, der »Viertelblutball« abgehalten. Dort trafen – wie im Bal Mabille in Paris – junge Frauen aus niedrigeren Gesellschaftsschichten reiche Männer, die sie mitunter auf sehr noble Art aushielten.

Und so entstand in New Orleans bald ein neues Viertel, das – wie ein verdrängter Gedanke – vielleicht nicht ganz den Blicken entzogen war, aber doch in Verkleidung auftrat – wie seine Bewohnerinnen. Jener Teil der Stadt, in dem die gut erzogenen farbigen Mätressen reicher Südstaatenherren lebten, hatte einen recht geistreich gewählten Namen. Er hieß »Quartier Marigny«. Als Namensgeber stand hier der Bruder von Madame de Pompadour, der berühmtesten aller Kurtisanen, Pate, sodass, was dort geschah, nicht mehr ganz so offensichtlich war.

Dort konnte eine Mulattin in ihrem eigenen Haus leben. Wenn sie – elegant gekleidet – ausging, benutzte sie natürlich ihre eigene Kutsche mit herrlichen Pferden. Und natürlich half sie auch unzähligen Freunden und Verwandten, die sie mit ihrem unwiderstehlichen Zauber vor einem mitunter grausamen Schicksal bewahrte.

Tu mit mir, was du willst

Obwohl Marie Duplessis zu einer eleganten, aber im Verschwinden begriffenen Welt zu gehören schien, war sie doch gleichzeitig Vorbotin kommender Ereignisse. Wenn wir heute einen Blick zurückwerfen, erkennen wir, dass ihr Reiz in nicht unerheblichem Maß von den Strömungen ihrer Zeit beeinflusst war. Sie kam zu Ruhm und Ansehen im vierten Jahrzehnt des 19. Jahrhunderts, einer Zeit, in der der König von Frankreich, Louis Philippe, paradoxerweise zum »Bürgerkönig« aufstieg. Ihre Schönheit, ihre Anmut, ihr Geist und ihre Freude am Leben waren geprägt von einer enormen Anpassungsfähigkeit. Ihren Liebhabern vermittelte sie den Eindruck, dass sie keinen eigenen Willen habe. Wenn Lola Montez, so hieß es, sich keine Freunde machen konnte, so schaffte Marie Duplessis es nicht, sich jemanden zum Feind zu machen. Eine Zeichnung, die damals von ihr angefertigt wurde, fängt diesen so häufig beschworenen Eindruck ein. Sie wird mit so sanften Konturen wiedergegeben, dass man sich beim besten Willen nicht vorstellen kann, wie sie dem Begehren eines Mannes Widerstand hätte entgegensetzen sollen.

Genauso wurde sie auch vom jüngeren Alexandre Dumas porträtiert, zuerst im Roman und dann in einem Drama, das sie vielleicht nicht unsterblich machte, aber ihr Bild zumindest ein Jahrhundert lang im Gedächtnis Europas verankerte. Sie wurde zu Marguerite, der Kameliendame. Wenn Sie gern die Oper besuchen, erleben Sie sie noch heute auf der Bühne, nämlich als Violetta Valéry in Verdis *La Traviata*. Und Filmliebhaber erkennen sie in George Cukors *Kameliendame*, die von Greta Garbo dargestellt wurde. Doch um diese Mitleid erregende Figur zu schaffen, musste Dumas die wahre Biografie der Duplessis erzählerisch umgestalten.

Es stimmt, dass die beiden, nachdem sie einander eines Abends im Théâtre des Variétés begegnet waren, eine stürmische Affäre miteinander hatten. Dies war eine Liaison, für die Marie Duplessis nichts berechnete. Sie behauptete, den jüngeren Dumas zu lieben. Auch er liebte sie, daher wollte er sie ganz für sich allein. Er war wütend, wenn ihre Tür ihm verschlossen war, weil sie an jenem Abend einen ihrer Gönner unterhielt. Doch beide wussten, dass er ihr niemals den Lebensstil würde bieten können, an den sie mittlerweile gewöhnt war. Und Marie war sich darüber im Klaren, dass er sie nie heiraten würde. Keineswegs, weil sein Vater dagegen protestiert hätte, wie dies im Stück der Fall ist. Der Vater des jungen Dramatikers, der ältere Alexandre Dumas, war ein berühmter Frauenheld, der einst sogar kurze Zeit mit Lola Montez liiert gewesen war. Nein, es war vielmehr der Ehrgeiz seines Sohnes, der ihm eine solche Ehe niemals erlaubt hätte. Als der jüngere Dumas endlich heiratete, war die Braut nämlich von Adel.

Duplessis opferte sich nicht, wie Marguerite dies tut, die ihren geliebten Armand verlässt, um seinen Ruf zu schützen. Vielmehr war der jüngere Dumas es leid, Marie mit anderen zu teilen, und da Marie sich weigerte, ihre einzige Einkommensquelle aufzugeben, war er es, der die Beziehung beendete. Marie verzehrte sich auch nicht in Sehnsucht nach dem Geliebten, wie Marguerite dies auf so anrührende Weise tut. Nein, nachdem er sie verlassen hatte, verfolgte sie wieder ihre eigenen ehrgeizigen Pläne und ehelichte schließlich ihren langjährigen Beschützer, den Grafen Edouard de Perregaux. Da seine Familie diese Ehe nicht anerkannte, wurde sie annulliert. Die beiden lebten niemals zusammen. Dies hielt Marie aber nicht davon ab, den Titel einer Gräfin zu behalten. Sie ließ sogar ihr Porzellan und ihr Briefpapier mit dem Familienwappen der Perregaux schmücken.

Weit davon entfernt, in Sehnsucht nach dem jüngeren Dumas oder Perregaux zu verschmachten, nahm sie kurz vor ihrem Tod noch einen weiteren Liebhaber, den berühmten Komponisten und Klavierkünstler Franz Liszt. Ihre letzte Affäre war wohl auch die leidenschaftlichste. Das Angebot, das sie ihm angeblich machte, unterstreicht ihre fügsame Natur: »Nimm mich mit, wohin du willst«, soll sie gesagt haben. »Ich werde dir keine Umstände machen. Ich schlafe den ganzen Tag, abends gehe ich ins Theater, und nachts kannst du mit mir tun, was du willst.« Und hierin erkennen wir ihren besonderen Reiz. Während sie dafür sorgt, dass sie bekommt, was sie sich wünscht, erweckt sie doch den Eindruck, als würde sie den Geliebten darum bitten.

Betrachten wir uns diesen Vorschlag einmal genauer, dann sehen wir, wie sehr sie unter der Oberfläche die Rollen von Mann und Frau in der Liebeswerbung umkehrt. Sie ist es, die vorschlägt, dass sie miteinander durchbrennen. Zwar legt sie ihm nahe, dass sie ihm keine Umstände machen wird, doch dies nur, weil sie ihre exzentrischen Gewohnheiten beibehalten wird, während sie mit ihm zusammen ist. Und da sie das, was Liszt des Nachts mit ihr zu tun wünschte, bereits genossen hat, macht sie ihm zwar ein großzügiges Angebot. In Wahrheit aber drückt sich darin nur ihr eigenes Begehren aus.

Doch wenn sie ihren Liebhabern suggeriert, dass sie es sind, die die Fäden in der Hand halten, liegt darin natürlich auch ein Körnchen Wahrheit. Sie hatte nämlich bereits an einem Punkt aufgegeben, an dem die meisten von uns niemals nachgeben könnten. Sie litt an Tuberkulose. Und obwohl sie die besten Ärzte aufsuchte, darunter auch den von Franz Liszt, obwohl sie immer wieder Gast in den verschiedensten Kurorten war, hatte sie doch das Gefühl, dass sie nicht mehr lange leben würde. Dieses Urteil nahm sie mit gelassenem Gleichmut hin. Sie war nicht verbittert. Das Einzige, was sie nicht ertragen konnte, war Langeweile. Bei ihr musste immer etwas los sein. Einen Verehrer, der es nicht schaffte, sie zu fesseln, strafte sie zuerst mit gnadenlosem Gähnen, um ihn endgültig aus ihrem Gesichtskreis zu verbannen. So war sie nicht nur in der Umkehr des sexuellen Rollenspiels Vorreiterin einer neuen Generation, sondern auch im Hinblick auf das für Kurtisanen so wichtige Thema der Unterhaltung. Denn wo frühere Kurtisanen ihre Liebhaber noch unterhalten mussten, so war Duplessis es nun, die ihrerseits von ihren Liebhabern verlangte, von der Langeweile befreit zu werden.

Sie war wirklich nett. Frauen, die weniger Glück gehabt hatten als sie, unterstützte sie mitunter recht großzügig. Doch sie unternahm keinerlei Anstrengungen, um ihren Liebhabern zu gefallen. Dabei stimmt es durchaus, dass sie sich manchmal Geschichten ausdachte, die sie glamouröser und glanzvoller erscheinen ließen. Doch dabei ging es ihr nicht darum, ihre Vergangenheit zu verschleiern. Sie war bemerkenswert offen, was ihre Herkunft anging: die Armut, die sie als Tochter eines fahrenden Händlers zu erdulden hatte, die brutalen Angriffe des Vaters auf ihre Mutter, die Tatsache, dass er sie als Prostituierte verkaufte, als sie noch nicht einmal 13 war. Sie verheimlichte nichts. Sie sagte einmal: »Lügen hält die Zähne weiß.« Dieser frivole Hinweis zeigt uns, worum es ihr eigentlich ging. Sie verschaffte sich selbst ein wenig Unterhaltung.

Doch was sie im eigentlichen Sinn außergewöhnlich machte, war ihr Bewusstsein der Vergänglichkeit des Lebens. Sie liebte das Leben mit einem manchmal unerträglichen Überschwang. In den Sitten und Gebräuchen des gesellschaftlichen Lebens wohl unterwiesen, warf sie mitunter die ganze Etikette über Bord und war doch gleichzeitig eine der kultiviertesten Damen der Gesellschaft. Dies alles zeugt von einer gewissen Losgelöstheit, die auch der jüngere Dumas an ihr geliebt hatte. Dieses Fluidum, das Heiligen und Sterbenden gleichermaßen eigen ist und Künstler umgibt, wenn sie ihr Werk schaffen, war es wohl, worauf Liszt anspielte, als er meinte, in ihrer Gegenwart habe er immer Lust auf Poesie und Musik verspürt.

Der Blaue Engel

Sie wird sich höchste Mühe geben, euch mit den Melodien zu
verzaubern, die sie ihrer Laute entlockt ... und mit ihrer wohl-
klingenden Stimme.

Thomas Coryat, 1608

In der alten Welt hatten Flöten noch etwas Magisches.

James Davidson
Courtesans and Fishcakes

I n den Jahren bevor 1930 der *Blaue Engel* in die Kinos kam,
hatte die alte Ordnung längst ihre Macht verloren. Damals
gingen schon viele Frauen aus »anständigem Haus« allein
aus. Sie zeigten ihre Beine und rauchten gar Zigaretten. Zu ihnen gehörte die junge Schauspielerin, die die Welt später als
Marlene Dietrich kennen lernen sollte. Nachts sah man sie
häufig auf dem Kurfürstendamm in Berlin, wo sie von Cabaret zu Cabaret zog, sich amüsierte und gleichzeitig die Techni-
ken der Showgirls studierte, die dort auftraten. Bald war sie
selbst ein solches Revuemädchen. Und schließlich gab man
ihr sogar kleinere Rollen in Theaterstücken.

Marlene Dietrich wird heute nicht als Kurtisane bezeichnet.
Früher wäre dies wohl der Fall gewesen. Jahre später unterhielt sie die Gäste auf den Dinnerpartys ihres Freundes, des
Regisseurs Billy Wilder, mit der Aufzählung all jener Männer
und Frauen, die damals in Berlin ihre Liebhaber und Liebhaberinnen gewesen waren. 1924, auf dem Höhepunkt ihres
ausgelassenen Lebens, heiratete sie Rudolf Sieber, mit dem
sie fünf Jahre lang zusammenlebte, auch wenn sie ihre Affären deshalb nicht aufgab. Sieber aber, der Aufnahmeleiter
bei den Ufa-Filmstudios war, verschaffte ihr in dieser Zeit
mehrere kleine Rollen.

Dann verließ sie, wie die Pompadour, die ihren Gatten für
den König verließ (oder Alice Ozy, die dem Herzog von Aumale den Vorzug gab), den ihr angetrauten Sieber für den

Mann, der sie berühmt machen sollte, den Regisseur Josef von Sternberg, auch wenn die Dietrich mit Sieber verheiratet bleiben sollte, bis er starb. Bevor Sternberg sie mit nach Hollywood nahm, drehte er zuerst einen Film über das Cabaretleben. Und als Sängerin, die einen Mann in den Untergang treibt, wurde Marlene Dietrich quasi über Nacht berühmt.

Der Film erzählt in verhaltenen Bildern eine Geschichte, die den Niedergang der alten Ordnung reflektiert. Ein alternder Professor warnt seine Studenten vor den Verführungskünsten einer populären Nachtclubsängerin. Fast hellseherisch ermahnt er sie, dass diese Stimme sie ins Verderben führen werde. Und als er sich aufmacht, um diese Dame einmal von Angesicht zu Angesicht erleben zu können, wissen wir bereits, dass dies ein Fehler ist. Vor allem, weil der Club, in dem sie singt, »Blauer Engel« heißt. »Blau« ist in Deutschland die Farbe der Trunkenheit. Blau ist das Mondlicht, das Wasser, über dem die Stimme der Sirene erklingt. Blau dürfen im Volksglauben Bräute nicht tragen, damit sie keine unheilvollen Mächte anziehen. Wird sie ihn also mit ihrer rauchigen Stimme verzaubern? Wie könnte es anders sein? Schließlich willigt er sogar ein, mit ihr auf der Bühne zu tanzen.

Wir kennen diese Geschichte – die erregenden Kräfte der Königin der Nacht, der einschmeichelnde Zauber der Musik. Im alten Griechenland war Musik ein machtvolles Lockmittel für Dionysos, den Gott des Weines, die Furien, die Göttinnen der Rache, und für die Sirenen, die damit Seefahrer in den Tod lockten. Auch die Auletriden, die bei Festlichkeiten den Aulos, eine Art Oboe, spielten, bezauberten alle, die ihnen zuhörten (darunter auch Alexander den Großen, der von der Musik so überwältigt war, dass er erschrocken nach seinem Schwert griff). Diese Musik erklang von neuem im Venedig des 16. Jahrhunderts. Ninon de Lenclos nahm sie mit ihrer Laute auf und gab sie an die Frauen weiter, die 200 Jahre später in den *Bals Musettes* von Paris die Männer verzauberten. Was also dort in diesem kleinen Cabaret in Berlin geschieht, ist beileibe nichts Neues.

Obwohl wir es genießen, wie der selbstgerechte Herr schließlich fällt, stimmt uns die Demütigung traurig, in die seine Bezauberung führt. Was uns wiederum nicht davon abhält, derselben Musik von neuem zu lauschen. Der dunkle, verführerische Ton dieser Stimme versetzt uns in eine zauberische Stimmung, an einen dunklen, aber doch vertrauten Ort im Geist, der mitunter zwischen den Gedanken hervorblitzt. Wie diese Frau mit dem Zylinder, die mit ihrer rauchigen Männerstimme ein Liebeslied singt, fühlen auch wir, wie wir vom rechten Weg abkommen. Wir können nichts dafür. Plötzlich sind wir »von Kopf bis Fuß auf Liebe eingestellt«.

Ihre goldene Stimme

Bernhardt konnte auch die albernste Banalität in Poesie homerischen Ausmaßes verwandeln, einzig mit der Macht ihrer goldenen Stimme, die weit über ihr zu schweben schien.

Cornelia Otis Skinner
Elegant Wits and Grand Horizontals

E ine wohltönende Stimme drückt aus, was die Sprache selbst so häufig verbirgt: Nuancen, die zu subtil sind, um in Worte gefasst zu werden, unausgesprochene Gedanken, geheime Wünsche und Träume, die sich in der Betonung der Worte und Sätze bemerkbar machen und dadurch der gesprochenen Sprache eine Wahrheit verleihen, die über den reinen Wortgehalt hinausgeht. Wie Sarah Bernhardt auf ihr Publikum wirkte, als sie in *der Kameliendame* die Marguerite spielte, können wir uns leider nur vorstellen. Zum ersten Mal trat sie damit auf den New Yorker Bühnen auf. Henry James schrieb überrascht, dass die Vorstellung »ganz Champagner und Tränen« gewesen sei, »frische Verrücktheit, frische Leichtgläubigkeit, frische Leidenschaft ...«

Obwohl *Camille*, wie das Stück in England und Amerika hieß, zur Jahrhundertwende bereits vierzig Jahre alt war, war es für das amerikanische Publikum neu. Da das Originalstück, das um die Mitte des 19. Jahrhunderts in Paris uraufgeführt worden war, von den amerikanischen Theateragenten für zu unmoralisch erachtet worden war, hatte man ihm ein anderes Skript verpasst. Dieses wurde unter dem Namen *Heart's Ease* (Müßiggang des Herzens) aufgeführt, und die weibliche Hauptfigur war keine Kurtisane, sondern ein Mädchen aus gutem Haus.

Als Bernhardt die unzensierte Version des Stückes nach New York brachte, fanden die Pariser das Stück bereits ein wenig altmodisch. In Paris war man mittlerweile an den Geschmack des Fin de Siècle gewöhnt. Schon im Jahr 1880 hatte der Comte de Maugy erklärt, ein Charakter wie Marguerite würde »beim eleganten Theaterpublikum von heute nur ein ungläubiges Lächeln hervorrufen«. Doch wie das Schicksal so spielt, weckte der große Erfolg in der Neuen Welt auch das Interesse der Pariser Bevölkerung wieder, sodass das Stück von neuem gefeiert wurde. Anders als das vergleichsweise »unschuldige« amerikanische Publikum wussten die Menschen in Paris die Darstellung einer Frau, die – wie der Theaterkritiker Sarcey es ausdrückte – »von dieser Welt war, in Paris geboren und aufgewachsen«, in all ihren Feinheiten zu schätzen. Bernhardt als besonders geeignet für diese Rolle zu bezeichnen wäre eine glatte Untertreibung. Denn während sie die Zeilen sprach, die der jüngere Dumas seiner Kurtisane in den Mund legte, hätte Bernhardt ohne weiteres ihre Sprechpausen mit persönlichen Erinnerungen füllen können, die auch in Marguerites Leben gepasst hätten.

Sie selbst war 1844 geboren, nur drei Jahre, bevor die echte »Marguerite«, Marie Duplessis, starb. Wie Marie so arbeitete auch Sarahs Mutter, eine Einwanderin aus Holland mit Namen Jule Bernard, als Näherin. Diese zermürbende Arbeit, die in langen Stunden wenig Geld einbrachte, verkürzte das Leben so mancher Frau. Doch Jule konnte diesem Schicksal entkommen. Nachts besuchte sie die öffentlichen Bälle, um dort einen Mann zu treffen, der ihr vielleicht ein anderes Leben bieten würde. Gegen jede Vernunft hoffte auch sie, dass sie ihren Weg in die *demi-monde* machen würde, wie die wenigen Frauen, die es vor ihr geschafft hatten.

Mit einer kleinen Tochter, die sie durchzubringen hatte, einem Job, der ihr so wenig Geld ließ, dass sie sich nicht einmal ansprechend kleiden konnte, und ohne nennenswerte Bildung, war dies jedoch nicht sehr wahrscheinlich. Doch ihre Entschlossenheit muss bemerkenswert gewesen sein, denn trotz aller Hindernisse erreichte sie ihr Ziel, als Sarah sechs Jahre alt war. Und es war kein kleiner Erfolg, denn Jules Salon wurde immerhin von dem älteren Dumas, Rossini, dem Herzog von Morny und dem Baron Dominique besucht. Letzterer war Napoleons persönlicher Feldarzt. Sarah allerdings sollte diese anzügliche Gesellschaft erst kennen lernen, als sie schon wesentlich älter war. Als Kind wurde sie zu einer Amme nach Großbritannien geschickt, wo sie sich vor Kummer nach ihrer Mutter verzehrte, die ihr, wenn sie zu Besuch kam, jedes Mal wie eine Königin erschien.

Eines Tages, nach einem Besuch ihrer Tante, wurde die Kleine so von Verzweiflung übermannt, dass sie sich aus dem Fenster stürzte und dabei den Arm brach. Doch dies war für Sarah nicht so wichtig, denn Jule holte sie nach diesem Vorfall heim nach Paris. Doch sollten sie nur wenig Zeit miteinander verbringen, denn schon ein Jahr später schickte Jule, die ihre Tochter zu dickköpfig fand, diese in ein Mädcheninternat, das Institut Fressard, wo sie Lesen, Schreiben, Sticken und andere Fähigkeiten erlernte, die für Frauen der Gesellschaft von Bedeutung waren. Mit neun Jahren wechselte Sarah dann noch einmal die Schule. Obwohl Jule Jüdin war, schickte sie ihre Tochter in eine Klosterschule.

Sie hatte ihre Wahl gut getroffen. Grandchamps war eine Schule, in der die Töchter der vornehmsten Familien von Paris erzogen wurden. Sarah, die sich heftig dagegen wehrte, dorthin geschickt zu werden, kletterte gar auf einen Baum und sprang von dort aus in den Schmutz, um ihrem Schicksal zu entgehen. Doch schließlich sollte sie die Klosterschule lieben. Die Mutter Oberin, Mère Sainte-Sophie, gewann ihr Herz, indem sie dem Mädchen ein Stück Land überließ, in dem sie einen kleinen Garten anlegen konnte, und sie ansonsten mit liebevoller Fürsorge umgab. Anfangs spielte Sarah dort den Klassenclown. So gab sie einmal eine Vorstellung, in der sie den Bischof nachahmte, wie er eine feierliche Grabrede hielt. Dass den Mädchen beigebracht wurde, wie man einen Handschuh auszog oder ein Taschentuch trägt, fand sie lächerlich. Doch am Ende entdeckte sie die dramatischen Mysterienspiele der Kirche – das flackernde Kerzenlicht, die beschwörend gemurmelten Gebete, die Ehrfurcht einflößende Präsenz des Tabernakels, der in ihr Fantasien über Selbstopfer auslöste, bei denen sie einen samtigen schwarzen Umhang mit einem schimmernd weißen Kreuz aus Satin trug.

Ihre Träume fanden bald ein Ende. Als sie 15 Jahre alt war, wollte Sarah Nonne werden, doch ihre Mutter hatte für sie andere Pläne. Schließlich hatte sie ihre Tochter nicht in die Klosterschule geschickt, damit sie eine religiöse Erziehung erhalten sollte. Sie wollte vielmehr, dass sie dort den Schliff erhielt, den sie für ein Leben in der höheren Gesellschaft brauchte. Nun wurde es Zeit, dass Sarah ihren Teil zum Haushaltseinkommen beitrug. Doch auch Sarah rebellierte gegen das Schicksal der Kurtisane, das ihre Mutter ihr zugedacht hatte. Da Sarahs Widerstand von derselben Energie gespeist wurde, die ihre Mutter Jahre vorher an den Tag gelegt hatte, als sie sich ihren Weg aus der Armut herauserkämpfte, kam es zu einem scheinbar unlösbaren Patt. Worauf der Duc de Morny einen genialen Kompromiss fand. Sarah hatte im Kloster mit großem Erfolg die Rolle eines Engels gespielt. Vielleicht würden ihre heftigen Stimmungsschwankungen und ihr Ausdruckstalent bei einer Bühnenkarriere am besten zum Tragen kommen. Daher nahm Alexandre Dumas Sarah und ihre Mutter mit in die Comédie Française. Der Plan ging auf. In ihrer Loge weinte und lachte Sarah, so sehr nahm das Stück sie gefangen. In ihrer Autobiografie schreibt sie:»Als der Vorhang sich hob, glaubte ich, ohnmächtig zu werden. Es war der Vorhang meines Lebens, der dort den Blick auf die Bühne freigab.«

Obwohl es sicher viele Faktoren gibt, die zu Sarahs goldener Stimme beigetragen haben, so ist das, was im Flamencotanz mit *duende* ausgedrückt wird, zweifelsohne ein wichtiger Teil davon. Der Begriff beschreibt eine bestimmte Qualität in der Stimme einer Sängerin oder eines Sängers, die weniger mit den anatomischen Gegebenheiten der Stimme als mit der Lebenserfahrung des Singenden zu tun hat. Einfach ausgedrückt: Die Sängerin muss gelitten haben. Das hört sich simpel an, ist es aber nicht, denn Leiden ist etwas Vielschichtiges. Haben wir einen Verlust erlitten, so ist dieses Gefühl geprägt von dem unvermeidbaren Konflikt zwischen dem, was wir uns wünschen, und dem, was die Umstände uns aufdrängen. Und dieser Konflikt ist an sich schon leidhaft.

In den 15 Jahren ihrer Kindheit hatte Sarah sowohl Verluste als auch Konflikte erfahren. Sie hatte immer wieder auf ihre Mutter verzichten müssen, war gegen ihren Willen aus dem Institut Fressard entfernt worden, wollte zuerst nicht ins Kloster, entschied sich später dafür, Nonne zu werden, und geriet dadurch in Konflikt mit den Plänen, die ihre Mutter für sie hatte. Sie war gespalten zwischen dem Beispiel der Mutter Oberin und dem ihrer weltlichen Mutter und konnte diesen Zwiespalt nur teilweise lösen, indem sie sich für das Theater entschied. Denn zum einen konnte sie ihr religiöses Streben sicher nicht einfach abstellen, zum anderen war, wie der polnische Regisseur Jerzy Grotowski schreibt,»damals ›Schauspielerin‹ gleichbedeutend mit ›Kurtisane‹«. Am Ende führte auch Sarah das gleiche Leben wie andere Schauspielerinnen. Sogar nachdem sie in Paris bereits eine Berühmtheit war und mit ihren Tourneen in Amerika ein Vermögen gemacht hatte, besserte sie ihr Salär auf, indem sie sich von reichen Gönnern aushalten ließ.

Doch die Arbeit der Schauspielerin auf der Bühne, das, was Grotowski als »Eindringen in die menschliche Natur« bezeichnet, eröffnete ihr für diesen Konflikt eine Lösungsmöglichkeit. Ihre Einsamkeit als Kind, ihre Wutanfälle und Zornesausbrüche, ihre Willenskraft und die bitteren Erfahrungen ihrer Niederlagen, mit einem Wort, jeder Konflikt, den sie zu erleiden hatte, machte ihre Darstellung auf der Bühne nur lebensechter. Alles, was sie erlebte, was sie fühlte – die Grenzüberschreitungen ihrer Mutter, die Leidenschaft der Nonnen, ihr Traum von der Frömmigkeit, ihr Talent zur Verführung, der Triumph ihres Geistes, ihre Demütigungen, die Freuden ihres Körpers und die Reinheit ihrer Seele –, wurde kompromisslos und pur in ihrer Stimme hörbar.

Als Schauspielerin war sie einzigartig. Die ihr eigene Fähigkeit, Menschen zu verzaubern, in der die Liturgie des Kirchenschiffes ebenso mitschwang wie die der Boulevards, hauchte der Rolle der sterbenden Kurtisane neues Leben ein. Wenn Marguerite flirtet und lacht, wenn sie Armands Antrag zynisch ablehnt, wenn sie ihm schließlich doch nachgibt und sich heftig in ihn verliebt, wenn sie sich schließlich selbst opfert, um ihn zu retten, beschwor Bernhardts Stimme die wahre Geschichte hinter der sentimentalen Erzählung. Wären wir ein Teil des Publikums gewesen, so hätten wir alles verstanden: die wilde Kraft einer jungen Frau, die überleben will, obwohl alles gegen sie ist; das Schicksal derjenigen, die dem Abgrund nicht entkamen und sich in der Jugend schon alt arbeiteten, die in den Straßen bettelten, ins Gefängnis gesteckt wurden oder in ein Frauenasyl, damit sie mit ihrem Anblick die bessere Gesellschaft nicht beleidigten; die Kehrseite all der großen Männer sowie den Verrat, den sie an anderen und an sich selbst beging. All dies wäre im Unterton ihrer Stimme hörbar gewesen, zusammen mit der unerwarteten Freundlichkeit, auf die sie immer wieder stieß. Auch die Zärtlichkeit, die sie empfing und zu der sie fähig war, hätte in ihrer Stimme gelegen, die uns eingehüllt, uns immer tiefer in die Region des Begehrens geführt hätte. Beim Zuhören wäre uns klar geworden: Alles, was wir gehört haben, war in gewissem Sinn göttlich.

Danach

Die siebte Station der Verführung

Wenn er an Ellen Olenska dachte, geschah dies auf eine geheime, abstrakte Weise, wie man an ein Buch oder ein Bild denkt, das man schätzt; sie war zum Inbegriff all dessen geworden, was ihm fehlte.

Edith Wharton
The Age of Innocence

Das Träumen kommt später. Vielleicht hat er sie schlafend verlassen, sodass er in den kühlen Morgenstunden durch den Park nach Hause gehen kann. Vielleicht sind seit ihrer ersten Begegnung schon ein paar Jahre vergangen. Gleichgültig. Die Schatten unter den Bäumen stecken voller Erinnerungen. Hier ist er mehr als einmal mit ihr entlanggegangen. Nach ihrem ersten gemeinsamen Essen im Café unter den Arkaden sind sie durch diese Allee spazieren gegangen. Sogar damals musste er geahnt haben, worum es ihm ging, auch wenn er es nicht in Worte fassen konnte. Vollkommen fasziniert folgte er mit den Augen dem Schwingen ihres Rocksaumes und dem Schaum aus Spitzen, der darunter hervorquoll, während

Detail von Muchas
Die Jahreszeiten

sie ging. Dies und der muntere Rhythmus ihres Schrittes, das leuchtende Grün ihres Kragens, ihre rosigen Wangen, all das war so ungewöhnlich. Ihre Offenheit schockierte ihn, die Flinkheit, mit der sie Antworten gab, die Art, in der sie ihre Hand in tausend kleinen Gesten bewegte, all dies brachte ihn beinahe um den Verstand. Er war von ihr bezaubert. Heute aber, da er dem leichten Wind lauscht, der eines der Blätter sachte zu Boden trägt und ihn an ihre flüsternde Stimme in seinem Ohr erinnert, heute weiß er, was ihn zu ihr zog. Als er sich an die Wellen des Wohlseins erinnert, die ihr Wispern in ihm auslöste, erkennt er plötzlich, worum es geht. Die Blüten in den Beeten, vom Morgentau noch feucht, die Art, wie sie sich dem Sonnenlicht öffnen, machen es ihm deutlich. Dies war es, was ihn an ihr immer angezogen hat. Er konnte sich nicht nur vorstellen, wie sie fühlte, er spürte es selbst, wenn ihr Körper dem seinen antwortete, sich öffnete wie ein Kelch aus Blütenblättern, wie ein Meerestier, das sich von der Strömung tragen lässt.

Der Strahl des Brunnens beginnt, sich hoch in die Lüfte zu erheben, um dann zitternd herabzufallen. Die Kellner lachen leise, während sie die ersten Tische nach draußen stellen. Ein Vogel schlägt unerwartet mit den Flügeln. Und er spürt all dies in dem Begehren, das er noch gar nicht so recht für sich zu beanspruchen wagt. Dabei muss er lachen, er kann nichts dazu, aber er sieht dieses Gefühl überall reflektiert – in den Gärten, den Kleidern der vorübergehenden Damen, den verschlungenen Ornamenten der Säulen, der Überfülle der Schaufenster. All dies verleiht der Luft eine Süße, hinter der sich die mit rauer Stimme gehauchte Einladung verbirgt, die Grenzen hinter sich zu lassen, Grenzen, die – wie er nun weiß – nur in der Fantasie bestehen, nicht in der Wirklichkeit.

Was aus den Kurtisanen wurde

Nachwort

Alice Ozy

Am Ende einer simpel gestrickten Geschichte erhebt sich häufig ein moralischer Zeigefinger. Mit den Anständigen, so erfahren wir, nimmt es ein gutes Ende, mit den Schlechten ein böses. Gute Geschichten jedoch sind mindestens genauso komplex wie das Leben selbst. Sie stecken voller Überraschungen und ironischer Wendungen, plötzlicher Niederlagen, unerwarteter Aufstiege, die sich – ohne Einwirkung einer höheren Gerechtigkeit – einfach so ergeben. Hätte man im 19. Jahrhundert den Arbeitermädchen erzählt, dass das Leben einer Kurtisane fast immer in Kummer und Leid ende, dann hätte man damit nur die halbe Wahrheit gesagt. Denn tatsächlich endeten die großen Kokotten keineswegs alle im Elend, auch wenn die unheilvollen Prophezeiungen selbstgerechter Moralisten sich durchaus als selbsterfüllend erweisen konnten.

Bevor MOGADOR sich mit Lionel de Chabrillan vermählte, hatte er bereits sein ganzes eigenes Vermögen verloren und war von der Familie enterbt worden. Um seinen Grundbesitz zu retten, plante er, eine reiche Frau zu heiraten. Stattdessen segelte er, der Mogador immer noch innig liebte, nach Australien, um dort nach Gold zu suchen, und verlor auch noch das letzte bisschen Geld, das er besaß. Als er nach Paris zurückkehrte, heiratete er Mogador, und die beiden gingen gemeinsam nach Australien. Dieses Mal aber kam Lionel als Generalkonsul von Frankreich dorthin, wenn auch mit magerem Salär. Das Paar war zwar nicht mittellos, musste sich aber im Vergleich zu früher einschränken. Daher schlug Mogador, die ihr Teil zum Familieneinkommen beisteuern wollte, beruflich neue Wege ein und war erneut erfolgreich. Innerhalb von vier Jahren schrieb sie vier Bestsellerromane. Doch da sie sehr krank war, musste sie nach Paris zurückkehren. Lionel folgte ihr nach und versuchte, einen Diplomatenposten irgendwo in Europa zu bekommen, doch seine Skandalehe verhinderte dies. Als er wieder nach Australien zurückging, wurde er dort krank und starb.

Mogador blieb ohne einen Pfennig zurück und trauerte ehrlich um ihren Mann. Also ging sie zur Bühne zurück. Der erste Abend ihrer Show war ein glänzender Erfolg, doch kurz darauf erschien eine Artikelserie, die ihre berühmt-berüchtigte Vergangenheit wieder aufwärmte, worauf die Show abgesetzt wurde. Doch Mogador war damit noch lange nicht besiegt. Sie nahm das Stück, das Dumas nach ihrem Roman *Les Voleurs d'Or* (Die Goldräuber) geschrieben hatte, und ging damit auf Tournee. Bald hatte sie ein kleines Vermögen zusammen und fing wieder an zu schreiben. Sie produzierte 26 Theaterstücke, zwölf Romane und sieben Operetten. Großzügig wie sie immer gewesen war, nahm sie ihre Mutter in ihr Haus auf, gründete während des Deutsch-Französischen Krieges ein Korps von Krankenschwestern und ließ ein Waisenhaus für Kinder auf dem Land errichten, zweifellos in Erinnerung an ihre eigene schreckliche Kindheit. Doch da sie bis zu ihrem Tod eine skandalumwitterte Figur blieb, konnte sie die Mädchen, die dort aufwuchsen, nur hinter den Büschen versteckt beobachten, als sie den respektableren, angeblichen Gründern Blumen überreichten. Schließlich zog sie selbst in ein Altersheim am Montmartre und starb dort im Alter von 84 Jahren.

CORA PEARL hingegen war Gegenstand einer anderen Art von Skandal, dessen Konsequenzen für sie vernichtend waren, weil sie danach von den Mitgliedern der *demi-monde* ebenso gemieden wurde wie von der Gesellschaft. Am Ende musste sie dem völligen finanziellen Ruin ins Auge sehen. All dies geschah, nachdem einer ihrer früheren Liebhaber, Alexandre Duval, Sohn eines bekannten Restaurantbesitzers, sich unbeabsichtigt eine ernsthafte Schussverletzung zuzog, als er Cora töten wollte, wobei ihm jedoch die Waffe in der Hand explodierte. Während er tagelang zwischen Leben und Tod schwebte, war seine Geschichte in aller Munde. Er hatte sein gesamtes Vermögen ausgegeben, um Cora reich zu beschenken. Als davon nichts mehr übrig war, setzte sie ihn eiskalt vor die Tür.

Weder die Tatsache, dass er sie hatte ermorden wollen, noch das Faktum, dass er schließlich in bester Gesundheit sein früheres Leben wieder aufnahm, konnte die öffentliche Meinung besänftigen. Cora konnte daraufhin keinen Gönner mehr finden und ihre finanziellen Ressourcen begannen zu schwinden. Hatte sie einst 10 000 Franc für die Nacht erhalten, so war sie jetzt froh, wenn man ihr fünf Taler gab. Trotzdem verlor sie ihren Kampfgeist nicht. Als sie mit 51 an Magenkrebs starb, war sie gerade dabei, eine Universalweltsprache zu erfinden. Sie schrieb und veröffentlichte zwei verschiedene Versionen ihrer Lebensgeschichte, Bücher, die heute noch gelesen werden.

MARIE DUPLESSIS starb nicht so allein wie die *Kameliendame*, deren Vorbild sie war. Obwohl die Masse ihrer Verehrer sichtlich abnahm, blieb ihre Zofe bis zum Ende bei ihr, und auch einige ihrer früheren Freunde, darunter ihr Gemahl, Edouard de Perregaux, verließen sie nicht. Sie starb gut versorgt in ihrer luxuriösen Wohnung. Der Arzt, den Franz Liszt zu ihr schickte, war der angesehenste Arzt der Pariser Gesellschaft, doch ironischerweise beschleunigte er ihren Tod vermutlich noch, indem er ihr kleine Dosen Arsen gab. Die Loyalität ihrer Zofe erwuchs nicht nur aus ihrem Dienstverhältnis, sondern ebenso aus aufrichtiger Freundschaft zu ihrer Herrin. Duplessis, die selbst aus der Arbeiterklasse stammte, war bekannt dafür, dass sie zu Frauen dieser Schicht immer sehr großzügig war. Nach ihrem Tod wurde ihr Grundbesitz versteigert. Sogar nachdem all ihre Rechnungen beglichen waren, blieb ein hübsches Sümmchen übrig, das sie ihrer Schwester in der Normandie vermachte.

Aretino sagt uns leider nicht, was aus der ersten Kurtisane namens Nanna wird. Wir lernen sie erst kennen, als sie schon älter ist und ihr Wissen an ihre Tochter Pippa weitergibt. Die NANA, die wir am besten kennen, ist die Heldin von Zolas gleichnamigem Roman, der angeblich auf dem Leben von Blanche d'Antigny beruht. Nana jedenfalls stirbt, nachdem sie eine Reihe von Männern verführt und ruiniert hat, allein in einem Zimmer im Grand Hôtel von Paris an den Pocken. Zola beschreibt ihr Leiden in den glühendsten Farben, sodass man den Eindruck gewinnt, er wolle ihr dadurch eine gerechte Strafe bescheren.

Oberflächlich gesehen erleidet BLANCHE D'ANTIGNY, Zolas Modell, einen ähnlichen Tod wie ihr literarisches Gegenstück. Einige meinen, sie sei an den Pocken gestorben, andere sprechen von Typhus oder Tuberkulose. Die letzte Krankheit habe sie sich angeblich geholt, als sie ihren Geliebten Luce gepflegt habe. Doch die Großzügigkeit einer anderen Kurtisane, Caroline Letessier, sorgte dafür, dass Blanche zumindest gut versorgt war, als sie starb. Und anders als Zolas kalte und gefühllose Heldin starb Blanche aus Liebe, denn ihre Gesundheit und ihr Vermögen waren dahin, als sie ihren Geliebten pflegte, bis dieser starb. Nach ihrem Tod schrieb Théodore de Banville, der sie immer bewundert hatte: »Blanche d'Antigny hat das schönste Lächeln von Paris mit ins Grab genommen.«

APOLLONIE SABATIER war 38 Jahre alt, als ihr wichtigster Gönner, Alfred Mosselman, den finanziellen Ruin erlitt. Er bot ihr 500 Franc im Monat als Rente an, doch sie lehnte ab und setzte stattdessen auf ihre eigenen Fähigkeiten. Sie fing an, zu malen – vier ihrer Miniaturen wurden 1861 beim *Salon des Peintres* gezeigt – und Gemälde zu restaurieren. Da sie davon ihren Lebensunterhalt nicht bestreiten konnte, versteigerte sie ein paar der Kunstschätze, die sie vorher gesammelt hatte, und erhielt dafür die beträchtliche Summe von 43 000 Franc. Damit zog sie in eine kleinere Wohnung und fing an, selbst zu kochen. Doch Sabatiers Karriere war keineswegs mit dem Älterwerden vorbei, denn Schönheit war ja nicht ihr einziger »Aktivposten«. Obwohl ihre Mittel beschränkt waren, blieb ihr doch immer noch ihr Mut. Judith Gautier schreibt, dass Apollonie beim Kochen sogar sang. Im selben

Jahr begann sie eine neue Liaison mit Richard Wallace, dem natürlichen Sohn des Marquis von Hertford, der ihr versprach, sich um sie zu kümmern, sollte er jemals reich werden. Und er hielt Wort. Als er beim Tod seines Vaters ein Vermögen erbte, gab er ihr 50 000 Franc und eine kleine Monatsrente. So verbrachte sie ihre letzten Jahre in Neuilly in allem Komfort, auch wenn sie dort unter Einsamkeit litt, da viele ihrer Freunde vor ihr starben. Doch ist dies nur eine natürliche Folgeerscheinung der Tatsache, dass jemand viele liebe Freunde hat. Sie starb friedlich am letzten Tag des Jahres 1889 im Alter von 67 Jahren.

JEANNE DUVAL hatte neben Baudelaire viele andere Liebhaber, so auch eine Frau, die einige Jahre mit ihr lebte. In ihren eigenen Räumen unterhielt sie lange Zeit einen sehr lebendigen Salon. Gleichzeitig kämpfte sie mit einer Gelenkarthrose, die sie am Ende vollkommen gelähmt zurückließ. Sie und Baudelaire blieben Freunde, auch nachdem sie sich als Liebespaar getrennt hatten. Daher unterstützte er sie auch in den letzten Jahren ihres Lebens, die sie weitgehend im Krankenhaus verbrachte.

FLORA, eine sehr erfolgreiche und vermögende Kurtisane im alten Rom, wurde zur Göttin erhoben und erfreut sich als solche auch heute noch bester Gesundheit.

Als Tochter eines Armeeoffiziers heiratete LIANE DE POUGY selbst einen Marineoffizier. Da sie in dieser Ehe unglücklich war und ihren Mann verlassen wollte, schoss dieser sie nieder. So trug sie bis zu ihrem Tod zwei Kugeln in der Hüfte. Kurze Zeit nach ihrer Trennung gab sie Klavierunterricht, doch als sie mit dem Marquis de MacMahon in einer offenen Kutsche in Longchamps auf dem Rennplatz vorfuhr, nahm ihr Leben als Kurtisane seinen Anfang. Ihre Karriere als Unterhalterin erhielt weiteren Auftrieb, als der Prince of Wales sich in sie verliebte und sie seinen Freunden im Jockey Club vorstellte. Während ihrer Jahre als Kurtisane hatte sie viele Beschützer, darunter den Prinzen Strozzi aus Florenz, Maurice de Rothschild, Roman Potocki, Baron Bleichroder aus Berlin und Lord Carnavaron aus London. Als sie um die dreißig war, zog sie sich vom weltlichen Leben zurück und trat in einen Nonnenorden in Lausanne ein. Als Novizin trug sie den Namen Schwester Anna-Maria Magdalena. Doch schon nach einem Jahr ging sie nach Paris zurück.

Einer ihrer langjährigen Freunde war der Kritiker Jean Lorrain, der selbst *gay*, homosexuell, war und mit blond gefärbtem Haar und rougebemalten Wangen über die Boulevards flanierte. Als er es eines Tages wagte, eine schlechte Kritik über sie zu schreiben, verfolgte sie ihn im Bois de Boulogne mit der Reitpeitsche. Doch er bewunderte ihre innere Stärke, und so wurden sie gute Freunde. Von da an hatte sie in ihm einen ihrer offenkundigsten Bewunderer, der sie in der Presse immer unterstützte und eines Tages sogar ein Stück für sie schrieb. Dass sie beide homosexuell waren, vertiefte ihre Beziehung wohl noch. Als die amerikanische Erbin Natalie Barney bei Hof eingeladen war, verkleidete sich Pougy als Renaissancepage. Die beiden verliebten sich und blieben lebenslang Freundinnen und Geliebte.

Zusammen mit Émilienne d'Alençon, die ebenfalls ihre Geliebte war, verbrachte Pougy viel Zeit im zwanglosen Kreis rund um Barney, der aus Menschen bestand, die auf die eine oder andere Weise mit der Kunst zu tun hatten. Dazu gehörten unter anderem die Lyrikerinnen Renée Vivien und Anna de Noailles, Lucie Delarue-Mardrus, Marcel Proust, Dolly Wilde, die Nichte von Oscar Wilde, und Colette. Pougy schrieb ausführlich Tagebuch und publizierte verschiedene populäre Romane, in denen sie unter einem Decknamen ihre amourösen Eroberungen beschrieb, zum Beispiel *Idylle sapphique*, dessen Heldin nach Natalie Barney gezeichnet sein soll. Barney hoffte immer, Pougy aus ihrem Kurtisanenleben herausholen zu können, stattdessen aber nahm Liane sich im Alter von 39 Jahren einen neuen Liebhaber, den Prinzen

George Ghika von Rumänien, der damals erst 24 Jahre zählte. Innerhalb von zwei Jahren heirateten die beiden und lebten, bis auf eine kurze Phase, in der George eine Affäre mit seiner Sekretärin hatte, als Prinz und Prinzessin glücklich zusammen, bis er starb. Liane versuchte nie, ihre religiösen Gefühle zu unterdrücken. Im Alter erlangte sie sogar aufgrund ihrer guten Taten eine gewisse Berühmtheit. Mit 37 Jahren schloss sie sich dem Dritten Orden des Heiligen Dominik an (einem Laienorden), wo man ihr den Namen Schwester Anne-Marie de la Pénitence (Schwester Anne-Marie, die Bußfertige) gab, und widmete einen Großteil ihrer Zeit barmherzigen Werken. Nachdem George starb, verbrachte sie Stunden im Gebet, woraufhin ihre geistige Führerin, Mutter Marie-Xavier, meinte:»Die Bußfertigkeit hat sich ins Gebet gewandelt.« Liane de Pougy starb 1950 im Alter von 80 Jahren.

Als sie vierzig war, ihre Schönheit nachließ und ihre Kühnheit sicher aufgrund ihrer zunehmenden Reife gebändigt wurde, verlor HARRIET WILSON ihren Platz als Favoritin der High Society. Da sie nicht länger als Kurtisane leben konnte, wurde sie Schriftstellerin und erntete dabei, was sie in ihrer vorherigen Profession gesät hatte. Bevor sie ihre Memoiren und verschiedene autobiografische Erzählungen veröffentlichte, erpresste sie ihre früheren Liebhaber mit dem Material, das sie über sie gesammelt hatte. Obwohl sie dabei natürlich ebenfalls gutes Geld einstrich, litt zum Beispiel ihr letzter Roman *Clara Gazul* so sehr unter den Kürzungen, die sie nach ihren erfolgreichen Erpressungsversuchen vorgenommen hatte, dass davon nur einige wenige Exemplare verkauft wurden. Nach 1832 scheint die Geschichte sie irgendwie vergessen zu haben. Man sagt, sie sei 1846 im Alter von 50 Jahren in England gestorben.

ESTHER GUIMOND unterhielt ihre Dinnergäste auch nach ihren »besten Jahren« noch mit exzellenten Mahlzeiten und ihrem unerschöpflichen Witz. Auch sie soll als Inspiration für die *Kameliendame* gedient haben. Der jüngere Dumas, der als

Kind von Guimond gut behandelt worden war, besuchte sie, als wieder einmal ein Anfall von Typhus sie niederstreckte. Dabei soll er plötzlich aufgesprungen sein und gerufen haben: »Jetzt habe ich meinen fünften Akt!« Doch anders als Dumas' Heldin starb Esther damals nicht. Sie lebte noch mehrere Jahrzehnte und starb an Krebs. Am Tag nach ihrem Tod verbrachte ihr guter Freund Girardin, der – wie viele andere Männer, die sie gekannt hatten – sich vor unerwünschten Enthüllungen fürchtete, einen ganzen Tag lang in ihrer Bibliothek, wo er scheinbar die 800 Briefe vernichtete, die Esther aufbewahrt hatte. Da sie ihn jedoch ebenfalls mit diesen Briefen erpresst hatte, kann man ihm dies wohl kaum verübeln. Nichtsdestotrotz ist es traurig, dass damit seine und ihre Geschichte gleichermaßen in Vergessenheit geriet.

LANTHÉLME hingegen brannte mit Misias Ehemann durch. Auf einer Kreuzfahrt stürzte sie entweder über die Reling oder sie wurde gestoßen. Ihr Körper wurde erst Stunden nach ihrem Tod gefunden.

Da die SCHÖNE OTERO ihr gesamtes Vermögen an den Spieltischen der Riviera durchbrachte, wäre sie völlig mittellos gewesen, hätten die Kasinobesitzer, bei denen sie all ihr Geld verloren hatte, ihr nicht eine kleine Rente ausgesetzt. Doch wenn wir eine Liste all der Unglücksfälle und Fehlschläge aufstellen wollten, unter denen sie während ihres Lebens zu leiden gehabt hatte, würde diese wohl recht lang werden. Trotzdem lebte sie bis zu ihrem Tod einigermaßen bequem in Nizza. Ihren Stil verlor sie dabei nie. Auch als sie alt geworden und ein wenig außer Form geraten war, richteten sich noch alle Blicke auf sie, wenn sie einen Raum betrat.

Nachdem PAÏVAS Ehe mit dem mittellosen Marquis, die ihr einen Titel beschert hatte, annulliert worden war, heiratete sie einen der reichsten Männer Europas, Graf Henckel von Donnersmarck. Er schenkte ihr das protzig prunkvolle Hôtel

Païva, das heute noch auf den Champs-Elysées zu sehen ist und den exklusiven Herrenclub *The Players* beherbergt. Er kaufte ihr das Château de Pontchartrain, das zwischen Paris und Dreux liegt und in dem sich einst der Sonnenkönig Ludwig XIV. mit seiner Mätresse Louise de la Vallière getroffen hatte. Da Henckel ein preußischer Graf war, musste das Paar Frankreich während des Deutsch-Französischen Krieges verlassen und ließ sich auf einem Gut in Schlesien nieder. Als Païva mit 61 Jahren starb, besaß sie das größte Vermögen, das eine Kurtisane je angehäuft hatte.

Einige Forscher nehmen an, dass VERONICA FRANCO gegen Ende ihres Lebens Reue empfunden habe. Die meisten allerdings sehen dafür keine ausreichenden Belege. In einem Brief an eine Freundin, die ihre Tochter zur Kurtisane ausbilden wollte, schreibt Franco allerdings: »Ihr könnt in diesem Leben nichts Schlimmeres tun [...] als den Körper in diese Form der Sklaverei zu zwingen [...] und sich so vielen Menschen auszuliefern; das Risiko einzugehen, ausgeplündert, beraubt oder getötet zu werden. Mit dem Mund eines anderen zu essen, mit den Augen eines anderen zu schlafen, sich so zu bewegen, wie ein anderer dies will, und dabei Schiffbruch zu erleiden an den eigenen Fähigkeiten, am eigenen Leben – gibt es wohl Ärgeres?«

Der leidenschaftliche Ton ihres Briefes aber widerspricht der Tatsache nicht, dass sie an anderer Stelle das Kurtisanendasein verteidigt hat. Sie streicht hier nur die Gefahren heraus, die für eine Kurtisane bestehen, vor allem, wenn sie nicht zu den erfolgreichsten gehört. Denn am Ende ihres Lebens gehörte sie selbst zu den Namenlosen ihrer Kunst. In den letzten Jahren ihres Lebens, in denen sie nicht nur ihren eigenen Kindern eine gute Erziehung angedeihen ließ, sondern auch denen ihres Bruders, besaß sie nicht mehr viel. Die Umstände forderten schließlich ihren Tribut. Veronica Franco starb im Alter von 45 Jahren am Fieber.

1531 war TULLIA D'ARAGONA gerade einmal zwanzig Jahre alt. Trotzdem war sie schon die am meisten gefeierte Kurtisane Roms. 1535 übersiedelte sie mit ihrer Mutter, der Kurtisane Giulia Campana, kurzfristig an die Adria, vermutlich, um die Geburt ihrer Tochter Penelope zu verbergen, die offiziell als Giulias Kind ausgegeben wurde. In den folgenden Jahren lebte Tullia in verschiedenen Städten Italiens, in Venedig, Ferrara und Florenz, wo sie als Kurtisane und Intellektuelle gleichermaßen Verehrer fand. Ihre Freundschaft mit dem geachteten Philosophen Benedetto Varchi förderte ihre Karriere.

Als Tullia auf die vierzig zuging, versuchte sie, ihr Leben auf eine andere Grundlage zu stellen und auf ihr einträglichstes Talent zu verzichten. Sie gründete eine Akademie in Florenz, wo sie gelehrte Debatten und musikalische Aufführungen organisierte. Sie selbst war für ihr Lautenspiel berühmt. Da diesem Unternehmen großer Erfolg beschieden war, wurde sie bald eine der bekanntesten Gestalten im Florenz der Spätrenaissance. Dieser Ruhm rief Neider hervor. Also klagte man sie an, sie habe sich nicht an die Luxusgüterverordnung gehalten. Dieses Gesetz zwang Frauen wie Tullia, in der Öffentlichkeit auf Seidenstoffe oder Juwelen zu verzichten, um keinen übermäßigen Reichtum zur Schau zu stellen, und darüber hinaus einen Schal mit gelber Borte zu tragen, der sie als Prostituierte kennzeichnete. In diesem Fall kam Tullia außer Benedetto Varchi auch Eleonore von Toledo, die Herzogin von Florenz, zu Hilfe, mit dem Ergebnis, dass Tullia von der Anwendung dieser Verordnung befreit wurde. In der Folge widmete sie sich ganz dem Schreiben, veröffentlichte mehrere Schriften, unter anderem ihren berühmten *Dialog über die Unendlichkeit der Liebe.*

Doch ihre intellektuellen Gaben sorgten nicht dafür, dass ihre Rechnungen bezahlt wurden. Daher war sie gezwungen, Florenz zu verlassen und mit der Stadt den Mann, den sie innig liebte, ihren Patron Varchi. Nach Rom zurückgekehrt, mieteten Tullia und ihre Mutter ein kleines Haus in einem der Nobelviertel, vermutlich in der Hoffnung, ihren Haushalt durch die Präsentation der damals 14-jährigen Penelope als Kurtisane zu finanzieren. Doch die Karriere des Mädchens war so kurz wie ihr Leben. Sie starb 1549. Von diesem Moment an wissen wir nicht mehr genau, was aus Tullia D'Aragona geworden ist. Erst 1555 taucht sie kurz wieder auf. Sie lebt in einem Zimmer, das sie von ihrer früheren Kammerzofe Lucrezia und deren Ehemann Matteo gemietet hat, und verfasst dort ihren letzten Willen. Das Wenige, das sie noch zu vererben hatte – ein paar Juwelen, Kleidung und Möbel –, vermacht sie ihrem Sohn Celio, Lucrezia und Matteo sowie ihrer jungen Zofe Cristofora. Und natürlich musste sie davon auch noch die Erbschaftssteuer begleichen, die die Stadt Rom von Kurtisanen verlangte. Im Alter widmete sie sich offensichtlich guten Werken und hatte ihren Frieden mit der Kirche gemacht. So legte sie schriftlich nieder, dass niemand außer den Mitgliedern der Vereinigung des Heiligen Kreuzes, zu der sie damals gehörte, zu ihrer Beerdigung kommen sollte.

NINON DE LENCLOS hingegen war sich ihr Leben lang nicht sicher, wie sie zur Religion stand. Dies aber hinderte den jungen Abbé Gedolyn nicht, sich in sie zu verlieben, als sie schon achtzig Jahre alt war. In ihrer unnachahmlichen Weise genoss sie das Leben bis zum letzten Atemzug, den sie im gesegneten Alter von 85 Jahren tat. Offenkundig vermochte sie bis zuletzt, den Menschen Bewunderung einzuflößen. Kurz vor ihrem Tod bat sie noch einmal um Feder und Papier und schrieb in ihrer klarsichtig offenen Art folgende Verse nieder:

Möge vergebliche Hoffnung meinen Mut nicht ins Wanken bringen,
ich bin zum Sterben reif, was sonst sollte ich hier noch zu Ende bringen?

Dann schloss sie ihre Augen und starb.

Über IMPERIAS Tod haben wir bereits gehört, doch gibt es noch eine berühmte Geschichte über ihre Tochter Lucrezia, die Imperia gut verheiratet hatte, und diese möchten wir hier nicht verschweigen. Lucrezia galt als genauso schön wie ihre Mutter. 1522 kam Kardinal Raffaele Petrucci in den toskanischen Ort, wo sie mit ihrem Ehemann Archangelo lebte. Gleich nach seiner Ankunft ließ Petrucci diesen unter einer offenkundig falschen Anklage verhaften. Er hatte vor, Archangelos Freiheit gegen Lucrezias Gefälligkeiten einzutauschen. Als seine Boten kamen, beschied die junge Frau sie, zu warten, da sie sich umziehen wolle. Aber wie ihre Mutter so nahm auch Lucrezia Gift. Diese Geschichte allerdings hat ein versöhnliches Ende, denn Lucrezia erholte sich am Ende, und der Mut, den sie aufbrachte, um ihre Tugend zu verteidigen, wurde in Italien sprichwörtlich.

ÉMILIENNE D'ALENÇON heiratete nach einer glänzenden Karriere als Kurtisane und Alleinunterhalterin einen aristokratischen Offizier und erlangte so, wie viele ihrer »Kolleginnen« vor ihr, den Titel einer Gräfin. Als solche richtete sie einen literarischen Salon ein und schrieb selbst Gedichte, die sie unter dem Titel *Der Tempel der Liebe* herausgab. Doch die Ehe sollte nicht allzu lange dauern. Kurz nach ihrer Trennung wurde Emilienne die Geliebte des berühmten Jockeys Alec Carter. Nach dessen Tod im Ersten Weltkrieg finden wir sie im Salon von Natalie Barney in der Rue Jacob wieder, wo sie sich ganz der Frauenliebe, der Poesie und ihren Drogenexperimenten widmete. Sie war bereits mit Liane de Pougy liiert gewesen, unterhielt aber auch eine Beziehung zu der Lyrikerin Renée Vivien, die gleichzeitig mit Natalie Barney zusammen war. Außerdem gehörten zu ihren Liebhaberinnen Valtesse de la Bigne und Madame Brazier, die Besitzerin der Lesbierinnen-Bar *Le Hammaton*. Mit Letzterer wurde sie von Toulouse-Lautrec gemalt, in ihrer gemeinsamen Loge sitzend. Zum letzten Mal hörte man von ihr 1940, wo sie in einem Kasino in Monte Carlo gesehen wurde, mit ihren siebzig Jahren immer noch gut aussehend.

MARION DAVIES setzte ihre Karriere als Schauspielerin, Tänzerin und Sängerin fort, bis sie 1939 ihren letzten Film drehte. Nachdem Hearsts Mutter gestorben war, trennte er sich von seiner Frau, sodass er für den Rest seines Lebens mit Davies zusammen war. Sie teilten ihre Zeit zwischen San Simeon, seinem alten, Wyntoon genannten Anwesen am Mount Shasta und Südkalifornien. Sie blieben 39 Jahre lang zusammen, bis Hearst 1951 nach längerer Krankheit starb. In einem testamentarischen Anhang hinterließ er seiner lebenslangen Liebe 30 000 seiner besten Aktien, aus denen sie ein jährliches Einkommen von 150 000 Dollar bezog. Sechs Wochen nach Hearts Tod heiratete Marion Horace Gates Brown III., einen alten Freund ihrer Schwester, der sie oft in San Simeon besuchte hatte. Man sagt, dass er Hearst außergewöhnlich stark ähnelte. Mit ihm blieb sie für den Rest ihres Lebens verheiratet.

Ihr beträchtliches Immobilienvermögen mehrte sie noch durch ein paar überlegte Zukäufe, sodass sie im Alter mehr als versorgt war und ein recht ruhiges Leben führte. Dass sie immer noch viel trank, ändert wohl nichts an der Tatsache, dass ein übersprudelndes Temperament in Gesellschaft wohl mehr Nahrung findet als in der Einsamkeit. Viele ihrer Partyfreunde waren tot, wenn auch ihr alter Freund Joseph Kennedy tat, was er konnte, um sie aufzuheitern. So war sie beispielsweise geladener Gast, als Jacqueline Bouvier John F. Kennedy heiratete, und natürlich auch, als dieser Präsident wurde. Drei Jahre später machte sich ihr Alkoholkonsum bemerkbar, als sie einen leichten Schlaganfall erlitt. Kurz danach starb sie im Alter von 64 Jahren an Krebs.

ALICE OZY war am Ende ihres Lebens recht wohlhabend. Sie investierte alles, was sie hatte, erfolgreich an der Börse. Ihr Talent, Geld zu machen, war sprichwörtlich. Der Intellektuelle Théophile Gautier sagte einst von ihr: »Wenn ich einen Sack Diamanten hätte, würde ich ihn Alice Ozy anvertrauen. Sie würde mir in Kürze mehr zurückgeben, als ich ihr gegeben habe.« Ihr letzter Liebhaber war der Zeichner Gustave Doré.

Mit fünfzig Jahren besaß sie eine eigene Wohnung am schicken Boulevard Haussmann und ein eigenes Schloss am Lac Enghien in der Schweiz. So konnte sie mit Fug und Recht von sich behaupten: »Ich werde in Würde alt.« Mit 65 Jahren hatte sie ihren Namen in Madame Pilloy geändert und war respektabel geworden, was ihr allerdings eine gewisse Einsamkeit bescherte, mit der sie nicht gerade glücklich war. Doch sie wusste wenigstens, was ihr fehlte. Und sie erinnerte sich offensichtlich auch an die harte Zeit ihrer Kindheit, denn als sie starb, hinterließ sie ihr gesamtes Vermögen von 2,9 Millionen Franc einer Stiftung, die sich um Kinder verarmter Schauspieler kümmerte.

KLONDIKE KATE verliebte sich noch in ihrer aktiven Zeit als Tänzerin in den Geschäftsmann Alexander Pantages, der später berühmt wurde, weil er eine Kette von Kinos und Vaudeville-Theatern gründete. Sie investierte viel in sein erstes Theater und ging dann auf Tournee, nur um bei ihrer Rückkehr feststellen zu müssen, dass er eine viel jüngere Frau geheiratet hatte. Also zerrte sie ihn wegen eines gebrochenen Heiratsversprechens vor Gericht, erhielt aber nur eine kleine Abfindung.

Dann kehrte Kate kurz auf die Bühne zurück, heiratete aber wenig später einen Cowboy. Die Ehe hielt nicht lange. Sie erlebte eine kurze Zeit des Niedergangs, in der sie ihr Geld mit Schmuggel und vermutlich auch mit Kuppelei verdiente. Doch ein paar Jahre später, als Pantages verurteilt wurde, weil er eine 17-jährige Schauspielerin aus einem seiner Theater vergewaltigt hatte, tauchte sie wieder auf und sagte gegen ihn aus.

Ihr früherer Liebhaber wurde zu fünfzig Jahren Gefängnis verurteilt, was ihr Auftrieb gegeben haben muss, denn kurz darauf nahm ihr Leben neuerlich eine Wendung. Mit 57 Jahren sah sie immer noch gut aus. Also beschloss sie zu heiraten. Sie entschied sich für Johnny Matson, einen erfolgreichen Goldgräber, der sie noch aus den Tagen am Klondike kannte.

Als er in der Zeitung las, dass sie gegen Pantages ausgesagt hatte, machte er sie ausfindig und besuchte sie. Zusammen lebten sie glücklich und zufrieden bis zu seinem Tod im Jahr 1945.

Zwei Jahre später heiratete sie mit 62 Jahren den zweiten Mann, der ihr sein Leben lang den Hof gemacht hatte, William L. Van Duren. Während der Hochzeitszeremonie hielt der 72-jährige Bräutigam eine Rede und verkündete: »Zeit heilt alle Wunden.« Und Kate antwortete ihm: »Ich war einst die Blume des Nordens, leider fallen die Blütenblätter jetzt schon ziemlich schnell, mein Herz.« Das letzte Blütenblatt fiel acht Jahre später. Sie starb in Frieden und – wie sie ein Jahr vorher einem Reporter erzählt hatte – ohne Bedauern. Wie sie war, verewigte Rex Beach in seinem Westernroman *The Spoilers*, wo er die Heldin Cherry Malotte nach ihr gestaltete (die später in der unter dem Titel *Die Freibeuterin* vorgenommenen Verfilmung von Marlene Dietrich dargestellt werden sollte).

Nach einer nur einmonatigen Romanze an Bord eines Kreuzschiffes heiratete Nijinski eine Bewunderin, die selbst Tänzerin war, Romola Pulszky. Sein langjähriger Geliebter Diaghilew fühlte sich betrogen und verstieß den Tänzer aus der Truppe der *Ballets Russes*. Doch schon nach kurzer Zeit nahm er ihn in Gnaden wieder auf und setzte seine legendäre Arbeit mit ihm fort. Der seelisch labile Nijinski litt unter Anfällen von Wut und Verzweiflung, die immer schlimmer wurden und schließlich seine Ehe, seine Arbeit, ja sein ganzes Leben negativ beeinflussten. Doch sogar seine offenkundige Psychose wandelte er noch kreativ um, indem er seine Geisteszustände in einem Tagebuch beschrieb. Obwohl Romola immer wieder andere Liebhaber hatte, blieb sie bei Nijinski bis an sein Lebensende. Aufgrund seiner Krankheit konnte er nie wieder als Tänzer oder Choreograf arbeiten. Nach Jahren, in denen er einen Zusammenbruch nach dem anderen erlebte, sich wieder erholte und erneut zusammenbrach, starb er mit 61 Jahren.

MADAME DE POMPADOUR war immer schon von delikater Gesundheit gewesen, die sich noch wesentlich verschlechterte, als es im Umkreis der königlichen Familie zwei Todesfälle zu beklagen gab, den der Infantin Maria Anna Victoria von Spanien und den des erst zehnjährigen Herzogs von Burgund. Bereits der Siebenjährige Krieg hatte sich negativ auf ihre Stimmung ausgewirkt, weil sie fürchtete, das Ansehen des Königs könne darunter leiden. »Wenn ich sterbe«, so sagte sie einmal, »dann sicher vor Kummer.« So tauschten der König und sie am Ende ihres Lebens die Rollen. Nun war er es, der versuchte, sie aufzumuntern. Er gab das Petit Trianon in Auftrag, ein kleines Schloss abseits vom allgemeinen Trubel des Hofes, und hoffte, dass das Leben ihr dort gut tun würde. Leider kam die Maßnahme zu spät. Als sie starb, standen erst die Außenwände.

Zweifellos war es jedoch auch der ständige Kampf um des Königs Zuneigung, der sie einen Großteil ihrer Kraft gekostet hatte. Seit Jahren schliefen sie nicht mehr miteinander, und seine Aufmerksamkeit schien sich mehr und mehr einer jungen Frau zuzuwenden, mit der er ein Kind hatte, einer gewissen Mademoiselle Romanins, die er in einem Haus in Passy unterbringen ließ.

Doch Ludwig wurde der jungen Frau bald überdrüssig und fand für die Pompadour keinen Ersatz. Als sie 1763 ihren letzten öffentlichen Auftritt hatte, bei der Einweihung einer Reiterstatue vom König auf der Place de la Concorde, war die Frau, die später ihren Platz einnehmen sollte, im Publikum, die junge Jeanne Du Barry. Doch die Pompadour sollte es nicht mehr erleben, dass an ihrer Stelle eine andere *maîtresse en titre* in Versailles herrschte. Im folgenden Jahr, das sie in Choisy verbrachte, wurde sie so schwer krank, dass ihr baldiger Tod unvermeidlich schien. Dabei war sie erst vierzig Jahre alt.

Obwohl nur Mitglieder der königlichen Familie in Versailles sterben durften, holte der König sie in ihre Räume im Palast zurück. Da ihre Lungen mit Flüssigkeit gefüllt waren, empfing sie die letzten Besuche ihrer Freunde in einem hohen Stuhl, damit sie besser atmen konnte. Der König blieb tagelang an ihrer Seite, bis die Ärzte meinten, es wäre wohl besser, einen Priester zu holen, damit sie beichten könne. Dabei konnte der König natürlich nicht zugegen sein, und so war nur der Priester bei ihr, als sie starb. Sie richtete ihre letzten Worte an ihn, der gerade den Raum verlassen wollte: »Einen Augenblick, Monsieur le Curé, gehen wir doch gemeinsam.« Und dann starb sie.

Aus Gründen der Etikette konnte der König ihrem Sarg nur mit den Augen folgen. Als ihr Leichnam nach Paris gebracht wurde, blieb er auf der Balustrade des Palastes, bis sie in der Ferne verschwand. Als er sich abwandte, rannen Tränen aus seinen Augen: »Elle avait de la justesse dans l'esprit et la justice dans le cœur«, schrieb Voltaire. (Sie war rechtschaffen im Geist und gerecht im Herzen.) »Wir werden sie jeden Tag vermissen ... Dies ist das Ende eines Traumes.«

Wir wissen nicht, wann und wie PHRYNE starb. Wir wissen nur, dass Praxiteles ihr Bildnis mehr als einmal in Stein bannte und dass Botticelli sich davon inspirieren ließ, um seine *Geburt der Venus* zu schaffen. Phryne wurde so reich, dass sie, als die Mazedonier ihre Stadt Theben zerstörten, anbot, sie wieder errichten zu lassen, wenn man ihr eine Inschrift widmete: »Alexander der Große riss Theben nieder, Phryne, die Hetäre, baute es wieder auf.«

Zwischen dem Tod Ludwigs XV. und ihrem eigenen lebte JEANNE DU BARRY mehrere Leben. Ihre Geschichte könnte verschiedenen Märchen als Grundlage dienen, die es sich zur Aufgabe gemacht haben, zu zeigen, dass das, was ursprünglich als Glücksfall erscheint, letztlich doch keiner ist. Der König erkrankte an den Pocken, und Jeanne blieb aufopfernd an seiner Seite. Doch da der König sich wieder der Religion zugewandt hatte, bat er sie, Versailles zu verlassen, damit er Vergebung für seine Sünden erlangen könne. So verbrachte sie mehrere Nächte auf einem Schloss, das dem Duc d'Aiguillon gehörte, bevor der König starb. Dann brachte man sie in das Kloster Pont-aux-Dames. Sie erfuhr nie, dass es Ludwig war, der ihr dieses Schicksal zugedacht hatte. In diesen halb verfallenen Konvent verbannt zu sein, in dem es dunkel und feucht war, musste ihr wie eine sehr ungerechte Bestrafung erscheinen. Doch sie besann sich auf ihre vor ihrer Zeit als Favoritin des Königs regelmäßig an den Tag gelegte Bescheidenheit und gewann so das Vertrauen der Äbtissin, Madame de la Roche Fontenelles, mit der sie viele Stunden im Gespräch verbrachte. Als sie nach einem Jahr das Kloster endlich verlassen durfte, weinten die Nonnen, weil sie gehen musste.

Stück für Stück eroberte sie sich ein wenig von dem Reichtum zurück, über den sie in Versailles verfügt hatte. Mit ihrer Schmuckkollektion, die angeblich die wertvollste Europas war, ihren verschiedenen Häusern und Landgütern, den Einkünften aus ihren Pariser Geschäften und der jährlichen Rente, die der König ihr ausgesetzt hatte, war sie beileibe nicht arm. Nachdem sie kurze Zeit auf ihrem neuen, sehr großen Anwesen Saint-Vrain gelebt hatte, schaffte sie es, ihre Gemälde von Greuze, Fragonard, Vernet und Van Dyke sowie die eleganten Möbel, die sie unter Ludwigs schützender Hand erstanden hatte, zurück in ihr Haus in Louveciennes zu bringen. Dort wurde sie bald die Geliebte ihres Nachbarn, des Lord Henry Seymour, der ein Neffe des Herzogs von Somerset war. Doch diese Affäre nahm ein schlimmes Ende. Der verheiratete Henry war selbst ausgesprochen eifersüchtig und warf ihr ihre Freundschaften mit anderen Männern vor. Obwohl sie versuchte, Seymours Zuwendung zurückzugewinnen, zeigte er ihr bei all ihren Versuchen die kalte Schulter. Als sie ihm ein Miniaturporträt von sich schickte, schrieb er quer darüber »Lass mich in Ruhe« und schickte es ihr so zurück.

Doch Glück nimmt bisweilen die Züge des Unglücks an. Denn nur weil Seymour sie zurückwies, wurde Jeanne schließlich die Geliebte des Herzogs von Brissac. Da dessen

Frau sich um ihren Mann nicht im Geringsten scherte, wurden Brissac und Jeanne ein treues Paar, das zum Teil in ihrem Anwesen in Louveciennes, zum Teil in seinem Stadtpalast an der Rue de Grenelle in Paris lebte. Da Brissac schwerreich war, konnte er ihr denselben Lebensstil bieten, an den sie sich als Favoritin des Königs gewöhnt hatte. Paradoxerweise brachte man ihr in der Gesellschaft mehr Achtung entgegen als zu ihrer Zeit als des Königs Mätresse. Nun wurde sie zur Lieblingsgastgeberin der Aristokratie. Mit der Zeit gewann sie sogar die Anerkennung der königlichen Familie zurück.

Obwohl Brissac selbst treu zur Krone stand, begann Jeanne, die Schriften der Aufklärer zu lesen und ihre Ideen zu unterstützen. Da Du Barry sehr großzügig war, genoss sie in dem Dorf, das zu ihrem Landgut gehörte, hohes Ansehen, doch für die Revolutionäre waren die Mätressen des Königs Sinnbild der königlichen Korruption. Am Ende, als die Revolutionäre den König absetzten und unter den adligen Häuptern Frankreichs blutige Ernte hielten, schlugen Brissac und Du Barry sich gemeinsam auf die Seite der Royalisten. In den Wirren der Revolution stahl man ihr ihren Schmuck. Doch sollte dies, wie sich bald herausstellte, noch der geringste ihrer Verluste sein. Nachdem Brissac festgenommen und gleich darauf getötet worden war, paradierte der Mob vor den Fenstern der Comtesse mit seinem Kopf auf einem Stock. Das Glück war ihr noch einmal hold, als man ihren Schmuck in London wiederfand, doch mitunter tritt das Unglück auch als Glück verkleidet in unser Leben. Dies führte dazu, dass Jeanne mehrmals nach London reiste, zunächst um ihre Juwelen zu identifizieren, dann um bei Hof vorgestellt zu werden. Auf diesen Reisen knüpfte sie Kontakte mit den königstreuen französischen Emigranten in London.

Man nimmt an, dass sie sich in einen von Brissacs alten Freunden verliebte, denn sie kehrte unter größten Gefahren nach Frankreich zurück, nachdem dieser Mann wieder im Land war. Dort wurde Jeanne verhaftet, des Verrats angeklagt und nach mehreren Monaten im Gefängnis zum Tode verurteilt. Ihr Leben lang hatte sie immer wieder Mut bewiesen, doch angesichts dieses Endes verließ er sie. Vielleicht kam ihre Verwegenheit aus ihrer Liebe zu allem Irdischen. Doch mittlerweile war sie rund geworden, ihr Haar ergraut, was sie deutlich gealtert erscheinen ließ. Sie ging ihren letzten Weg keineswegs gefasst. Sie weinte, schrie und kämpfte, als man sie zur Guillotine zerrte. Vielleicht schrie das Volk deshalb nicht Hurra, als man ihr den Kopf abschlug, denn in diesem Moment ähnelte sie wohl kaum der »arroganten Hure«, als die man sie immer wieder gezeichnet hat.

LOLA MONTEZ schließlich landete in Amerika und ging dort mit einem Stück auf Tournee, das auf ihrer eigenen Lebensgeschichte basierte: »Lola Montez in Bayern«. Eine Weile ließ sie sich in Grass Valley in Nevada nieder, wo man sie warm willkommen hieß. Doch obwohl das Alter ihr Temperament etwas milderte, war ihr Leben immer noch unruhig. Als ihre Truppe sich mit dem Stück nach Südamerika aufmachte, ging ihr Liebhaber über Bord und ertrank im Pazifik. Später berichtete die amerikanische Presse, sie habe auf einer Europatournee einen österreichischen Prinzen geheiratet und dann verlassen, doch in Wirklichkeit war er es, der sie sitzen ließ. Doch sie bekam das Problem in den Griff, indem sie ihre eigene Version der Ereignisse erzählte, die lautete, sie habe ihn verlassen, weil er mit einer Tänzerin angebandelt habe.

In ihren letzten Jahren hörte Montez auf, als Schauspielerin aufzutreten, und wurde stattdessen Vortragsreisende. Zu ihren beliebtesten Themen gehörten: »Die komischen Aspekte der Liebe«, »Lebemänner und -frauen in Paris« sowie »Die galante Welt«. Die Veröffentlichung ihrer Briefe bescherte ihr einen so großen Erfolg, dass sie noch einige Titel folgen ließ: »Die Kunst der Schönheit« oder »Die Kunst der Toilette für Damen mit Hinweisen für den Herrn, wie er eine Dame gewinnt«. Eine Zeit lang ging es ihr recht gut. In ihrem Haus im Staat New York unterhielt sie einen kleinen Salon, wo sie ihre Gäste meisterhaft zu geschliffener, geistvoller Konversation anregte und dabei dicke Zigarren rauchte. Obwohl ihre Wahrheitsliebe mit zunehmendem Alter nicht stärker wurde, bemühte sie sich, das zu werden, was man damals »eine gute Christin« nannte. Doch ihre finanziellen Bedürfnisse brachten sie dazu, von neuem auf Vortragsreise zu gehen. Zum ersten Mal seit ihrer Kindheit kehrte sie in dieser Eigenschaft nach Irland zurück und sprach sogar in Großbritannien als Expertin zu amerikanischen Themen. In Amerika hingegen hielt sie im ganzen Land Vorträge über England.

Am Ende hatte sie sich so viel Respekt verschafft, dass ihre Zukunft gesichert war. Doch dann erlitt sie an einem sehr heißen Tag in New York einen Schlaganfall. Ihr eiserner Wille führte dazu, dass sie sich auch davon wieder erholte. Sie lernte sogar, am Stock zu gehen. So schien sie vollends auf dem Weg der Besserung und gab in der New Yorker Magdalen Society Frauen, die sich aus der Prostitution lösen wollten, praktische Tipps. Doch als sie zu Weihnachten an einem kalten, regnerischen Tag spazieren ging, holte sie sich eine Lungenentzündung, von der sie sich nicht mehr erholte. Sie war erst vierzig Jahre alt, als sie starb, während sie einer Freundin zuhörte, die ihr aus der Bibel vorlas.

Die große SARAH BERNHARDT konnte die galante Welt endgültig hinter sich lassen, nachdem sie auf ihren Tourneen Millionen verdient hatte. Obwohl ihr ein Bein amputiert werden musste, setzte sie ihre glänzende Karriere fort. Man setzte sie auf der Bühne einfach in einen Stuhl oder stützte sie anderweitig. Während des Ersten Weltkrieges reiste sie gar an die Front, um den Soldaten Mut zu machen und im Theater aufzutreten, obwohl sie damals bereits über siebzig war. Einer ihrer letzten Auftritte sollte dem Laboratorium von Marie Curie zugute kommen. Als ihr Körper sie zwang, die Bühne aufzugeben, drehte sie einen Film. Daran erinnert sich die junge Schauspielerin Mary Marquet. »Eigentlich war von ihr schon gar nichts mehr da, doch als der Regisseur ›Kamera!‹ rief, erwachte sie aus ihrer Starre. Ihr Gesicht nahm einen strahlenden Ausdruck an, die Augen begannen zu leuchten, und sie fragte mit einer geradezu jugendlichen Stimme: ›Was soll ich tun?‹ Sie hatte sich ganz nebenbei von dreißig Lebensjahren befreit.« Einige Monate später starb sie im Alter von 79 Jahren.

Colette hat uns über ihre letzte Zeit berichtet: »Ich kann mich noch an einige der letzten Gesten dieser großen Tragödin erinnern, die auf die achtzig zuging: eine zarte, bleiche Hand, die eine Tasse Tee anbot; das Kornblumenblau ihrer Augen, die in ihrem Netz aus Falten noch so jung wirkten; die lachende, fragende Haltung ihres Kopfes, die so kokett war; und den unbezähmbaren Wunsch, zu bezaubern und wieder zu bezaubern, bis an den Rand des Todes.«

Wie zum Beweis dieser Worte bat die Schauspielerin ihren Sohn Maurice noch auf dem Sterbebett, ihren Sarg ja in Lila auszuschlagen. Als der Trauerzug, einer der größten, den das moderne Frankreich je gesehen hatte, von der Kirche Sainte Françoise de Sâles zum Friedhof Père-Lachaise zog, hielten die Trauernden einen Augenblick vor dem Théâtre Sarah Bernhardt an, um sich der Schönheit ihrer goldenen Stimme zu erinnern.

Glossar

abbonnés: Herren, die einen Platz im Ballett abonniert hatten und regelmäßig hinter die Bühne kamen, um Tänzer und Tänzerinnen zu sehen.

Accademia: Zusammenkünfte von Männern und Frauen im Rom, Venedig und Florenz der Renaissance. Man aß zusammen und diskutierte dabei über Kunst und neue Ideen. Ehefrauen waren dabei selten präsent, dafür aber umso mehr Kurtisanen.

agenouillées: Wörtlich: die Knienden. Ein Ausdruck für Kurtisanen, die hin und wieder Gelegenheit fanden zu knien.

amazones: Das Wort bezeichnete den einem männlichen Reitkostüm nachempfundenen Reitdress, den Frauen manchmal trugen, und die Frauen, die solches taten. Ebenfalls ein Ausdruck für Kurtisanen, da diese sich zwar nicht immer androgyn gaben, sich aber die Vorrechte der Männer zu Eigen machten.

Ancien Régime: Bezeichnung für das Staats- und Gesellschaftssystem des absolutistischen Frankreich vor 1789.

Auletriden: Junge Frauen, die für Geld bei Festen im alten Rom den *aulos* spielten, eine Art Oboe. Nach dem Flötenspiel standen sie häufig für weitere Gefälligkeiten zur Verfügung.

Le Beau Monde: Wörtlich: die schöne Welt. Die Welt der Reichen und Schönen, zu der selbstverständlich auch die Kurtisanen gehörten.

Belle Époque: Die Zeit zwischen dem Deutsch-Französischen Krieg und dem Ersten Weltkrieg, 1871–1914, in der in Frankreich zum dritten Mal die Republik ausgerufen wurde und in Paris die *demi-monde* herrschte.

belles petites: Wörtlich: die hübschen Kleinen. Ausdruck für Kurtisanen.

biches: Wörtlich: die Hirschkuh. Der Ausdruck steht für das Animalische, das der Mann in der Kurtisane wahrnimmt.

Le bon ton: Der gute Geschmack. Die Gruppe derer, die wissen, wie man sich zu geben und anzuziehen hat.

Le boulevard: Das Paris der Pariser Bürger und Adligen, so schrieb Cornelia Otis Skinner, begann an der Madeleine-Kirche und endete am Café Tortoni.

boulevardier: Roger Shattuck schreibt: »Der Ausdruck *boulevardier* wurde geschaffen, um Männer zu bezeichnen, deren einzige Aufgabe es war, im richtigen Moment im richtigen Café zu sein.« Und wie Roger Moréas uns wissen lässt, dauerte dieser Moment mitunter Stunden. »Früher kam ich etwa um ein Uhr mittags dort an. Ich blieb bis um sieben [...] und ging dann zum Essen. So gegen acht kamen wir zurück und gingen erst wieder gegen ein Uhr morgens.«

camélias: Ein anderes Wort für Kurtisane, das vom Roman des jüngeren Alexandre Dumas abgeleitet war: *La Dame aux camélias*, »Die Kameliendame«.

cocodés: Ein Mann, der Unterhaltung will und auch bereit ist, dafür zu bezahlen.

cocodettes: Eine Frau aus der besseren Gesellschaft, die durch einen Skandal oder eine Scheidung ihre Reputation verloren hat und nun wie eine Kurtisane lebt, aber die Manieren einer Lady beibehält. Nach Philippe Perrot waren es vor allem diese Damen, die dazu beitrugen, dass sich die Grenzlinien zwischen sozialen Hierarchiestufen verwischten.

cocotte: Auch *poule*, also »Hühnchen«. Slangausdruck für Prostituierte und Kurtisanen.

coquette: Flirt.

cortigiana: Auch *cortegiana*. In Italien entstandener Ausdruck, der sich auf die Gefährtinnen des *cortegiano*, des Höflings, bezieht, die zur Zeit der Renaissance eben Kurtisanen waren. Später wurde der Begriff auch für Prostituierte benutzt.

cortigiana onesta: Ausdruck, der vor allem in Venedig für gebildete Kurtisanen gebraucht wurde, um sie von einfachen Prostituierten zu unterscheiden.

cortigiano: Italienisch für »Höfling«.

courtisane: Französisch für »Kurtisane«.

dames galantes: Siehe *femmes galantes*.

dégrafée: Wörtlich bezeichnet der Ausdruck eine Frau mit offenem Kleid. Ein weiterer Ausdruck für die Kurtisane.

demi-castor: Ein Ausdruck für eine bestimmte Art von Kurtisane, meist aus gutbürgerlichem Hause, die man aufgrund eines Skandals nicht mehr verheiraten konnte. Statt sich jedoch offen aushalten zu lassen, bekam sie von ihren Liebhabern teure Geschenke. Laure Hayman, die Geliebte von Marcel Prousts Onkel, die dieser als Vorbild für die Figur der Odette Crécy in *Auf der Suche nach der verlorenen Zeit* benutzte, wurde zum Beispiel als *demi-castor* betrachtet.

demi-mondaine: Frau der *demi-monde*, der Halbwelt. Nicht alle *demi-mondaines* waren Kurtisanen. KiKi de Montparnasse zum Beispiel war zwar eine *demi-mondaine*, aber keine Kurtisane.

demi-monde: Die Welt der Herren, Künstler, Schriftsteller, Sozialrebellen, Schauspieler beiderlei Geschlechts, der Kurtisanen und *lorettes*, die sich während des 19. Jahrhunderts in Paris herausbildete. Der Begriff selbst wurde von dem jüngeren Dumas geprägt, der ein Stück mit dem Titel *Le Demi-Monde* schrieb, auch wenn er damit etwas anderes meinte.

demi-reps: Britischer Ausdruck für Frauen der besseren Gesellschaft, die zu Kurtisanen wurden.

deshabillés: Wörtlich: die »Entkleideten«. Ausdruck für Kurtisanen.

diseur de mots: Ein Mann mit Witz, wie man ihn gewöhnlich nur auf den Grands Boulevards oder im Café fand.

Drei Grazien: Zunächst einmal sind die Grazien mythologische Figuren, die Aphrodites Kleider anfertigen und ihr helfen, sich den Jahreszeiten entsprechend zu kleiden. In der Geschichte der französischen Kurtisanen gibt es zwei Gruppen von Frauen, die man so nannte: die Schwestern Mailly, Töchter des Marquis de Nesle und alle Geliebten Ludwigs XV.; und das berühmte Trio der Belle Époque, Liane de Pougy, die Schöne Otero und Émilienne d'Alençon.

the fashionable impure: Da »unrein« hier immer für unkeusch steht, sind damit alle Frauen gemeint, die nicht keusch, aber schick sind. Bezieht sich häufig, aber nicht immer, auf Kurtisanen.

Favoritin: Die von Königen und Kaisern auserwählten Frauen, vor allem am französischen Hof.

femmes galantes: Damit sind meist Kurtisanen gemeint, auf jeden Fall aber Frauen, die im 17. und 18. Jahrhundert ein »galantes« Leben führten. Vorläuferin der *demi-mondaines*.

femmes honnêtes: Ursprünglich bedeutete dies »respektable Frauen«, doch da der Begriff im 17. und 18. Jahrhundert die Bedeutung »offen« und »aufrichtig« annahm, wurden sowohl Ninon de Lenclos als auch die Du Barry so bezeichnet.

femmes légères: Wörtlich: leichte Mädchen. Frauen, die die Moral auf die leichte Schulter nehmen. Kurtisanen.

fille d'amour: Wörtlich: Tochter der Liebe. Eine Kurtisane oder potenzielle Kurtisane.

filles de marbre: Kurtisanen und *lorettes*. Nach dem gleichnamigen populären Stück aus dem 19. Jahrhundert, in dem es um diese Mädchen ging.

galanterie: Das sinnliche und sexuelle Leben, das Aristokraten im Frankreich des 17. und 18. Jahrhunderts lebten. Im 19. Jahrhundert galt es fast ausschließlich für die Welt der Kurtisanen und der Freuden der Liebe.

galant: Ein Mann, der gute Manieren hat, elegant ist und den Frauen nachstellt, während er ein Leben im Überfluss führt.

garde-robe: Garderobe. Ein wichtiges Wort im Vokabular der Kurtisanen.

gai: Gleichbedeutend mit dem englischen »gay«, das früher das frohe Leben der Halbwelt bezeichnete, heute nur noch auf Homosexuelle beiderlei Geschlechts angewandt wird.

Gay Nineties: Das Ende des 18. Jahrhunderts, eine Zeit, die für ihre hemmungslosen Kurtisanen berühmt war. Das Zentrum dieser Jahre war eindeutig Paris und in Paris das Maxim's.

Gay Paree: Die gefährliche Welt der Kurtisanen, der künstlerischen Rebellion und des genialen Unsinns, der Touristen aus aller Welt nach Paris zieht.

Les Grandes Trois: Liane de Pougy, Caroline Otero und Émilienne d'Alençon, die drei berühmtesten Kurtisanen der Belle Époque.

le grand monde: Die High Society, die oberen Zehntausend; **le petit monde:** die Arbeiterklasse.

Grands Boulevards: Die großen Pariser Boulevards, die vom elften in den ersten Bezirk führen: von der Bastille zur Madeleine-Kirche, also der Boulevard des Italiens, Boulevard Montmartre, Boulevard Haussmann, Boulevard Bonne Nouvelle, Boulevard du Crime, Boulevard du Temple usw.

grandes horizontales: Wörtlich: die großen Horizontalen. Ein Deckname für Kurtisanen, der darauf anspielt, dass die Damen sehr viel Zeit im Liegen verbrachten.

Le Grand Seize: Der Raum im Café Anglais, der königlichen Hoheiten und ihren Kurtisanen vorbehalten war.

grisette: (Fremdwort im Deutschen: Grisette) Wörtlich: Assistentin eines Hutmachers, der Begriff wurde jedoch auch auf Näherinnen und Verkäuferinnen angewandt. Da diese Frauen so wenig verdienten und nur geringe Aussichten auf ein besseres Leben hatten, verdienten sich viele mit gelegentlicher Prostitution etwas hinzu. Daher verkam der Begriff bald zum Synonym für »leichtes Mädchen«. Madame Du Barry zum Beispiel begann ihre Karriere als *grisette*, ebenso Marie Duplessis und Alice Ozy.

Hetäre: Kurtisane im alten Griechenland, die häufig auch noch Priesterin der Aphrodite war.

high life: Lehnwort aus dem Englischen, das im Französischen einfach eine Zeit voller Vergnügen bedeutete.

honnête homme: So nannte man Ninon de Lenclos in Paris. Tatsächlich soll man über sie gesagt haben, es gebe keinen »aufrechteren Mann als sie«. Doch man kannte sie auch als *la belle courtisane* (»die schöne Kurtisane«) und in späteren Jahren als *la vieille courtisane* (»die alte Kurtisane«).

L'impure: Unkeusch. Auch deshalb ein Codewort für Kurtisanen.

Jockey Club: Gegründet von Lord Seymour, dem Vater von Richard Wallace, Alice Ozys berühmtem Gönner. Seine aristokratischen Mitglieder teilten die britische Leidenschaft für Rennpferde, waren aber auch an Kurtisanen sehr interessiert.

jolies filles: Wörtlich: hübsche Mädchen. Bezeichnet *grisettes*, *lorettes*, Kurtisanen und *demi-mondaines* gleichermaßen.

joyeuse: Wörtlich: fröhlich, unbekümmert. Deckname für Kurtisanen.

libertinage: In philosophischer Hinsicht der von Pierre Gassendi unternommene Versuch, Christentum und Epikureertum zu vereinbaren. Bezeichnet darüber hinaus die Aktivität von Libertins, die sich ohne Hemmungen der Befriedigung ihres sexuellen Verlangens widmen.

Libertin: Ein Mann, der sich der libertinage hingibt, einem Synonym für *sex, drugs and rock 'n' roll* im Ancien Régime.

lion: Wörtlich: der Löwe. Für diese Bevölkerungsgruppe war es obligatorisch, zum Jockey Club zu gehören und eine Kurtisane auszuhalten.

lionne: Die Löwin, die von einem oder mehreren Löwen gejagt und gehalten wurde.

lorette: (Fremdwort im Deutschen: Lorette) Eine Art Unterliga der Kurtisanen. Sie gehörte zum lustigen Leben auf den Boulevards, wurde ausgehalten, wenn auch nicht besonders kostspielig, und hoffte daher ständig auf den Aufstieg in die Oberliga. Von diesen Mädchen lebten so viele in der Umgebung der Kirche *La Dame des Lorettes* im 9. Bezirk von Paris, dass der Lebemann Nestor Roqueplan sie *lorettes* taufte. Und so konnte Delacroix in einem Brief an George Sand schreiben: »Eine wundervolle *lorette*, ganz in schwarzen Samt und Satin gekleidet, stieg aus ihrer Kutsche und ließ mich nonchalant ihr Bein bis zum Bauch hoch sehen wie eine Göttin.«

maîtresse en titre: Die offiziellen Mätressen der Könige von Frankreich, die bei Hof vorgestellt wurden und mit dem König im Palast lebten.

mangeuse d'homme: Wörtlich: Männerfresserin. Eine Frau mit erheblichem sexuellem Appetit, also ebenfalls ein anderes Wort für die Kurtisane.

le monde entier: Die ganze Welt, vor allem die ganze Gesellschaft.

mot juste: Ähnlich wie das Bonmot eine witzige, passende Bemerkung.

»notre courtisane nationale«: Liebevolle Bezeichnung für Liane de Pougy, »unsere nationale Kurtisane«.

Preziösen: Aristokratinnen des 17. und 18. Jahrhunderts in Frankreich, die der romantischen Liebe anhingen und eine besonders raffinierte Sprache entwickelten, was gleichzeitig mit einem Maximum an Körperferne verbunden war.

Regency: 1811 bis 1830. Zeit, in der George IV. Prince of Wales war bzw. als König über England herrschte.

restaurant discret: Ein Restaurant mit Privatsalons, wo man sich mit Kurtisanen treffen konnte. Berühmt waren: das Café Anglais, das einen »Le Grand Seize« genannten Raum nur für königliche Hoheiten und ihre Liebschaften bereitstellte. Im Pariser Restaurant Lapérouse kann man diese Separées heute noch in Augenschein nehmen.

ruelle: Intellektuelle Zusammenkunft im Paris des 18. Jahrhunderts.

Salon: Schriftsteller, Künstler und Philosophen beiderlei Geschlechts trafen sich mit ihren Freunden in den *grands salons* ihrer Zeit, in privaten Räumlichkeiten, um ihre Arbeit zu besprechen, Musik zu hören oder Theateraufführungen zu lauschen. Ein Großteil dieser Salons wurde von Kurtisanen unterhalten: unter anderem von Ninon de Lenclos, Marion Delorme, Apollonie Sabatier, Jeanne Duval und Alice

Ozy. Diese Gewohnheit hatte es auch bereits im Italien der Renaissance gegeben.

salone: Italienisch für »Salon«.

salon particulier: Privatraum in einem Restaurant, wo die Gentlemen mit ihren Kurtisanen speisten und den Abend verbrachten. Auch Separée oder *chambre separée* genannt.

Second Empire: Das Zweite Kaiserreich, in dem Napoleon III. sich wie sein Vorgänger zum Kaiser der Franzosen machte. Es begann mit der Herrschaft Napoleons III. 1852 und fand sein Ende mit dem Ausbruch des Deutsch-Französischen Krieges von 1870/71.

souper et galant: Das Essen mit einer *femme galante*, gefolgt von einem galanten Abend meist in einem *salon particulier* eines *restaurant discret*. Eine Tradition, die von Philippe d'Orléans eingeführt wurde, der nach dem Tod Ludwigs XV. Regent von Frankreich wurde.

tendresses: Wörtlich: die Zärtlichen. Ein weiterer schönfärberischer Ausdruck für Kurtisanen und *lorettes*.

vigna: Villen mit Weinbergen außerhalb von Rom, Florenz oder Paris, in deren schönen Gärten sich Künstler, Schriftsteller und Philosophen beiderlei Geschlechts und Kurtisanen trafen. »Wenn ich an diese Zeit zurückdenke«, so Jacobo Sadoleto, »dann fallen mir unsere Festlichkeiten ein. Wie oft wir uns getroffen haben! Die mageren Bankette, die mehr vom Witz als von der Naschhaftigkeit lebten, danach wurden Gedichte rezitiert und Reden gehalten, und alle hatten ihr Vergnügen daran, denn wie hochfliegend das Thema auch sein mochte, es wurde mit Leichtigkeit und Anmut präsentiert.«

voluptuary: Jemand, der sein Leben der Befriedigung der Sinne widmet.

Literatur

Adler, Laure, *La Vie Quotidienne dans les Maisons Closées*, 1830–1930, Paris 1991

Anderson, Jack, *Dance*, New York 1974

Anonymus, *An Englishman in Paris*, New York 1892

Apraxine, Pierre/Demange, Xavier (Hg.), *La Comtesse de Castigione par elle-même*, Paris 1999

Aragona, Tullia d', *Dialogue on the Infinity of Love*, Chicago 1997 (dt. *Dialog über die Unendlichkeit der Liebe*, Tübingen 1988)

Aretino, Pietro, *Kurtisanengespräche*, Frankfurt a.M. 1986

Atwood, William G., *The Parisian Worlds of Frédéric Chopin*, New Haven 1999

Bach, Steven, *Marlene Dietrich, Life and Legend*, New York 2000

Balzac, Honoré de, *Glanz und Elend der Kurtisanen*, München 1991

Balzac, Honoré de, *Les Boulevards de Paris*, Paris, 1994

Baral, Robert, *Revue. A Nostalgic Reprise of the Great Broadway Period*, New York 1962

Barbier, Patrick, *Opera in Paris 1800–1850. A Lively History*, Portland 1995

Baring, Anne/Cashford, Jules, *The Myth of the Goddess, Evolution of an Image*, London 1991

Barrot, Olivier/Chirat, Raymond, *Le Théâtre de Boulevard. Ciel mon mari!* Paris 1998

Baudelaire, Charles, »Der Maler des modernen Lebens«, in: *Aufsätze zur Literatur und Kunst 1857-1860*, Darmstadt 1989

Baudelaire, Charles, »Die Blumen des Bösen«, in: *Sämtliche Werke, Briefe*, Bd. 3, Darmstadt 1975

Baudelaire, Charles, »Strandgut«, in: *Neue Blumen des Bösen, Materialien*, Darmstadt 1975

Baudot, Françoise, *Die Mode im 20. Jahrhundert*, München 1999

Beauvoir, Simone de, *Das andere Geschlecht*, Reinbek 2000

Benjamin, Walter, *The Arcades Project*, Cambridge 1999

Benstock, Shari, *Women of the Left Bank. Paris 1900–1940*, Austin 1986

Bernhardt, Sarah, *Mein doppeltes Leben. Die Memoiren der Sarah Bernhardt*, München 1983

Bigne, Yolaine de la, *Valtesse de la Bigne*, Paris 1999

Blackmer, Corinne E./Smith, Patricia Juliana (Hg.), *En travesti, Women, Gender, Subversion, Opera*, New York 1995

Boudet, Micheline, *La Fleur du Mal. La Véritable Histoire de la Dame aux Camélias*, Paris 1993

Bourguinat, Elizabeth, *Les Rues de Paris au XVIIItième siècle*, Paris 1999

Boussel, Patrice u. a., *Dictionnaire de Paris*, Paris 1964

Bowers, Jane/Tick, Judith, (Hg.), *Women Making Music. The Western Art Tradition. 1150–1950*, Chicago 1987

Boyle, Kay/McAlmon, Robert, *Being Geniuses Together. 1920–1930*, New York 1968

Bressler, Fenton, *Napoleon III. – A Life*, New York 1999

Briais, Bernard, *Grandes Courtisanes du Second Empire*, Paris 1981

Bricktop/James Haskins, *Bricktop*, New York 2000

Brown, Frederick, *Zola. A Life*, New York 1995

Brownstein, Rachel M., *Tragic Muse. Rachel of the Comédie-Française*, Durham 1995

Bruson, Jean-Marie, u.a., *L'ABCdaire de Madame de Sévigné*, Paris 1996

Callan, Georgina O'Hara, *Dictionary of Fashion and Fashion Designers*, London 1998

Carter, William C., *Marcel Proust. A Life*, New Haven 2000

Castiglione, Baldesar, *Der Hofmann*, Berlin 1996

Chalon, Jean, *Liane de Pougy. Courtisane, princesse et sainte*, Paris 1994

Chartier, Roger, *A History of Private Life. Passions of the Renaissance*, Cambridge 1989

Childers, Caroline, *Haute Jewelry*, New York 1999

Choulet, Jean-Marie, *Promenades à Paris et en Normandie avec La Dame aux Camélias*, Condé-sur-Noireau 1998

Christiansen, Rupert, *Paris Babylon. The Story of the Paris Commune*, New York 1994

Clark, T. J., *The Painting of Modern Life. Paris in the Art of Manet and His Followers*, Princeton 1984

Clarke, Mary/Crisp, Clement, *Ballet. An Illustrated Story*, New York 1973

Clarke, Mary/Crisp, Clement, *The History of Dance*, New York 1981

Clebert, Jean Paul, *La Littérature a Paris. L'histoire, les lieux, la vie littéraire*, Paris 1999

Cole, Bruce, *Titian and Venetian Painting. 1450–1590*, Boulder 1999

Cole, Toby/Krich Chinoy, Helen (Hg.), *Actors on Acting. The Theories, Techniques and Practices of the World's Great Actors, Told in Their Own Words*, New York 1970

Colette, *Chéri*, Wien 1997

Colette, *Die Eifersucht*, Rastatt 1997

Colette, *Lettres à Marguerite Moreno*, Paris 1994

Colette, *Mitsou*, Reinbek 1980

Colette, *My Apprenticeships and Music-Hall Sidelights*, London 1957 (dt. *Meine Lehrjahre*, Reinbek 1983)

Colette, *Recollections, Poignant Memories by the French Writer*, New York 1972 (dt. *Die Erde, mein Paradies*, Frankfurt a.M. 1967)

Colette, *The Pure and the Impure*, New York 1967

Colette, *La Vagabonde*, London 1960

Colombani, Roger, *Les Belles Indomptables, Les Grands Destins*, Paris 1999

Conner, Randy P. L., *Mirror of My Love: Jeanne Duval and Baudelaire in the Cosmos of Voudou* (bislang unveröffentlicht)

Croutier, Alev, *Harem, die Welt hinter dem Schleier*, München 1989

Damase, Jacques, *Les Folies du Music-Hall, Histoire du Music-Hall à Paris du 1914 à nos jours*, Paris 1960

La Dame aux Eventails, Nina de Callias, modèle de Manet, Paris 2000

Davidson, James, *Kurtisanen und Meeresfrüchte*, Berlin 1999

Davies, Marion, *The Times We Had. Life with William Randolph Hearst*, New York 1990

Day, Lillian, *Ninon. A Courtesan of Quality*, London 1958

De Amicis, Edmondo, *Studies of Paris*, New York 1897

Debriffe, *Madame de Pompadour, Marquise des Lumières*, Paris 1999

Degaine, André, *Guide des Promenades Théâtrales à Paris, Histoire des Théâtres Parisiennes sous forme de Cinq Promenades*, St. Genouph 1999

Delorme, Jean-Claude/Dubois, Anne-Marie, *Passages Couvertes Parisiennes*, Paris 1999

Dion-Tenebaum, Anne/Grandry, Marie-Noëlle de, *L'Art de Vivre à l'Époque de George Sand*, Paris 1999

Duchêne, Roger, *Ninon de Lenclos ou la manière jolie de faire l'amour*, Paris 2000

Dumas, Alexandre, *Charles VII at the Homes of His Great Vassals*, Chicago 1991

Dumas, Alexandre, *Filles, Lorettes et Courtisanes*, Paris 2000

Dumas fils, Alexandre, *Die Kameliendame*, Berlin 2002

Dumas fils, Alexandre, *Théâtre Complet*, Paris 1898

Eisler, Riane Tennenhaus, *Sacred Pleasure*, San Francisco 1996

Filles de Joie, The Book of Courtesans, Sporting Girls, Ladies of the Evening, Madams, a Few Occasionals and Some Royal Favorites, New York 1966

Flanner, Janet, *Paris Was Yesterday. 1925–1939*, New York 1972

Flaubert, Gustave, *Die Erziehung der Gefühle*, München 2001

Fleetwood-Hesketh, *The Hôtel Païva*, Paris 1990

Fontaine, Gérard, *Palais Garnier. Le Fantasme de l'Opéra*, Paris 1999

Foucault, Michel, *The History of Sexuality*, Bd. 1, New York 1978 (dt. *Sexualität und Wahrheit*, Frankfurt a. M., im Erscheinen begriffen)

Franco, Veronica, *Poems and Selected Letters*, Chicago 1998

Frey, Julia Bloch, *Toulouse-Lautrec. A Life*, London 1995

Friedrich, Otto, *Olympia. Paris in the Age of Manet*, New York 1992

Gallet, Danielle, *Madame de Pompadour ou le pouvoir féminin*, Paris 1985

Garber, Marjorie, *Verhüllte Interessen. Cross-Dressing und kulturelle Ängste*, Frankfurt a.M. 1993

Garelick, Rhonda K., *Rising Star. Dandyism, Gender, and Performance in the Fin de Siècle*, Princeton 1998

Gascar, Pierre, *Le Boulevard du Crime*, Paris 1980

Gerlini, Elisa, *Villa Farnesina alla Lungara Roma*, Rom 1990

Godeau, Jerôme (Hg.), *Le Promeneur de Paris, 10 promenades de la Rive Droite*, Paris 1999

Goffen, Rona (Hg.), *Titian's Venus of Urbino*, Cambridge 1997

Gold, Arthur/Fizdale, Robert, *Misia*, New York 1980

Gold, Arthur/Fizdale, Robert, *Der eigensinnige Engel. Das Leben von Sarah Bernhardt*, München 1994

Goncourt, Edmond de, *Elisa*, Berlin 1967

Goncourt, Edmond/Goncourt, Jules de, *Tagebücher*, Frankfurt a.M. 1996

Groetschel, Yves, *Village Opéra, Chaussée-d'Antin, Faubourg-Montmartre*, Paris 1997

Grotowski, Jerzy, *Towards a Poor Theatre*, New York 1968

Haslip, Joan, *Madame Du Barry*, München 1998

Hauser, Arnold T., *The Social History of Art, Bd. 2*, New York 1960

Hauser, Arnold T., *The Social History of Art, Bd. 3*, New York 1958

Hauser, Arnold T., *The Social History of Art, Bd. 4*, New York 1958 (dt. *Sozialgeschichte der Kunst und Literatur*, München 1990)

Haye, Amy de la/Tobin, Shelley, *Chanel, The Couturière at Work*, London 1995

Haynes, Alan, *Sex in Elizabethan England, Thrupp, Stroud*, Gloucestershire 1997

Hutcheon, Linda und Michael, *Opera, Desire, Disease, Death*, Lincoln 1996

Ingamells, John, *Mrs. Robinson and Her Portraits*, London 1978

Jamison, Judith/Howard Kaplan, *Dancing Spirit. An Autobiography*, New York 1993

Jarasse, Dominique, *La Peinture Française au XVIIItiéme Siècle*, Paris 1998

John, Nicholas (Hg.), *Violetta and Her Sisters. The Lady of the Camellias, Responses to the Myth*, London 1994

Jowitt, Deborah, *Time and the Dancing Image*, Berkeley 1989

Kirstein, Lincoln, *Four Centuries of Ballet. Fifty Masterworks*, New York 1984

Kluver, Billy/Martin, Julie, *KiKi's Paris. Artists and Lovers 1900–1930*, New York 1989

Koestenbaum, Wayne, *Königin der Nacht. Oper, Homosexualität und Begehren*, Stuttgart 1996

Ladurie, Emmanuel Le Roy, *The Ancien Régime. A History of'Trance, 1610–1764*, Oxford 1991

Laver, James, *Das Kostüm. Eine Geschichte der Mode*, München 2002

Lehnert, Gertrud, *Mode*, Köln 1998

Leider, Emily Worth, *Mae West*, München 1997

Lessard, Suzannah, *Architekt der Begierde*, München 1998

Lewis, Arthur H., *La Belle Otero*, New York 1967

Lipton, Eunice, *Alias Olympia. A Woman's Search for Manet's Notorious Model and Her Own Desire*, Ithaca 1992

Lipton, Eunice, *Looking into Degas. Uneasy Images of Women and Modern Life*, Berkeley 1988

Loliée, Frédéric, *Les Femmes du Second Empire. La Cour des Tuileries*, Paris 1954

Loomis, Stanley, *Die Dubarry*, München 1960

Louÿs, Pierre, *Mimes des Courtisanes*, Paris o. J.

Ludlam, Charles, *The Complete Plays of Charles Ludlam*, New York 1989

Lyonnet, Henry, *La dame aux camélias de Dumas fils*, Paris 1930

Madsen, Axel, *Chanel*, München 2001

Mann, A.T./Lyie, Jane, *Mystische Sexualität*, Wettswill 1996

Markale, Jean, *The Great Goddess, Reverence of the Divine Feminine from the Paleolithic to the Present*, Rochester 1999

Masson, Georgina, *Courtesans of the Italian Renaissance*, London 1975

Maupassant, Guy de, *The House of Madame Tellier and Other Stories*, London 1991 (dt. in: ders.: *50 Novellen*, München 1994)

Maurceley, Charles Baude de, *La Vérité sur le salon de Nina de Villard*, Paris 2000

Maurois, André, *Die drei Dumas*, Paris 1957

McCarthy, Mary, *Venedig*, München 1999

Miller, John (Hg.), *Beauty*, San Francisco 1997

Miltoun, Francis, *Dumas' Paris*, Boston 1904

Mitford, Nancy, *Madame de Pompadour*, München 1991

Mitford, Nancy, *Der Sonnenkönig*, Stuttgart 1966

Mitford, Nancy, *The Water Beetle*, New York 1986

Mogador, Céleste, *Mémoires*, Paris 1859

Moncan, Patrice de, *Guide Littéraire des Passages de Paris*, Paris 1996

Moncan, Patrice de, *Les Grands Boulevards de Paris, de la Bastille à la Madeleine*, Paris 1997

Montaigne, Michel de, *Essais*, Frankfurt a.M. 2001

Morgan, Lael, *Good Time Girls of the Alaska-Yukon Cold Rush*, Fairbanks 1998

Morris, Jan, *The World of Venice*, New York 1993

Murray, Venetia, *An Elegant Madness, High Society in Regency England*, New York 1999

Nasaw, David, *The Chief. The Life of William Randolph Hearst*, Boston 2000

Neave, Christiane, *Ombre et Lumière. Alexandre Dumas fils 1824–1895*, Marly-le-Roi 1995

Néret, Gilles, *Dessous*, Köln 1998

Norwich, John Julius, *A History of Venice*, New York 1982

Oberthür, Mariel, *Montmartre en liesse 1880–1900*, Paris 1994

Ostwald, Peter, *»Ich bin Gott« – Nijinski, Leben und Wahnsinn*, Hamburg 1997

Ovid, *Liebeskunst*, Düsseldorf 2000

Panofsky, Erwin, *Die Renaissancen der europäischen Kunst*, Frankfurt a.M. 1996

Paquet, Dominique, *Miroir, mon beau miroir. Une histoire de la beauté*, Paris 1997

Paris, Ginette, *Pagan Meditations. Aphrodite, Hestia, Artemis*, Dallas 1986

Pastori, Jean-Pierre, *La Danse 1/Du ballet de cour au ballet blanc*, Paris 1996

Pearl, Cora, *Grand Horizontal, The Erotic Memoirs of a Passionate Lady*, hg. von William Blatchford, New York 1983

Perrot, Michelle, *Geschichte des privaten Lebens*, Bd. 4, Frankfurt a.M. 1994

Perrot, Philippe, *Fashioning the Bourgeoisie. A History of Clothing in the Nineteenth Century*, Princeton 1994

Pevitt, Christine, *The Man Who Would Be King. The Life of Philippe d'Orléans, Regent of France*, New York 1998

Phelps, Robert, *Belles Saisons. A Colette Scrapbook*, New York 1978

Pichois, Claude, *Baudelaire*, Göttingen 1994

Pineau, Gisèle / Abraham, Marie, *Femmes des Antilles. Traces et Voix, cent cinquante ans après de l'esclavage*, L'Outre Mer 1998

Poiret, Paul, *En Habillant l'Époque*, Paris 1986

Pougy de, Liane, *Mes Cahiers Bleus*, Paris 1977

Prendergast, Christopher, *Paris and the Nineteenth Century*, Oxford 1995

Prévost, Antoine-François, *Manon Lescaut*, Berlin 2002

Proust, Marcel, *Auf der Suche nach der verlorenen Zeit*, Ulm 1965

Raczymow, Heinrich, *Le Paris Littéraire et Intime de Marcel Proust*, Paris 1997

Redmond, Layne, *FrauenTrommeln. Eine spirituelle Geschichte des Rhythmus*, München 1999

Reyna, Ferdinando, *Das Buch vom Ballett*, Gütersloh 1981

Richardson, Joanna, *The Bohemians. La Vie Bohème in Paris 1830–1914*, South Brunswick 1971

Richardson, Joanna, *The Courtesans. The Demi-monde in Nineteenth-Century France*, New York 1967

Roberts, Nickie, *Whores in History. Prostitution in Western Society*, New York 1992

Rosand, David, *Painting in Cinquecento Venice, Titian, Veronese. Tintoretto*, New Haven 1982

Rosenthal, Margaret F., *The Honest Courtesan. Veronica Franco, Citizen and Writer in Sixteenth-Century Venice*, Chicago 1992

Rudorff, Raymond, *The Belle Époque. Paris in the Nineties*, New York 1973

Samuels, Steven (Hg.), *Ridiculous Theatre, Scourge of Human Folly. The Essays and Opinions of Charles Ludlam*, New York 1992

Sanders, Barry, *Sudden Glory. Laughter as Subversive History*, Boston 1995

Scarry, Elaine, *On Beauty and Being Just*, Princeton 1999

Schama, Simon, *Der zaudernde Citoyen*, München 1989

Schenkar, Joan, *Truly Wilde. The Unsettling Story of Dolly Wilde, Oscar's Unusual Niece*, New York 2000

Seigel, Jerrold, *Bohemian Paris. Culture, Politics and the Boundaries of Bourgeois Life 1830–1930*, Baltimore 1999

Seymour, Bruce, *Lola Montez*, München 2002

Shattuck, Roger, *Die Belle Époque*, München 1963

Simon, Marie, *Les Dessous. Les Comets et la Mode*, Paris 1998

Simon, Marie, *Mode et Peinture. Le Second Empire et l'impressionnisme*, Paris 1995

Skinner, Cornelia Otis, *Elegant Wits and Grands Horizontals*, Boston 1962

Souhami, Diana, *Mrs. Keppel and Her Daughter*, New York 1996

Spencer, Charles, *Erté*, New York 1970

Sperling, Jutta Gisela, *Convents and the Body Politic in Late Renaissance Venice*, Chicago 1999

Steele, Valerie, *Paris Fashion. A Cultural History*, Oxford 1998

Sterling, Dorothy (Hg.), *We Are Your Sisters. Black Women in the Nineteenth Century*, New York 1984

Stortoni, Laura Ann (Hg.), *Women Poets of the Italian Renaissance. Courtly Ladies and Courtesans*, New York 1997

Terkel, Studs, *The Spectator. Talk About Movies and Plays with the People Who Make Them*, New York 1999

Thirkell, Angela, *Tribute to Harriet. The Surprising Career of Harriet Wilson*, Pleasantville 1999

Thurman, Judith, *Secrets of the Flesh. A Life of Colette*, New York 1999

Tingali, Paola, *Women in Italian Renaissance Art. Gender, Representation, Identity*, Manchester 1997

Traugott, Mark (Hg.), *The French Worker. Autobiographies from the Industrial Era*, Berkeley 1993

Turner, James Grantham, (Hg.), *Sexuality and Gender in Early Modern Europe. Institutions, Texts, Images*, Cambridge 1993

Valois, Thirza, *Around and About Paris. The 1st, 2nd, 3rd, 4th, 5th, 6th and 7th arrondissements*, London 1995

Valois, Thirza, *Around and About Paris. From the Guillotine to the Bastille, the 8th – 12th arrondissements*, London 1996

Valois, Thirza, *Around and About Paris, The 13th-20th arrondissements*, London 1997

Voillot, Patrick, *Diamants et Pierres Précieuses*, Paris 1997

Wallach, Janet, *Coco Chanel*, München 1999

West, Mae, *Goodness Had Nothing to Do with It*, London 1996

Wharton, Edith, *The Age of Innocence*, New York 1993 (dt. *Zeit der Unschuld*, München 1997)

Wharton, Edith, *The House of Mirth*, New York 1964 (dt. *Haus der Freude*, Stuttgart 1988)

Wickes, George, *The Amazon of Letters, The Life and Loves of Natalie Barney*, New York 1978

Wickham, Glynne, *A History of the Theatre*, Cambridge 1992

Zola, Émile, *L'Assommoir*, London 1970 (dt. *Der Totschläger*, München 1975)

Zola, Émile, *Nana*, London 1972 (dt. *Nana*, Frankfurt a.M. 1998)

Danksagung

Ich möchte hier vor allem Leonard Pitt danken, der mir großzügig seine Zeit und seine Bibliothek über das Frankreich des 19. Jahrhunderts zur Verfügung gestellt hat. Auch Odette Meyers gilt mein Dank: Nicht nur, weil sie mir ihre Freundschaft geschenkt und mir so viel über die französische Sprache und Kultur beigebracht hat, sondern auch für das, was Leonard Pitt *une belle intelligence* nannte. Meine liebe Freundin Edith Sorel stand mir mit Weisheit, Witz und unerschöpflichem Wissen zur Seite. Odile Hellier vom Village Voice Bookstore in Paris unterstützte mich mit Rat und Tat, wie sie es bei so vielen Schriftstellern tut. Baron du Cassagne gewährte mir ein Interview und damit unschätzbare Einblicke in das Paris des 19. Jahrhunderts. Baronin Liliane Rothschild gab mir Informationen über Marie Duplessis. Außerdem möchte ich Marlotte Reinharez und Raphael Balmes dafür danken, dass sie mich ins Château du Monte Cristo bzw. ins Musée du Gace begleitet haben, wo ich weitere Informationen über Marie Duplessis fand. Carol Spindel hat mir in Paris mehr als einmal Steine aus dem Weg geräumt, ebenso wie Daniel Myers. Madeleine Barcheuska verdanke ich eine Aufnahme von Sarah Bernhardt, in der wir sie als Kameliendame hören. Lea Mendelovitz hingegen stellte mir ihren Pariser Erfahrungsschatz zur Verfügung. Alberto Manguel versorgte mich mit einer umfangreichen Literaturliste und führte meine Exkursionen in die *Bibliothéque Historique de la Ville de Paris* an. Randy Connor ließ mich in sein Manuskript über Baudelaire und Jeanne Duval Einblick nehmen und gab mir viele gute Tipps. Auch Joanna Bernstein arbeitete eine Literaturliste für mich aus. Ich danke dem Théâtre de la Ville, früher Théâtre Sarah Bernhardt, dass ich die Garderobe der Künstlerin sehen durfte, und Micheline Boudet für ihr Buch *La Fleur du Mal*.

Margot Hackett beschaffte für mich zwei schwer auffindbare Bücher. Mit ihrer sensiblen Ironie ermutigte sie mich immer wieder zum Weitermachen. Moira Roth möchte ich danken, weil sie unermüdlich Auszüge des Manuskripts gelesen und dazu ihre witzigen Anmerkungen gemacht hat. Anita Barrows sei gedankt, sie ist das ganze Manuskript durchgegangen. Ihr großzügiger und kultivierter Geist sowie ihre Freundschaft haben viel zu seiner Entstehung beigetragen. Auch Daidie Donnelly war mir eine großzügige Freundin, die das ganze Buch gelesen und mich auf intelligente Weise ermutigt hat. Jodie Evans gab mir ihre Freundschaft und ihre Unterstützung. Sie brachte diesem Buch ein tiefes Verständnis entgegen. Sandra Sharpe las das Manuskript ebenfalls. Sie brachte mich an den richtigen Stellen zum Lachen und lachte selbst im richtigen Moment. Außerdem hörte sie mir sehr aufmerksam zu. Auch Bokara Legendre möchte ich für ihre Freundschaft und Hilfe danken.

Beverly Allen gebührt mein Dank, weil sie sofort verstand, worum es mir mit diesem Buch ging, und mich an ihrem reichen Wissensschatz über Venedig und die italienische Renaissance teilhaben ließ. Gudrun Icsimo empfing mich in Venedig mehr als herzlich. Georgina Morley entführte mich für einen Tag ins Paris der Kurtisanen. Joe Wemple gab mir nicht nur nützliche Hinweise, sondern auch seine Freundschaft und eine geradezu spielerische Aufmunterung. Isabel Villaud und Christian Roy-Camille sei hier noch einmal gedankt für ihre Hilfe bei den Recherchen zu Marie Duplessis. Monique Saigal ebnete mir den Weg in das fantastische Cyber-Netzwerk französischer Geisteswissenschaftler. John Levy gab mir einen ganz entscheidenden Hinweis. Dasselbe gilt für Dan Church, Jim Allen und Yvonne Bayer von der Vanderbilt University Library. Lise Huerelle stand mir hin und wieder bei Übersetzungen aus dem Französischen bei.

Außerdem möchte ich meiner Tochter Chloe Andrews danken, die mir immer wieder Fragen stellte und mir zuhörte, wenn ich einen Zuhörer brauchte. Ihre klaren Fragen zum Text brachten mich immer einen Schritt weiter. Ebenfalls danke ich der Lektorin der Originalausgabe, Lauren Marino, für ihre intelligente Lektüre des Manuskripts, ihre warme Unterstützung und ihre einfühlsame Textarbeit. Cate Tynan danke ich, weil sie so viele Details so klug gemanagt hat. Und meiner Agentin, Katinka Matson, für ihre unermüdliche Sorge um mich und für ihren verständnisvollen Humor.

Bildnachweis

Seite 9, Art Resource, New York; Seite 31, © Harlingue-Viollet; Seite 67, © Harlingue-Viollet; Seite 73, Réunion des Musées Nationaux/Art Resource, New York; Seite 101, © Harlingue-Viollet; Seite 103, © Collection Viollet; Seite 118, © Collection Viollet; Seite 121, *Bildnis einer Dame (Veronica Franco[?])*, von einem Schüler Jacopo Tintorettos, 16. Jahrhundert, Öl auf Leinwand, 61,5 cm x 47,2 cm, Worcester Art Museum, Austin S. and Sarah C. Garver Fund, Fotografie © Worcester Art Museum; Seite 162, Musée de Bruxelles/© LL-Viollet; Seite 165, The Birchard Collection; Seite 190, Giraudon/Art Resource, New York; Seite 195, *Jeanne-Antoinette Poisson, Marquise de Pompadour*, 1758, von François Boucher, Öl auf Leinwand, 82,2 x 64,9 cm; Fogg Art Museum, Harvard University Art Museums, Nachlass von Charles E. Dunlap, Photographic Services, © President and Fellows of Harvard College, Harvard University; Seite 227, MacBride Museum Collection, Whitehorse, Yukon; Seite 229, Brown Brothers; Seite 275, Erich Lessing/Art Resource, New York; Seite 277, Bibliothèque Nationale de France.

Register